버킷리스트 18

이 책을 소중한

_____님에게 선물합니다.

_____ 드림

• 운명을 바꾸는 종이 위의 기적 •

버킷리스트18

기획 • 김도사

장재민 김나영 송애란 신영화 이선욱
문소현 김나미 염지혜 최정일 강대현
임성빈 오정민 박혜영

위닝북스

꿈꾸는 순간,
이미 이루어지기 시작했다!

사람이라면 누구나 꿈이 있다. 단지 바쁜 현실 속에서 잠시 잊은 채로 사는 것일 뿐이다. 또는 꿈을 실현시키는 방법을 몰라 잠든 채로 내버려 둘 뿐이다. 우리의 어린 시절을 생각해보자. 누군가가 "넌 꿈이 뭐니?"라고 물으면 저는 "대통령이 될 거예요!", "저는 연예인이 되고 싶어요!"라고 당당하게 말했다. 하지만 지금의 현실은 어떠한가. 누군가가 꿈이 무엇이냐고 물으면, 당신은 바로 대답할 수 있는가? 아마도 머뭇거릴 것이다. 그리고 당신이 그러하듯 대다수의 사람들도 바로 대답하지 못하고 머뭇거릴 것이다.

이 책을 쓴 저자들은 자신의 현실에 안주하지 않고 더 나은 삶을 위해 꿈꾸며 살아왔다. 그리고 자신이 원하는 꿈을 한순간도 잊지 않고 생생하게 그려왔다. 자신의 꿈을 종이에 적고 하루에도 수십 번씩

되뇌었다. 잘 보이는 곳에 붙여 두고 꿈이 이루어질 기한도 적었다. 꿈은 구체적이고 명확할수록 좋다. 잠시 꿈을 잊고 살았다면 지금 당장 당신의 꿈을 종이에 적어보기를 권한다. 꿈은 생각 속에서만 존재하는 것보다 글로 적었을 때 더욱 선명해진다. 그리고 그 선명한 꿈은 생각으로만 그치던 꿈에 비해 훨씬 빨리 이루어진다.

힘든 현실 속에서 당신에게 위로가 필요하다면, 꿈을 가져라. 그 꿈이 아주 사소해도 좋다. 그 사소한 꿈이 당신에게 얼마나 큰 위안과 희망을 안겨주는지 꼭 느껴보길 바란다. 사소한 꿈들을 하나씩 이뤄나가면 어느새 원대한 꿈을 갖게 될 것이다. 그리고 원대한 꿈을 이루는 과정 속에서 당신의 잠재되어 있던 놀라운 능력을 발견할 수 있을 것이다. 당신이 꿈을 꾸는 순간, 꿈 실현은 이미 시작됐다!

2018년 12월
장재민

CONTENTS

나를 브랜딩해
메신저 사업가로서
성공하기

| 장 재 민 |

장재민 희망 메신저, 자기계발 작가, 동기부여가

신용회복 중 승진, 자영업을 경험했다. 경험을 바탕으로 사람들의 꿈을 찾아주고 꿈을 이루도록 돕는 희망 메신저 '드림 헬퍼'가 되는 것이 목표다. 동기부여가로서 많은 사람들에게 영향력이 있는 사람이 되길 원하며 저서로는 《죽기 전에 꼭 하고 싶은 것들 2》가 있다. 현재 '희망을 담은 스토리'를 주제로 개인저서를 집필 중이다.

내 서재 같은
북 카페 오픈하기

　'서재' 하면 어렸을 적 아버지의 서재가 떠오른다. 한쪽 벽면에는 큰 호랑이가 그려진 카펫이 걸려 있고 큰 창으로는 햇살이 쏟아져 들어오던 그 서재는 나의 어린 시절 놀이터였다. 아버지가 출타 중이시면 나는 늘 아버지 서재의 큰 책상 앞에 놓인 푹신한 의자에 앉아 종이인형을 오리며 놀았다. 책을 즐겨 보시던 아버지의 서재에는 내가 알 수 없는 온갖 종류의 책들이 책장에 꽂혀 있었다. 나는 그곳에서 《명탐정 셜록 홈즈》를 읽곤 했다.

　그런 아버지의 영향 때문이었을까. 우리 남매들은 책 읽는 것을 좋아했다. 하지만 서재에서의 재미있는 놀이와 책 읽기는 더 이상 지속할 수 없었다. 아버지의 선박 사업이 부도나 집이 압류되었기 때문

이다. 우리는 하루가 멀다 하고 빚 독촉에 시달리는 부모님을 봐야
했다.

고등학교에 올라가기 전 나의 꿈이었던 간호사 되기는 가정형편
상 수포로 돌아갔다. 그때부터 나는 다른 꿈을 꾸기 시작했던 것 같
다. 조용하고 혼자 있기를 즐겼던 나는 누군가 "넌 꿈이 뭐니?"라고
물으면 "아늑하고 편안한 카페를 차리고 싶어."라고 말했다. 그땐 '카
페'라는 개념도 없었을 텐데 왜 카페가 하고 싶다고 했는지 지금도
모르겠다.

나는 독신주의자는 아니었지만 스스로의 기준으로 안정된 생활
이 보장되기 전까지는 결혼하지 않기로 했다. 결혼해서 아이를 낳고
내가 그 아이의 꿈을 지켜 줄 수 있는 사람이 될 때까지 결혼을 보류
했던 것이다. 어려운 가정형편 때문에 꿈을 이루지 못한 것에 대한 반
작용이었을까. 나는 우리 부모님처럼 되기 싫었다.

10년간의 직장생활을 정리하고 나는 앞으로 평생 혼자서 벌어먹
고 살려면 무엇을 해야 할 것인지 고민을 거듭했다. 그때 번쩍 떠오
른 것이 10대 시절의 꿈이었던 카페였다. 그때부터 커피숍을 창업하
는 데 필요한 준비들을 시작했다. 먼저 서점에 가서 커피와 관련된 책
들을 찾아보았다. 그런데 정말 몇 권에 지나지 않았다. 10년 전인 그
때만 해도 커피문화가 지금처럼 자리 잡지 않았기 때문에 커피 관련
책을 구하기가 쉽지 않았다. 나는 커피 생산지와 생산되는 과정, 원두

로스팅, 블렌딩, 커핑, 추출 방식 등을 시중에 나와 있는 책을 보며 독학했다.

또한 창원의 유명한 커피가게 사장님을 찾아가서 핸드드립과 커피머신으로 여러 가지 커피메뉴 만들기 등을 1:1로 코칭 받았다. 그러던 중 2009년에 부산에 있는 '부산커피아카데미'를 인터넷을 통해 알게 되어 바리스타 2급 과정에 등록했다. 일주일에 한 번씩 두 달가량 부산과 창원을 버스, 지하철을 이용해서 다녔다. 그렇게 나는 한국커피교육협회에서 실시한 실기시험에 합격해 바리스타 2급 자격증을 취득했다.

그렇게 바리스타 자격증을 땄지만 산 너머 산이었다. 그때 내 나이 서른세 살이었다. 그러니 커피숍에서 직원이나 아르바이트를 하기에는 늙은이에 속한 것이었다. 정말 발에 땀이 나도록 이력서를 들고 커피숍 문을 두드렸다.

그러던 중 한번은 '스타벅스'에 이력서를 제출하고 결과를 기다리고 있었다. 하지만 이력은 정말 마음에 드는데 나이가 많아서 어린 스태프들과 소통이 어려울 것 같다고 거절당했다. '누구보다 열심히 할 자세가 되어 있고, 커피에 대한 기본과 자격증도 갖추었는데 이런 나를 마다한단 말인가.' 오기가 생겼다. 하지만 그때는 커피숍이 지금처럼 넘쳐 나지 않는 시대였다. 때문에 커피숍 일자리를 구하기가 하늘의 별 따기였다.

그러다 창원대 근처에 있는 조그마한 북 카페에서 아르바이트를 하게 되었다. 그런데 희한하게도 그 가게 사장님은 이력서를 보면서 사주를 보는 것이었다. 내 사주가 마음에 들었는지 합격이 되어 시간 제 아르바이트를 시작하게 되었다. 한 달이나 되었을까. 사장님이 나를 불러서는 손님이 너무 없으니 그만 나와도 된다는 것이었다. 이제 일이 손에 익히기 시작했고 나의 능력을 보일 때가 되었는데 그만두라니. 하지만 나는 그게 진짜 이유가 아니라는 것을 직감으로 알고 있었다. 나보다 먼저 일을 하고 있던 여자가 자격증을 갖고 있는 내게 심히 질투를 느낀 것이었다. 사소한 일로 자꾸 걸고넘어졌기 때문에 확신에 차 있었다.

그렇게 나는 일을 그만두게 되어 백수생활을 하게 되었다. 그런데 얼마 지나지 않아 그 북 카페 사장님이 나와 연락이 안 된다며 우리 집까지 찾아와서는 하소연했다. 자신이 판단을 잘못했다며 제발 다시 일을 해 주면 안 되겠냐고. 하지만 마음이 떠난 나는 단호히 거절했다.

내 인생에서 잊을 수 없는 시기가 있다. 그 시기는 백화점생활을 했던 때이다. 현재 창원에 있는 롯데백화점이 리모델링되기 전, 6층 식당가에 '일리 커피숍'이 있었다. 테이블이 열두 개쯤 되는 커피숍이었는데 손님이 꽤 있었다. 나는 그곳에서 오픈 아르바이트로 9시부터 1시까지 근무했다.

주요 업무는 매장 청소를 하고 그날 판매할 재료들을 챙기고 설거지하고 음료 만들기, 서버를 하는 것이었다. 나는 일할 때는 누구의 눈치도 볼 것 없이 조리 있게 진행했다. 함께 일하는 직원들은 사장님이 하루 종일 붙어 있어 감시당하는 기분이 든다며 정색했다. 하지만 나는 그런 걸 느낄 여유조차 없었다. 내 일이 눈코 뜰 새 없이 바쁘기도 했지만 커피숍에서 일할 수 있다는 것만으로도 정말이지 행복했기 때문이다. 나는 늘 이 매장의 매니저가 되는 것을 꿈꾸었다. 친한 친구에게도 꼭 매니저가 되고 말 거라고 말했다.

그런 나를 눈여겨본 사장님이 한 달 후에 나를 매니저로 승진시키셨다. 내가 꿈꾸었던 일이 현실이 된 것이다. 나는 내가 운영하는 매장이라고 생각하고 매니저로서 정말 최선을 다했다. 아침에 오픈 아르바이트생보다도 일찍 출근해서 그날 판매할 재료들을 챙기고 정리했다. 신메뉴 개발에도 신경 써서 손님들의 좋은 반응을 이끌어 냈다. 매출도 갈수록 늘어났다. 그러자 사장님은 내 말이라면 무조건 따라 줬고 인센티브도 꽤 챙겨 주셨다.

'일리 커피숍'에 근무하면서 참으로 많은 것을 얻었다. 내 매장을 열기 전에 해 볼 수 있는 것은 다 해 보았다고 해도 무방하다. 그곳을 그만두게 된 계기는 일의 힘듦도 있었다. 하지만 진짜 이유는 나이 어린 직원들이 가게에 종일 붙어 있는 사장님 때문에 힘들다며 자꾸 그만두는 것 때문이었다. 나는 날로 지쳐 갔다. 내가 돈과 시간을 투자해 배운 기술을 아무런 대가도 없이 새로운 직원이 들어올 때마다 가르쳐 줬었다. 하지만 익숙해질 만하면 그만둬 버리는 통에 더 이상 버티기가 힘들었다. 나는 '일리 커피숍'을 마지막으로 나의 커피 만들기 인생에 종지부를 찍었다. 너무나 하고 싶었던 일이었기 때문에 힘은 들었지만 후회는 없었다. 정말 즐겁게 일한 시간이었다.

그것을 계기로 커피숍은 내 꿈에서 멀어지기 시작했다. 겉으로 보기에는 우아해 보이지만 실상은 물 밑에서 한없이 발길질을 하는 백조의 신세나 다름없는 게 커피숍 운영이었다. 돈이 있으면 맛있는 커피숍을 찾아다니는 것이 더 옳은 일이라고 생각하며 난 또 다른 분야의 판매로 들어서게 되었다.

하지만 나는 아직까지도 그 꿈을 포기하지 않았다. 나의 버킷리스트에는 항상 '북 카페'가 올라가 있다. 나무들이 울창하고 사계절을 느낄 수 있는 수목원 같은 곳에서 커피숍을 하고 싶다. 사방이 통유리로 된 커피숍에 싱그러운 나무들로 인테리어를 한다. 그러곤 내 집의 서재처럼 느껴지는 공간을 만든다. 그렇게 누구든 편하게 책을 읽을 수 있는 분위기를 조성하고 싶다.

그 서재는 사방을 책장으로 만들고 거기에다 온갖 종류의 서적을 갖출 것이다. 그리고 한가운데에는 널찍한 카펫을 깔 것이다. 그 위에 앤티크 풍의 소파를 두어 고급스럽게 연출하고 싶다. 그곳에서 사람 사는 이야기를 나누며 살고 싶다.

02

내 이름으로 된
리메이크 음반 내기

나는 노래를 좋아한다. 부르는 것도 좋아할뿐더러 듣는 것도 무척이나 좋아한다. 내가 우리나라 지도 속에 지명도 적혀 있지 않은 '삼천포'가 아니라 서울이나 대도시에서 태어났다면 어땠을까. 정식 가수는 못 되었다 하더라도 아마추어 가수쯤은 되어 있지 않았을까 상상해 본다.

초등학교 5학년 때쯤, 음악 선생님이 동요 콩쿠르에 참가할 아이들을 선발했는데 그 두 명 중 한 사람이 나였다. 다른 한 명은 같은 반의 남학생이었다. 내가 들어도 그 애의 목소리는 맑고 청아했다. 그 목소리에 비하면 내 목소리는 청아하지 않았는지 그 남학생이 콩쿠르에 출전하는 영광을 얻었다. 수업을 마치면 교실에서 음악 선생님의 오르간 반주에 맞추어 그 아이가 노래 부르는 것을 창문 사이로 몰래 훔쳐보곤 했다. 정말 그 아이가 그렇게 부러울 수가 없었다.

학교 수업을 마치고 집으로 돌아가는 길이면 동네 아주머니들이 옹기종기 모여 앉아 이야기를 나누며 소일하시곤 했다. 그러다 내가 지나가는 것을 발견하면 "아이고, 윤아~ 노래 한 곡 부르고 가라이~ 니 노래 잘한다 아이가!" 하시면서 내 발걸음을 멈추게 한 적도 많았다.

그러면 나는 애써 못 이기는 척 "보름달~ 둥근 달 동산 위에 떠올라~ 어둡던 마을이 대낮처럼 환해요~" 하며 〈둥근 달〉이나 〈푸른 잔디〉, 〈노을〉 같은 동요를 곧잘 부르곤 했다. 내 노래가 끝나면 아주머니들은 연신 "아이고, 잘한데이~ 참말로 잘한데이!" 하시면서 박수를 쳐 주셨다. 그러면 나는 어깨가 한껏 으쓱해져서 집으로 돌아와 엄마한테 자랑했다.

중학교 때는 이런 적도 있었다. 수업 중에 반 친구들이 집중을 못 하면 선생님께서 "이 반에 노래 잘하는 사람이 누고?" 하셨다. 그러면 친구들은 일제히 나에게 노래를 청했다. 그때 내가 한참 빠져 있던 노래가 한대수의 〈행복의 나라로〉였다. 당시의 내 또래들이 그 노래를 알리 없었다. 하지만 나는 어떻게 어른들이나 알 만한 그런 노래를 알고 있었던 걸까. 어릴 적부터 우리 집에는 늘 음악이 끊이지 않았다. 그뿐만 아니라 외갓집에 가면 항상 클래식 음악이나 잔잔한 노래가 흘러나왔다. 그 영향으로 나는 또래 친구들보다 훨씬 많은 옛

날 노래들을 알게 되었던 게 아닌가 싶다.

우리 집에는 다락방이 있었다. 천장이 낮은 보통의 다락방은 아니었다. 160센티미터 정도 되는 내가 똑바로 서도 머리가 닿지 않았다. 그러고 보면 다락방이 아니라 2층 방이라고 해도 무방했다. 아무튼 우리는 계단을 통해서 올라가는 그 방을 '다락방'이라고 불렀다.

한창 사춘기를 겪던 중학교 때는 그 다락방에 틀어박혀서 전축에 음반을 올려놓고 하루 종일 들은 적도 있다. 그 다락방은 친한 친구들과 나의 아지트였다. 그곳에 초대되어 오고 싶어 하는 친구들도 있을 정도로 인기 있는 다락방이었다. 옥상과 다락방 창문이 연결되어 있어 엄마한테 잔소리 들을 일이 있을 때면 몰래 옥상으로 올라가 다락방에 숨어 있었던 기억도 난다.

나와 일곱 살 터울인 큰언니는 그즈음 집안 사정으로 대학 진학을 포기하고 전매청에 다녔었다. 그런 언니의 월급날이면 새로 나온 음반을 들을 수 있었기 때문에 나는 그날만을 손꼽아 기다렸던 적도 있다. 나에게 그곳은 말 그대로 '꿈꾸는 다락방'이었다.

고등학교 때도 학교 학예회나 수련회를 가면 단연 내가 학년 대표로 노래를 불렀다. 그 정도면 가수의 꿈을 꿀 수도 있었을 텐데, 나는 가수가 되겠다는 생각조차 해 보지 않았다. 주위에서 가수가 되어 보라고 부추기지도 않았다. 나는 나의 재능을 살려야 된다는 것을 몰랐다. 우리 부모님은 나의 재능을 감지하지 못하셨던 건지, 알면서도 그러려니 하고 지나가신 건지 아직도 모르겠다. 그때의 나는 우물 안 개구리였다.

20대에 근무하던 회사에서는 매해 가을쯤 체육대회를 했다. 어느 한 해에는 체육대회 대신에 나이트클럽을 빌려 각 부서별로 장기자랑 대회를 개최했다. 회식 때 이미 나의 노래 실력을 본 우리 팀의 과장님과 직원들의 추천으로 나는 우리 부서의 대표로 노래자랑에 나가게 되었다. 노래자랑을 앞두고 총무과에서 근무하던 나의 동갑내기 친구 경옥이와 한동안 노래방에 다녔다. 내가 한 곡 부르면 경옥이가 "좋다", "나쁘다"를 판가름해 줬다. 난 그런 경옥이를 믿었다. 그렇게 수십 곡을 부른 끝에 선곡된 노래가 박윤경의 〈부초〉였다.

드디어 장기자랑이 열리던 날. 난 700명이 넘는 회사 직원들 앞에서 떨지도 않고 간드러지게 노래를 소화해 박수와 환호성을 받았다. 당연히 대상은 나의 것이었다. 대상을 받고 앙코르로 〈부초〉를 한 번 더 부를 기회를 얻었다. 그때는 긴장감이 전혀 느껴지지 않아서 감정을 살리는 데만 집중했다. 부상으로는 LG가전 상품권과 금일봉을 받았다. 나는 그 상품권으로 엄마께 전자레인지를 선물해 드렸다.

그때 나이트클럽 관계자분이 나를 찾아와서 혹시 밤무대에서 노래할 생각이 없느냐고 물으셨다. 난 생각해 볼 겨를도 없이 머리까지 흔들면서 "아니요! 전 안 할 건데요."라고 잔뜩 겁에 질린 목소리로 말했다. 그때 내가 밤무대에 진출했다면 지금의 나는 어떤 모습으로 살고 있을까. 내가 더 넓은 세상을 볼 줄 아는 나이였다면 생각해 보겠다고 했을 것이다. 하지만 어리숙하고 때가 묻지 않은 20대 초반의 촌뜨기여서였는지 나는 밤무대가 무섭게만 느껴졌다. 그렇게 난 또 가수가 될 기회를 놓쳐 버렸다.

회사생활 중에 힘들고 지치는 날이면 혼자 노래방에 가서 스트레스를 풀었다. 처음에는 혼자서 노래방에 가기가 어색하고 민망했다. 그래서 한참을 문 앞에서 쭈뼛거리다가 들어갔다. 그 이후로는 내가 노래방에 가면 나의 노래에 반한 여사장님이 "아이고, 아가씨 또 왔네!" 하면서 반겨 주셨다. 내가 집으로 가려고 나서면 "왜, 벌써 갈라카노! 시간 더 넣어 줄 낀데 더 부르고 가라. 내도 노래 감상 좀 더 하거로!" 하시면서 손사래까지 치셨다.

나는 그 시간이 그렇게 즐거울 수가 없었다. 그때는 혼자서 2시간을 불러도 목소리에 변함이 없었다. 그리고 2시간 동안 끊이지 않고 부를 정도로 노래들이 줄지어 있었다.

나는 개인적으로 임재범의 〈비상〉이라는 노래를 좋아한다. 비상이라는 제목에서도 느껴지겠지만 힘들었던 내게 위로와 견딜 수 있는 힘을 주었던 노래다. 가슴 한구석에 울림과 뭉클함을 느끼게 해 주는 이 노래가 나는 정말로 좋다.

나는 감성이 깃든 노래를 좋아하고, 잘 부르고 싶다. 그런 감성적인 노래들이 수록된 나의 음반을 만든다는 상상을 하면 입꼬리가 귀까지 올라가는 것을 느낄 수 있다. 사람의 마음을 잔잔하게 울리는 노래, 듣고 있으면 위로가 되고 추억이 떠오르는 노래들을 선곡해 리메이크 음반을 만들고 싶다.

요즘 〈책 쓰기 수업〉을 들으러 분당을 가게 되면서 휴게소에 자주 들르게 된다. 화장실에 가는 것도 아니고 굳이 버스에서 내릴 이유도 없는데 애써 내리게 된다. 휴게소 한쪽의 음반 파는 트럭에서 흘러나오는 7080 노래를 듣기 위해서다. 서정적인 멜로디, 감성이 묻어나는 목소리, 통기타 반주와 어우러지는 그 노랫말에 귀를 기울인다. 통기타 반주가 나의 숨어 있는 감성을 마구 자극하는 것이 느껴진다. 마치 "너를 위해 이미 난 준비가 다 되어 있다. 너만 시작하면 된다."라고 나에게 속삭이는 것만 같다.

노래를 따라 흥얼거리면서 '나도 이 정도는 부를 수 있는데', '나도 저런 음반을 내고 싶다'라는 충동을 느낀다. 사람들이 운전하면서 내 노래를 듣고 '감성이 살아 있는 노래다'라는 느낌을 가질 수 있도록 부르고 싶다. 꼭 무대 위에서 수많은 청중들을 앞에 두고 열창하지 않더라도, 어딘가에서 문득 듣더라도 '아, 이 사람 노래 참 좋네!'라는 느낌을 주는 노래를 부르며 남은 생을 살고 싶다. 요즈음 마음 한편에 묻어 두었던 잊었던 꿈들이 슬며시 되살아나고 있음을 느낀다.

03

드림 헬퍼 되어
전 세계 누비고 다니기

    나는 경남의 아주 작은 항구인 삼천포에서 2남 3녀 중 넷째로 태어났다. 지금 내 나이는 마흔 세 살이다. 그런데 그 시절 5남매 중 넷째로 그것도 딸로 태어난 것이다. 그러니 얼마나 위아래로 치이고 눈치 받으면서 살았을지 겪어 본 사람들은 알 것이다.

    아버지는 선박 사업을 하셨다. 엄마는 아버지를 물심양면으로 도왔다. 그러면서 할머니를 포함해 8명의 식구를 건사해야 했다. 8명이나 되는 식구들의 입을 책임져야 했다. 엄마는 생활비를 벌기 위해 바지락을 몇 포대씩 가져와서 껍데기를 깠다. 속살만 남은 바지락을 공장에 가져다주고 품삯을 받아 오셨다. 나는 그런 환경 속에서 자랐다. 그러다 보니 나 또한 자연스레 대여섯 살 때부터 바지락을 깠다.

하루는 집 앞에서 바지락 한 포대를 풀어 소복하게 쌓아 놓고 까고 있었다. 그런데 마침 우리 집 앞을 지나가던 외국인이 그 광경을 목격했다. 그 외국인은 몇 살 안 되어 보이는 계집아이가 조그만 손에 칼을 들고 바지락을 까는 것을 한참 지켜보더란다. 그러고는 "오우! 원더풀!" 하면서 달러를 손에 쥐어 주고 갔단다. 이 일화는 머리가 큰 후에 엄마한테서 듣게 되었다.

그 동네에서 나의 바지락 까기 신공을 따라올 사람은 없었다. 동네 어르신들도 내가 학교에서 돌아오는 것을 보면, "아이고~ 신동 왔다야!" 하며 나를 추켜세우곤 했다.

초등학교 4학년 무렵 아버지의 사업이 부도나 다른 동네로 이사를 가게 되었다. 나는 그길로 나의 바지락 까기 인생이 일단락되는 줄 알았다. 하지만 이사 간 동네에서도 중학교 2,3학년 때까지 바지락을 깐 것 같다. 물론 이사 오기 전 동네에서 깐 바지락에 비하면 새 발의 피도 안 되는 양이었지만.

초등학교 6학년 가을쯤이었다. 동네의 친한 친구 몇 명이 영어학원에 등록한다고 했다. 중학교에 들어가기 전에 알파벳은 익혀야 한다면서. 하지만 나는 우리 집의 어려운 형편을 알고 있었다. 때문에 며칠을 속으로 끙끙 앓기만 했다. 하지만 나도 '친구 따라 학원'이 정말 가고 싶었다. 그래서 엄마한테 말씀드렸다. 그 일이 아버지 귀에까지 들어가게 되었다. 그리고 나는 "지금보다 더 열심히 바지락을 까서 학원비를 충당하겠습니다."라는 각서를 쓴 후에야 영어학원에 등록할 수 있었다. 지금 생각하면 참으로 슬픈 현실이 아닐 수 없다.

중학교 3학년 때 담임 선생님께서 고등학교를 어디로 갈 건지 물어보셨다. 나는 인문계 고등학교에 진학해 간호대를 가겠다고 했다. 그 말을 집에 와서 엄마한테 했다. 그랬더니 아버지께 말씀드려 봐야 한다며 낯빛이 안 좋아지셨다. 짐작대로 아버지는 나에게 상업계 고등학교에 진학해 졸업하고 돈을 벌라고 하셨다.

선생님은 안타까워하시면서 "네가 왜 상업계를 가니! 넌 충분히 대학을 갈 수 있는데. 엄마한테 학교에 꼭 한 번 오시라고 말씀드려라." 하셨다. 나는 엄마가 마음 아파할 줄 알았다. 바빠서라도 학교에 갈 시간이 없다는 것을 알았다. 그러면서도 상업계 고등학교에 진학하기 싫어서 용기를 내어 말씀드렸다.

엄마는 아버지가 반대하실 거라고 했다. 그러면서 목멘 소리로 인문계 고등학교에 못 보내 줘서 미안하다고 말씀하셨다. 나는 "언니들과 오빠는 대학에 보내 주셨잖아요. 그런데 왜 나만 상업계 고등학교를 가야 해요? 왜 나만 돈을 벌어야 하냐고요."라며 서럽게 울었다. 그때 그 시절에는 성적이 낮은 학생들이 상업계 고등학교를 간다는 인식이 있었다. 때문에 더 가기가 싫었다. '내가 공부를 못하는 것도 아닌데, 왜 나만!'이라고 생각했다. '그때 간호대학을 가고 싶다는 열망이 더 컸더라면! 부모님을 설득할 수 있는 대범함이 있었더라면!' 하는 뒤늦은 후회를 참 많이 했다.

내가 심한 사춘기를 겪고 있는 아이였다면 그때 잘못된 길로 들어설 수도 있었을 것이다. 하지만 나는 참으로 어리숙해서 그럴 주변 머리도 되지 못했다. 정말, 있는 듯 없는 듯 그저 평범한 여학생에 지나지 않았다.

그때 난 결심했다. 내가 결혼해서 자식을 낳으면 내 자식이 하고 싶어 하는 것은 무엇이든 할 수 있게 지원해 주겠노라고. 돈이 없어서 꿈을 단념시키지는 않겠다고. 내가 그토록 가기 싫어했던 상업계 고등학교도 자식이 원하면 보내 주겠다는 생각까지 했다. 내 결심에 얼마나 독기가 묻어 있었는지 느껴지지 않는가. 그 결심을 지키기 위해서 경제적으로 안정되기 전까지는 절대로 결혼하지 않겠다고 다짐했다.

상업계 고등학교에 진학한 후 1년 정도는 아버지를 원망하며 공부에 신경을 쓰지 않았다. 하지만 얼마 지나지 않아 자존심이 상해서 공부에 매진할 수밖에 없었다. 그렇게 좋은 성적을 거두기는 했지만 내가 원하는 곳에 취업하지는 못했다. 하긴 돋보기 같은 두꺼운 안경을 낀 여학생에게 어느 면접관이 높은 점수를 주겠는가!

나의 돈 벌기는 열아홉 살 가을 무렵부터 시작되었다. 그것이 2018년인 최근에 이르기까지 20년 넘게 지속되었다. 평범한 직장인, 레스토랑 아르바이트 직원, 커피숍 아르바이트 직원을 거쳐 매니저, 판매직 사원에서부터 시작해 점장에 이르렀다. 그러기까지 나의 삶은 고단했다. 나는 그런 고단한 삶을 통해서 아버지에 대한 원망을 내려놓을 수 있게 되었다.

나는 내 한 몸 건사하는 것도 이렇게 힘들어서 아등바등한다. 반면에 아버지는 5명이나 되는 자식들을 가르치고 먹여 살려야 했으니 얼마나 힘들었을까 싶다. 아버지는 생전에 프라이드치킨을 드시고 싶어 하셨다. 나는 그것을 일부러 안 사 드렸다. 그것이 두고두고 마음에 남아 있다. 참 못됐고 못난 막내딸이었다.

최근 몇 년간 나는 중간관리 매장을 운영했다. 그러면서 직장생활만 하던 것에 비하면 많은 수입을 벌었다. 수입과 안정적인 자립을 위해서라면 더 버텨야 했다. 하지만 내 능력을 몰라주는 회사를 위해 더 이상 봉사하고 싶지 않았다. 그리고 고객들은 나를 마치 하인 대하듯 했다. 그런 고객들의 행동과 말에 내 인격이 바닥을 치는 것을 느꼈다. 결국 나는 올해 6월로 험난했던 직장생활에 종지부를 찍었다.

그것을 후회하지 않는다. 맞춰진 시간에 출근하지 않아도 된다는 것. 타인으로 인해 잦은 스트레스를 받지 않아도 된다는 것. 이 두 가지만으로도 날아갈 듯 행복하다. 지겹지 않느냐고, 일할 때가 되지 않았느냐고 묻는 주변 분들도 있다. 하지만 나는 그 지옥 같은 세상에 다시는 발을 디디고 싶지 않다. 절대로!

나는 언젠가는 '내 사업을 해야지'라는 생각을 항상 하고 있었다. 그래서 틈틈이 자기계발서를 읽으며 내 사업에 대한 꿈을 키워 나갔다. 힘들거나 지칠 때, 기분이 다운되거나 우울할 때면 자기계발서를 읽으면서 희망을 얻었다.

그 속에서 가슴 뛰는 삶을 알았다. 통통 튀는 아이디어들도 보았다. 책을 통해서 '진정으로 내가 하고 싶은 일이 무엇인지' 진지하게 생각해 볼 수 있었다. 꿈이 현실이 되게 하는 여러 방법들도 알게 되었다. '10대 시절에 이런 책을 접할 수 있었더라면 좋았을 텐데'라는 생각을 많이 했다.

나는 우여곡절을 겪으며 힘들게 버텨 왔다. 그러던 중 '다른 사람들은 나처럼 힘들게 살지 않았으면 좋겠다'라는 생각을 했다. 그때부터 나의 마음속에 드림 헬퍼로 살고자 하는 꿈이 움트기 시작했다.

나는 '간절히 두드리고 원하면 문이 열리고 현실이 된다'는 것을 몇 번 경험한 바 있다. 그래서인지 꿈은 반드시 이루어진다고 믿는 사람이다. 그런 믿음을 바탕으로 자라나는 10대 꿈나무들에게 꿈이 왜 중요한지, 왜 꿈이 있어야 하는지 말해 주고 싶다. 꿈은 10대에게만 중요한 것이 아니다. 우리가 마음만 먹는다면 무덤 속에 들어가기 전까지는 꿈을 이룰 수 있지 않겠는가. 그러니 나이, 성별, 인종을 불문하고 전 인류가 꿈을 찾고 꿈을 이루어야 한다.

나는 전 인류의 꿈을 깨우고 그들이 꿈을 이룰 수 있도록 돕는 희망메신저 '드림 헬퍼'가 되는 것이 꿈이다. 그들이 힘들어 지칠 때면 위로와 격려로 일으켜 세우고 싶다. 그들이 잘못된 꿈길로 들어서면 올바른 꿈길로 안내해 주고 싶다. 그렇게 난 전 인류에게 영향력을 미치는 '드림 헬퍼'가 될 것이다.

(《죽기 전에 꼭 하고 싶은 것들 2》에 실렸던 글임을 밝힙니다.)

현대식 한옥에서
전원생활 누리기

사람들은 살면서 무수한 꿈을 꾼다. 그리고 '꿈이 무엇이냐'는 질문을 하고, 받게 된다. 어린 시절 나는 "꿈이 무엇이냐?"라는 질문을 받으면 당당하게 "간호사가 꿈이에요!"라고 말했다. 그때는 아픈 할머니를 보살펴 드리고 싶다는 마음에 간호사가 되고 싶었던 것 같다.

하지만 중학교, 고등학교를 거치면서 나의 꿈은 조금씩 변천을 겪었다. 그리고 고등학교 3학년 2학기 때부터 직장생활을 시작하면서 더 이상 꿈을 꾸지 않았다.

첫 직장에서 나보다 네다섯 살 많은 언니를 만나 친자매처럼 잘 지냈다. 그리고 두 번째 직장에서는 팀장님의 총애를 한 몸에 받았다.

워낙 눈치가 빠르다 보니 팀장님이 뭘 원하시는지 꿰고 있었던 덕분이었다. 그런 시간들 속에서 특별히 다른 꿈이 필요하다는 생각은 하지 않고 살았다. 마치 그 시간들이 영원할 것처럼 말이다.

그런 나의 철없는 생각은 한참 후에 나를 빚이라는 시련으로 옭아매었다. 지금 생각해 보면 그때 꿈 없이 살았기 때문에 빚을 지게 되었던 것 같다. 이루고자 하는 꿈이 있었더라면 명확한 계획 또한 있었을 것이다. 그리고 계획적으로 살았다면 절대로 빚을 질 수가 없었을 것이다. "집안 형편이 어려워서 생활비를 드려야 했고, 시시때때로 돈이 들어갔다."라는 말은 마지막 남은 나의 자존심을 까발리고 싶지 않은 핑계였지 싶다.

빚에 허덕이며 살면서 지금보다 더 나은 삶을 꿈꾸기 시작했다. 하지만 그때도 원대한 꿈은 꾸지 못했다. 그릇이 그것밖에 되지 못했기 때문이다. 하긴 하루가 멀다 하고 빚 독촉에 시달리는 삶 속에서 어떤 원대한 꿈을 꿀 수 있었겠는가. 그래도 나는 꿈을 가져야만 했었다. 꿈이 있었더라면 빚이라는 시련 속에 15년 동안 얽매인 채 살지 않았을 것이다. 빚에서 더 빨리 해방될 수 있었지 않았겠는가.

아무튼 지금보다 더 나은 삶에 집중하자 가슴속에서 무언가 꿈틀거리는 것을 느낄 수 있었다. 그리고 그 꿈틀거림을 좇아 그때 상황에서 할 수 있는 것을 하기 시작했다. 그렇게 한국커피아카데미 학원을 다니면서 '바리스타 2급' 자격증을 취득했다. 그러고 나니 커피숍에서 아르바이트할 수도 있었고 한 달 만에 매니저로 승진도 되었다.

나는 거기서 머무르지 않았다. 다른 판매의 길로 들어섰다. 그러곤 직원에서부터 시작해 그 매장의 점장이 되었다. 이를 통해서 나는 '간절히 원하는 꿈은 이루어진다'라는 것을 알게 되었다. 그때부터는 원하는 것이 있으면 마음으로 생각하고 종이에도 적었다.

그렇게 지금은 철없던 때보다는 의식이 성장하기는 했다. 하지만 아직도 큰 그릇이 되려면 멀었다. 때문에 나는 의도적으로 나의 내면을 바꾸고 의식을 확장시키고자 노력하고 있다. 이런 노력으로 인해 현재의 나의 삶은 과거보다 훨씬 더 긍정적으로 변했다. 부정적인 생각이 치밀어 오르면 즉시 캐치해서 긍정적인 생각으로 변환시킬 수 있게 되었다.

그동안 나의 입에서는 나쁜 말이 떨어질 새가 없었다. 이젠 그 나쁜 말을 예쁜 말로 바꾸는 중이다. 분명 나의 인생에도 '빚'이 아닌 '빛'이 들 날이 올 것이라고 믿어 의심치 않는다. 그날을 꿈꾸며 나는 또 다른 꿈을 꾼다.

누구나 한 번쯤은 전원생활을 꿈꾸어 보았을 것이다. 나는 전원생활 중에서도 현대식 한옥에서의 삶을 꿈꾼다. 생각만 해도 기분 좋은 웃음이 귀까지 걸린다. 내가 한옥에서의 삶을 꿈꾸게 된 계기는 따로 있다.

앞에서도 잠깐 언급했지만 나는 20대 후반부터 올해 7월까지 근

15년간 빚을 갚는 데 나의 청춘을 소진했다. 그 힘든 시간에 나에게는 위로와 격려가 무척이나 필요했다. 하지만 빚이 있다는 것을 누구한테도 이야기하고 싶지는 않았다. 알량한 자존심 때문이었으리라. 때문에 주변의 누구도 나에게 위로와 격려를 해 줄 수 없었다.

나는 중학교 때부터 책 읽기에 빠져서 독서를 좋아하는 친구들과 독후감을 쓰고 서로 공유했었다. 그때부터 책과 나를 별개로 생각한 적은 없었다. 그렇게 책은 나의 힘들었던 시절을 잘 지나올 수 있게 해 준 버팀목이었다. 그리고 다양한 분야의 책 중에서도 자기계발 도서가 나와 잘 맞았다. 자기계발서 속에서 내가 하고 싶은 것이 무엇인지, 내가 진정 원하는 것이 무엇인지 생각해 볼 수 있었다.

그때 자기계발서를 읽으면서 꿈꾸었던 것 중 한 가지가 '한옥에서 사는 것'이었다. 왜 한옥에서 살고 싶은지 묻는다면 딱히 할 말은 없다. 왜냐하면 나의 내면이 '한옥에서 살고 싶다!'라고 언질을 주었기 때문이다.

나는 지금까지 한옥에서 살아 본 경험이 단 한 번도 없다. 하지만 왠지 한옥이 좋다. 따뜻하고 정감이 넘치는 느낌이 좋다. 자연과 잘 조화를 이루는 그 어우러짐이 참 좋다. 여행을 가도 현대식 숙소보다는 그 지역의 한옥 숙소를 먼저 알아보는 편이다. 마땅치 않다면 그 다음으로는 황토로 지은 숙소를 알아본다. 그러고 보니 나는 '옛것'에 대한 동경이 있는 듯하다.

몇 년 전에 《미라클 모닝》이라는 책을 접하게 되었다. 그 책을 다 읽은 후, 나는 나의 실생활에 '미라클 모닝'을 접목시켜 보기로 결심했다. 그리하여 책 속에 나와 있는 여섯 가지 목록을 다 실천하기로 했다.

그중 '다짐과 확신의 말'을 실천하기 위해서는 생각으로만 그쳤던 꿈을 글로 적어야만 했다. 그런데 생각 속에만 존재하는 '한옥에서 살기'란 꿈을 글로 표현하는 것은 생각처럼 쉬운 일이 아니었다. 그리고 그 순간은 내 꿈을 처음으로 명확하게 글로 표현하는 순간이었다. 때문에 최대한 집중해서 쓰고 싶었다. 썼다 지우고 또 썼다 지우기를 수십 번 반복했다. 그렇게 수십 번의 과정을 거친 후에야 그나마 봐 줄 만한 글을 얻을 수 있었다.

애써 쉽지 않은 과정을 거친 것은 눈으로 시각화하기 위해서였다. 그리고 읽으면서 잠재의식에 주입시키기 위함이었다. 또한 나 스스로에게 다짐하고 꼭 이룰 수 있다는 확신을 심어 주기 위해서였다. 그때 메모장에 적었던 글을 일부만 옮겨 적어 보고자 한다.

"나는 넓은 마당에 잔디가 깔려 있는 고풍스러운 한옥에서 살고 있다. 한옥의 넓은 마당에는 디딤돌을 놓아 아기자기한 느낌을 줄 수 있도록 연출했다. 내가 사는 집 한옥의 기본 틀은 전형적인 한옥이다. 그러나 집 안의 구조는 생활하기 편하게 현대식으로 인테리어했다.

넓은 마당 중 햇볕이 잘 드는 곳에는 커피숍 같은 정자를 지었다.

그 정자를 지을 때 냉난방 시스템을 갖추었다. 왜냐하면 언제든지 사계절을 느끼면서 차를 마시거나 독서를 즐기고 싶었기 때문이다. 내가 살고 있는 한옥 집의 별채에는 '꿈꾸는 한옥 카페'가 있다."

한옥에서 살고 싶은 마음을 이렇게 글로 풀어냈다. 이 글에서 언급한 '꿈꾸는 한옥 카페' 또한 내가 이루고 싶은 것 중 한 가지다.

내가 사는 한옥에 가족들 모두 초대하고 싶다. 그러곤 잔디가 깔려 있는 넓은 마당에서 바비큐 파티를 하고 싶다. 나의 꿈꾸는 한옥은 봄이면 온갖 종류의 꽃들이 피어난다. 여름이면 야외 풀장에서 수영을 즐길 수 있다. 가을이면 노랗게 물드는 은행잎을 볼 수 있다. 겨울이면 흰 눈이 소복이 쌓이는 절경을 감상할 수 있다. 나는 사랑하는 가족과 함께 사계절을 즐기고 느끼면서 살고 싶다. 내가 꿈꾸는 한옥에서 말이다.

황금알을 낳는
메신저 사업가 되기

올해 내 나이 마흔세 살이다. 나이 듦도 안타깝지만 그것보다 더 안타까운 것은 현재 백수라는 것이다. 대한민국에서 마흔세 살의 여자라면 어느 정도의 위치에 있어야 하는 걸까? 나는 현재 함께 생활하는 사람은 있지만 아이는 없다. 그렇다고 특별히 일구어 놓은 것이 있는 것도 아니다. 번듯한 집을 소유한 것도 아니다. 그저 언제 바닥날지 모르는 통장의 잔고를 보며 전전긍긍 살고 있는 한 사람일 뿐이다. 그나마 5개월째 백수생활을 할 수 있는 것은 신용을 회복하는 과정에서 악착같이 돈을 모은 덕분이다.

지금이 나의 마흔세 살 인생에서 가장 큰돈을 모아 본 시기이기도 하다. 그렇다고 아주 큰 액수는 아니다. 처음으로 목돈을 쥐어 보는 나에게는 거금이다. 그렇다 해도 일반 직장인의 1년 치 연봉 정도에 지나지 않는다. 그런데 그렇게 모은 돈도 나는 내가 하고 싶은 일에 투자하고 있다. 때문에 현재 나의 통장의 잔고는 거의 바닥 수준이다.

그런데 나는 왜 일을 다시 시작하지 않을까? 사실 나 스스로도 걱정은 된다. '당장 생활비가 바닥나면 누구한테 생활비를 빌려야 할까?'라는 생각도 한다. 하지만 20년의 직장생활에 넌더리가 났기 때문에 다시 직장에 발을 들이고 싶지는 않다. 그렇다면 나는 과연 무엇을 해야 하는가?

나는 올 6월에 20년여의 직장생활에 종지부를 찍었다. 직장생활에 종지부를 찍기 직전에 백화점에서 중간관리 매장을 운영했다. 중간관리 매장은 매출 수수료가 수입원이다. 매장 운영에 들어가는 경비를 제외하기 전 수수료 전체 금액을 보면 꽤 많은 돈을 버는 것처럼 보인다. 하지만 표면적으로만 그렇다. 실질적으로 내 통장에 입금되는 돈은 표면적인 숫자보다 훨씬 적은 돈이다. 더 열심히 일할수록 본사에서 가져가는 패널티 부분도 커졌다. "재주는 곰이 넘고 돈은 왕서방이 받는" 형국인 셈이었다.

나는 이런 시스템에 점점 지쳐 갔다. 그리고 끊임없이 들락날락하는 직원들 때문에 미칠 지경이었다. 정말 나 혼자 할 수 있는 일이 더욱 절실해졌다. 그러던 차에 본사의 일처리 미흡으로 고객과의 약속을 지키지 못하게 되는 일이 발생했다. 고객이 주문한 내용을 담당 부서와 통화하며 사전 확인도 끝냈다. 그리고 특판 주문도 바로 넣었다. 그 외에 필요한 모든 준비도 해 두었다.

나는 주문한 모든 제품이 다음 날 입고되리라 믿어 의심치 않았다. 그런데 본사에서 포장해야 할 제품의 짝을 전혀 맞지 않게 출고한 것이 아닌가. 심지어 포장박스는 단 한 장도 보내지 않았다. 나는 주문한 제품을 검수한 후 열 받은 채로 담당 부서에 항의 전화를 했다. 담당 매니저에게도 상황을 전달했다. 하지만 상황은 전혀 나아지지 않았다.

그렇게 나는 일주일 동안 본사와 입씨름했다. 그리고 고객에게는 몇 번이나 "고객님, 정말 죄송합니다. 조금만 더 기다려주세요!"라는 사죄의 말을 해야 했다. 당연히 고객에게서 싫은 소리를 들어야 했다. 그때 결심했다. 이 회사를 떠나기로!

매장을 운영하면서 힘든 점이 많았다. 하지만 갚아야 할 빚이 있고 먹고살아야 했다. 때문에 아무리 자존심이 상하는 일을 당해도 버텨야만 했다. 내가 퇴사를 결심하게 된 그때는 나의 자존감마저 바닥을 치고 있었다. 출근해서부터 퇴근할 때까지 내 입에서는 욕이 끊이지 않았다. 지금 생각해 보면 그때 같이 일했던 직원들이 얼마나 힘들었을까 싶다.

퇴사의 결심을 본사의 담당 매니저에게 전달했다. 그 매니저는 나와 친하게 지내던 매니저를 통해서 나의 마음이 돌아서기를 원했던 모양이다. 하지만 나의 결심은 위안이나 격려의 말로 돌이킬 수 있는 것이 아니었다. 본사의 담당 부장님도 나에게 며칠 시간을 주겠으니 다시 생각해 보라고 했다. 하지만 나는 "아니요, 시간은 전혀 필요하지 않습니다. 저의 결심은 변함없고 한 달간 기한을 드릴 테니 후임을 최대한 빨리 구해 주세요."라고 말했다.

그 말을 듣고는 부장님도 나의 결심을 알아챘던 것 같다. 더 이상 붙잡지 않겠다고 했다. 그 당시 본사는 전국의 170여 개 매장 중에서 매출의 기여도가 높은 40개의 매장을 선발했다. 그렇게 선발된 매장 점장은 한 달에 한 번 본사 회의에 참석해야 했다. 나도 본사 회의에 참석하는 매장 점장 중 한 명이었다.

본사는 매출이 높은 40개 매장을 중점으로 '미스터리 쇼퍼'를 운영했다. '감성 평가'와 '재방문 의사'로 점수가 매겨졌다. 그런데 평가의 난이도가 상상 초월이었다. 하지만 본사의 방침이기 때문에 나는 말없이 따라야 했다. 그리고 어차피 해야 하는 것이라면 좋은 점수를 받고 싶었다.

그때부터 나는 입에 욕을 달고 살던 나를 조금씩 변화시키고자 노력했다. 항상 그래 왔듯이 직원보다 먼저 출근했다. 고객이 매장으로 들어오면 큰소리로 웃으면서 밝게 인사했다. 그리고 고객이 원하는 제품이 있으면 손등에 직접 데모해 주면서 제품의 특징과 장점을 설명해 주었다. 내가 생각해도 그때는 내가 최고조로 밝았던 때가 아니었나 싶다. 고객들이 직원보다 사장님이 더 직원 같다고 말할 정도였으니 말이다.

그렇게 신나게 일하다 보니 자연스럽게 '미스터리 쇼퍼' 점수는 좋을 수밖에 없었다. 회의에 참석할 때마다 90점 이상의 최상위권 매장에 속해서 축하와 박수를 받았다. 내가 퇴사하기 두어 달 전부터는 40개 매장에 대한 '미스터리 쇼퍼' 심사 평가가 더욱 강화되었다.

그럼에도 불구하고 4월에 실시된 '미스터리 쇼퍼' 평가에서 오로지 나 한 명만이 100점을 받았다. 정말 마음을 달리 먹고 신나게 일했기 때문에 생긴 결과라고 생각한다. 그 소식을 들은 때가 퇴사를 결심한 시점이 아니었다면, 나는 더 뛸 듯이 기뻐했을 것이다. 그럼에도 불구하고 기분은 좋았다. 왜냐하면 박수 칠 때 떠날 수 있었기 때문에!

앞에서 언급한 사건이 일어나지 않았다면 지금도 근무하고 있을지 모른다. 그렇게 나는 그토록 점장이 되고 싶어 했던 매장을 그만두었다. 하지만 손톱만큼의 후회는 없다. 내가 할 수 있는 최선을 다했으므로. 고객들에게 인정받는 사람이 되었으므로.

퇴사하고 두 달 정도는 아무것도 하지 않고 빈둥대기만 했다. 정말 이래도 되나 싶을 정도로! 먹고 싶으면 먹고, 눕고 싶으면 눕고, TV 보다가 자고. 그것이 나의 하루 일과의 전부였다. "내 인생에도 이런 날이 있구나!"라고 감탄하면서 보냈다. 그렇게 두 달을 보내고 지겨워질 때쯤 밀쳐 두었던 책을 다시 꺼내 읽기 시작했다. 경험해 보지 않은 사람은 모르리라! 아무 걱정 없이 책 읽는 데만 오롯이 집중할 수 있다는 것이, 얼마나 행복한 일인지!

책만 읽으면서 한 달을 보내고 있을 때쯤 불안감이 스멀스멀 올라왔다. 악착같이 모았던 돈으로 생활비는 충당할 수 있었다. 하지만 계속 놀고먹을 수만은 없지 않은가. 무언가를 시작해야 한다는 생각이 들었다. 마음이 조급해졌고 책을 더 열심히 파기 시작했다.

그때 나는 성공할 수 있는 사업 아이템이 필요했다. 그런 성공 아이템을 찾기 위해 '미라클 모닝'을 실천했다. 새벽 5시에 일어나서 명상했다. 명상이 끝나면 다짐과 확신의 말로 나를 단단하게 만들었다. 그러고 나서는 공원으로 운동 겸 산책하러 나갔다. 산책하고 돌아와서는 일기를 썼다. 나머지 시간에는 책을 읽으면서 사업 아이템을 구상했다.

시간이 갈수록 조급한 마음은 더해지기 시작했다. 급한 성격에 발동이 걸린 것이다. 그때부터 산책하러 가기 전에 집에서 가까운 '불지사'에 갔다. 그리고 부처님께 108배를 올렸다. 그렇게 108배가 끝날 때까지 부처님께 "제가 무엇을 해야 하는지 알려 주셔서 감사합니다!"라고 기도했다.

그렇게 기도하기를 2,3일이 지났을까. 어마어마한 쓰나미가 나를 덮치려 하는 꿈을 꾸었다. 그러고 나서 우리 집 2층 베란다 난간에 까치가 앉아서 우는 것이 아닌가. 정말 손이 닿을 듯 가까운 거리에서 까치가 한참을 울다가 날아갔다. 나는 내심 '좋은 소식이 있으려나 보다!' 하며 설레어 했다.

그러던 중에 한 권의 책 속에서 나의 꿈인 '동기부여가'가 되기 위해서 무엇을 해야 하는지 발견하게 되었다. 그것이 책 쓰기의 시작이 될 줄은 꿈에도 몰랐다. 나를 책 쓰기의 길로 들어서게 해 준 책은 이석풍 작가의 《부자혁명》이다. 그것을 계기로 〈한국책쓰기1인창업코칭협회(이하 한책협)〉이라는 카페에 가입하게 되었다. 그리고 제일 빠른 〈1일 특강〉을 신청해서 들었다.

특강에서 김태광 대표 코치는 "성공해서 책을 쓰는 것이 아니라 책을 써서 성공해야 된다."라고 말했다. 처음에는 그 말의 의미를 파악하지 못했다. 하지만 지금은 정확하게 알고 있다. 나는 성공한 메신저 사업가를 꿈꾼다. 메신저 사업가가 되기 위해서는 제일 먼저 무엇을 해야 할까. 우선은 평범한 내가 인지도 있는 사람이 되기 위해 책을 써야 한다. 책을 써서 나를 브랜딩하고 그것을 계기로 코치, 컨설턴트, 강연가로 활동하는 것이다. 그렇게 쌓은 노하우를 바탕으로 나와 같은 어려움을 겪는 사람들에게 나의 경험과 지식을 공유해 주고 싶다.

나는 나의 경험과 지식을 프로그램화시켜 희망을 전하는 메신저 사업을 하고 싶다. 황금알을 낳는 메신저 사업을 성공적으로 이끌기 위해서 나는 오늘도 배움을 멈추지 않는다. 나는 1인 창업해 메신저 사업가가 될 것이다.

나만의 영향력
선사하며 살기

| 김 나 영 |

김나영 상담사, 감정 코칭 강연가, 그림책 테라피스트, 자기계발 작가

대학원에서 가족상담학을 전공했고 현재 그림책 테라피스트로 활동하고 있다. 저서로는 《죽기 전에 꼭 하고 싶은 것들》이 있으며, 현재 '서툰 감정을 알아가는 것'을 주제로 개인저서를 집필 중이다.

01

남편과
인도 여행 가기

현재 결혼 5년 차 아이 엄마인 내가 남편과의 결혼을 결정한 데는 '인도'의 공이 컸다. 인도 여행이라는 서로의 버킷리스트가 같은 데다 인도여야만 하는 이유까지 일치했다. '아! 이 사람이다!' 하고 마지막 퍼즐이 맞춰진 느낌이었다.

남편을 처음 만난 건 만 6년 동안의 밴쿠버 생활을 마치고 귀국한 직후였다. 인간관계를 어려워하는 내가 유독 그의 앞에선 편안함을 느껴 몇 번 더 만나 보기로 했다. 실은 첫 만남에서부터 소울메이트란 느낌이 강했다. '지구별에 나와 대화가 이렇게나 잘 통하는 사람이 있다니!' 그는 나와 똑같은 고민을 하고 똑같은 걸 원하며 살아왔었다. 성장배경 탓에 직업도, 학벌도 격차가 컸지만 우리의 내면은 마치 쌍둥이 같았다.

그와 나는 백이면 백 닮은 게 너무도 많지만 그중 몇 가지만 소개해 본다. 아래 소개할 네 가지는 나의 속내였다. 타인은 짐작도 못할, 나 홀로 간직해 온 비밀 같은 것들 말이다.

먼저 난 '입양'을 주제로 대화하길 원해 왔다. 입양할 아이와 내가 낳을 아이. 그 누구에게도 피해만 없다면, 그리고 우리 모두가 이 상황을 건강하게 이끌어 갈 수만 있다면 입양을 하고 싶다. 물론 그중 누구에게라도 손해가 가거나 누군가 집중적으로 피해를 본다면 이 입양 욕심을 내려놓을 수도 있다. 그저 '입양을 주제'로 대화하고 싶었다. 입양이란 걸 할지 말지는 그다음 문제고 그저 이 주제에 대해 쌓아 온 내 고민을 가지고 심도 있게 지속적으로 대화하고 싶었다.

둘째로 나는 인도에 가고 싶었다. 이유는 오직 갠지스 강 때문이었다. 인도인들은 태어난 아기의 몸도 그 강물에 씻기고 죽은 이의 시신도 그 강물에 띄우며, 살아가는 매일의 날들도 그 강물과 함께한다. 인간의 생애와 그 사이사이의 희로애락을 모두 품어 주는 그 강물 앞에 숙연히 서 보고 싶었다. 내 감정이 어떨지, 신발 벗고 바지 걷어 그 강물에 나를 담가보고 싶었다.

셋째로 수산시장이 이유 없이 좋았다. 해산물을 특히 좋아하는 것도 아닌데 그냥 수산시장만 가면 행복감이 느껴졌다. '이성'이 대화의 핵심이던 중학생 시절, 친구들끼리 자주 한 질문이 있었다. "이다음에 애인 생기면 어디서 데이트하고 싶어?" 여중생들의 답변은 대부분 비슷했다. 놀이공원, 고급 레스토랑, 예쁜 돌담길, 국내외 명소, 고즈넉한 숲길, 흐드러진 꽃길, 나뭇가지가 양쪽에서 쏟아져 내려 하트 모양이 된 가로수길, 그런 것들. 하지만 내 대답은 단연 사차원이었다. "난 수산시장! 둘이 같이 수산시장을 걷고 싶어."

넷째로 떡볶이가 유독 좋았다. 밴쿠버 생활 중 향수병에 울적할 때마다 날 위로했던 소울푸드는 떡볶이였다. 그래서 밴쿠버 지인들은 날 위로, 축하할 일이 있을 땐 꼭 떡볶이를 식탁에 올렸었다. 한국으로 영구 귀국하는 나를 보내며 그들은 이렇게 말해 주었다. "한국 가면 떡볶이 원 없이 먹어." 떡볶이는 내게 그런 존재였다.

위의 네 가지는 나의 속마음에 품은 것들이다. 타인에겐 잘 밝히지 않아 온 내 속내. 특히 날 꾀려고 마주 앉은 남자들에겐 절대 내가 먼저 말하지 않는 나의 톱 시크릿이었다. 혹 내가 먼저 말하면 "아! 실은 저도 그래요!"라며 가면 쓰고 내게 접근할 수도 있단 의심에서였다. 이 네 가지를 모두 남편이 먼저 말했다. 본인의 속마음이라면서 말이다! 사람들에게 잘 이해받지 못해 온 본인만의 특이한 속내라며 내게 털어놓은 그의 비밀이 나의 것과 똑 닮아 너무 놀랐다.

사실 그는 그리 인기 있는 신랑감 후보는 아니었다. 그 이유가 그제야 이해되었다. 이러니 다들 싫어할 수밖에! 아이를 입양하고 유기

견을 돌보며, 데이트는 떡볶이 집과 수산시장에서만 하자는 남자. 신혼여행지로 '유럽, 파리, 그게 아니면 푸켓이나 괌의 풀빌라'가 아닌 위험국가 인도의 더러운 갠지스 강물에 몸을 담그자는 남자. 누가 좋아하겠나! 성경의 한 구절이 떠올랐다. "건축자들의 버린 돌이 모퉁이의 머릿돌이 되었느니라." (누가복음 20장 17절) 그는 그렇게 내 삶에 들어와 나의 모퉁잇돌이 되었다.

앞서 말한, 서로를 알아본 퍼즐 네 가지 중 가장 큰 퍼즐이 바로 '인도'였다. 갠지스 강에 관한 이야기를 처음 접한 건 학창 시절 TV를 통해서였다. 중학생 시절 TV 채널을 돌리다 우연히 KBS 2TV에서 방영하는 한 다큐멘터리에 홀린 듯 끌렸다. 인도 갠지스 강을 다룬 다큐멘터리였다. 탄생한 아기의 몸도, 죽은 이의 시신도, 인생의 모든 날들을 함께한다는 갠지스 강의 이야기가 내레이션을 통해 흘러나왔다. '저곳에 꼭 가 봐야겠어! 저 강물에 나도 몸을 담가 봐야겠어!' 그때 처음 들었던 이 생각은 이후로 단 한 번도 변한 적이 없다.

성인이 된 후 인도 여행을 마음만 먹으면 할 수도 있었다. 하지만 지금껏 가지 않고 미뤄 둔 이유는, 무언가 아주 적절한 '때'를 기다린다는 마음이 컸다. 배고플 때 먹는 밥이 가장 맛있고 필요할 때 주는 선물이 가장 좋듯이. 나는 내 인생에서 인도의 갠지스 강이 꼭 필요한 바로 그 순간에 떠나는 게 좋을 것 같아 인도 여행을 줄곧 아껴 두었다.

그렇게 아껴 두고만 있다가 남편에게서 인도의 갠지스 강 이야기를 들었던 것이다. 그도 갠지스 강에 대한 로망을 어릴 때 본 한 TV 다큐멘터리를 통해 처음 가지게 되었다고 했다. 그리고 이후로도 변함없이 그 꿈을 키워 온 것도 나와 너무도 닮아 있었다. 그에게 자세히 묻진 않았지만 문득 상상해 보았다. '우리가 같은 다큐멘터리를 본 게 아닐까? 같은 시간, 서로 다른 공간에 있었지만 같은 다큐멘터리를 보며 같은 꿈을 키웠던 게 아닐까? 우리가 서로의 존재조차 몰랐던 그 순간부터 우린 이미 연결되어 있었던 건 아닐까?'

결혼 후, 벌써 아이가 다섯 살이다. 하지만 아직도 우리는 버킷리스트를 실천하지 못했다. 신혼여행은 직접 승용차를 운전해 순간순간 가고 싶은 곳으로 무작정 떠나는 이른바 즉흥여행(국내)을 했던 터라 인도에는 가 보진 못했다. "다음에 기회가 있으면 꼭 가자."고 약속했지만 바로 임신에 출산, 육아까지 이어져 그 기회를 만들기란 쉽지 않았다. 빠듯한 살림에 해외여행 경비를 따로 모으기도 쉽지 않았고 말이다.

여행이란 자고로 "다리가 떨릴 때가 아니라 마음이 떨릴 때 가야 한다."는 말처럼 '지금 우리가 건강할 때, 한창 인생의 전성기일 때 가야 하는데…' 하는 조급함도 가끔 든다. 하지만 갑자기 가족해외여행을 계획하는 게 쉽지 않아 갠지스 강은 늘 우선순위에서 밀려나기만 한다.

하지만 이제는 더 이상 미루지 말고 남편과 계획을 구체적으로 세워 봐야겠다. 여행 일정을 정하고 지금부터 여행 경비를 조금씩 모아 우리의 버킷리스트를 실행해 봐야겠다. 이제 우리의 모습을 반반 닮은 아이도 생겼으니 아이와 셋이서 함께 가는 인도 여행을 꿈꿔 봐야겠다.

여보! 인도에 여행 가면 우리 꼭 갠지스 강에 제일 먼저 가자! 가서 앞뒤 잴 것 없이 강물에 일단 풍덩 뛰어들자! 그리고 강물 속에 몸을 담근 채 아이에게 그 강물의 의미를 설명해 주자! "이 강은 엄마, 아빠를 연결해 준 강이란다. 네가 이 세상에 태어날 수 있도록 도와준 강이란다. 이 강물은 태어난 아기의 몸도 씻기고 죽은 사람이 좋은 곳에 가도록 띄워 주며, 우리가 살아가는 매일매일 우리와 함께한단다. 이 강물은 우리가 느끼는 모든 마음을 다 알고 있단다. '아무도 내 마음을 몰라' 하는 순간에도 이 강물은 우리의 마음을 다 알고 있단다."라고 말이야!

02

외국 친구
한국에 초대해 한 달 살기

밴쿠버에서 사귄 외국 친구 중 유독 기억에 남는 친구가 있다. 친구를 넘어 가족 같았던 데일(Dale) 아주머니. 당시 예순 살이 좀 넘으셨었다. 그러나 난 본래 세대를 초월해 '친구'라 여기니 내겐 친구다. 또한 호칭도 한국처럼 '이모님, 고모님, 아주머니'가 아니라 나이와 상관없이 서로의 이름을 부르는 게 서양 문화인지라 한결 더 친구처럼 느껴졌었다. 예순 살이 넘은 어머니뻘 아주머니를 편하게 '데일(Dale)'이라고 부르는 데 점점 익숙해지면서 우린 참 많은 날들을 함께했었다.

데일을 처음 만난 건 밴쿠버 캐리스데일(Kerrisdale)의 한 아파트에서였다. 그날은 기억에 남을 만큼 장대비가 쏟아지던 밤이었다. 당시 이사할 집을 알아보던 중, 한 부동산 정보 사이트의 광고 하나가 눈에 띄었다. '주 3일만 granny sitting 하는 조건으로 밴쿠버 부촌의 아파트 독채 월세를 거의 공짜나 다름없는 파격가에! 가구 완비, 시설 완비!' 요약하면 이런 내용이었다.

나는 그 광고를 보고 부르짖었다. "몸만 들어가면 되네? 근데 'granny sitting'이 뭐지? 할머니를 앉힌다? 단어의 뜻을 안다고 다 되는 게 아닌 이놈의 골치 아픈 영어 진짜!"라고. '할머니가 앉는 것'과 관련한 직업군을 아무리 떠올려 봐도 도무지 추측이 안 되었다. 광고의 다른 내용은 다 해석되나 'granny sitting'은 도통 의문의 단어였다. 오랜 외국생활에 이른바 깡이 생겨 단어의 뜻도 모른 채 일단 상황에 부딪쳐 보기로 마음먹었다. 그러곤 바로 전화해 약속을 잡았다. 장대비를 뚫고 그 밤중에 헤매기까지 하며 찾아간 그곳에서 알게 되었다. 할머니를 앉히는 직업이 뭔지! 그 뜻은 바로 할머니의 간병인이었다!

영국인인 할머니는 중증치매에 고도비만이셨다. 그동안은 미혼의 따님인 데일 아주머니가 홀로 간병 중이었다. 그러다 힘에 부치자 주 3일만 일하는 간병인을 구한 것이었다. 일주일간 서로에 대한 테스트를 거친 후 우린 같은 아파트 같은 층의 이웃이 되었다. 주 3일 일하는데 할머니를 돌보는 게 주 업무였다. 할머니가 데이케어센터에 가시는 아침 9시 30분부터 오후 3시까지는 아주머니가 그날그날 부탁하는 일을 도와주는 게 계약 조건이었다.

아주머니는 일하는 시간이 아니어도 언제든 놀러 오고 식사하러 오라셨다. 난 오란다고 진짜 갔다. 왜냐하면 서양인들은 한국인처럼 '언제 밥 한번 먹자'라는 식의 빈말을 하지 않으니까. 숨겨진 감정을 추측할 필요 없이 오라는 건 진짜 오라는 것, 먹자는 건 진짜 먹자는 것이다. 또한 좋은 건 매사에 정확하고 철저하단 거다. 내 근무시간 아닌 때 내가 친구로 놀러 간 경우, 난 철저히 손님이었다. 모든 일은 100% 아주머니가 다 하셨다. 난 내가 사용한 물 컵 하나 씻지 않고 올 정도였다. 그날은 내가 고용인이 아니라 손님, 친구로 간 날이니 말이다.

한국인인 나에게 처음엔 그런 방식이 어색했다. 그래서 손님으로 간 날도 뭔가 일을 자꾸 도우려 했다. 그러자 아주머니는 정색하시며 따뜻하게 매번 말씀하셨다. 친구로 온 날엔 100% 철저히 쉬라고 말이다. 업무 계약을 하지 않은 날과 시간에 일하는 건 절대 안 된다면서. 다른 곳에 가서도 그리할 필요 없다면서. 정확하게 내 권리를 지켜 가라고 매번 말씀해 주셨다.

할머니와 단둘이 사는 아주머니는 자녀 뻘인 내 방문을 좋아하셨다. 혼자서 요리해 먹기 귀찮은 난 영어와 문화도 배울 겸 주린 배도 채울 겸 수시로 아주머니 댁을 들락거렸다. 더구나 아주머니에게는 요리와 베이킹이 힐링이자 일상의 탈출구였다. 그러니 그 요리를 맛있게 먹어 주는 나를 좋아하셨다. "누이 좋고 매부 좋고"인 셈이었다. 아주머니가 솜씨를 발휘해 특식이라도 만드는 날, 내가 바빠 방문하지 못하면 한 쟁반 가득 예쁘게 차려 우리 집에 가져다주시기까지

했다.

슬플 때마다 아주머니는 쿠키를 구웠다. 늘 그래 오셨단다. 꼭 먹으려는 건 아니고 베이킹 과정이 그녀에겐 힐링이 되었기 때문이다. 그러고 보니 우리가 처음 만났던 그날도 아주머니는 쿠키를 굽고 있었다. 아파트 3층 현관문을 열자마자 확 풍겨 오던, 그 버터 섞인 달콤한 쿠키 냄새! 그 쿠키를 먹으며 이런저런 얘기를 나누다 우린 이런 관계가 되었다.

힘에 부쳐 난생처음 간병인을 구한다는 광고를 올린 행동이, 결국 언젠가 할머니를 요양원으로 떠나보내야 할 수순의 시작 같아서 그 슬픔에 아침부터 쿠키를 만들었단다. 아주머니는 첫 만남에 왜 이런 얘기까지 다 하는지 모르겠다며 눈물을 보이셨다. 아픈 사람은 아픈 사람을 알아본다 하지 않던가. 뭔가 같은 눈빛의 내가 편안해 그간 눌러 온 감정이 북받치셨던 것 같다. 우린 쿠키를 먹으며 많은 얘기를 했다.

한번은 아주머니가 아주 오랫동안 아프셨다. 약을 먹어도 잘 낫질 않는 게 기력이 떨어진 것 같다고 하셨다. 한국에선 그럴 때 푹 고은 사골국을 먹는다고 말하니 아주머니가 뭔지 아신단다. 아주머니에겐 캐나다 원주민 친구들이 많은데, 그들도 보양식으로 그런 수프를 먹는다고 했다. 맛본 적도 있단다. 그러면 사골국에 거부감이 없을 테니 내가 끓여다 주겠다고 당장 약속했다. 나는 바로 한인마트에 가 각종 뼈를 사다 직접 오랫동안 우린 후 지퍼팩에 개별포장까지 다 해서 아주머니네 냉장고에 '코리안 스타일 옥스 본 수프(Korean style ox bone soup)'를 차곡차곡 넣어 주었다. 그 덕분인지 아니면 그냥 때가 되어서 였는지 아무튼 아주머닌 이후 곧 나으셨다.

아주머니가 고용한 청소 도우미와 창고정리 도우미, 그리고 할머니 간병인인 나. 이렇게 셋이 처음으로 다 모이게 된 때가 있었다. 마침 아주머니가 친구 한 분을 급히 만나게 되어서 우리 셋과 그 친구 분이 서로 첫인사를 나누게 되었다. 아주머니는 자신의 베스트프렌드라고 그분을 소개했다. 그때 그 친구분에게 우릴 소개하는 아주머니의 멘트가 퍽 인상적이었다.

"라티는 프로페셔널한 청소 전문가야. 벨은 아주 훌륭한 정리수납 전문가고. 나영은 정말로 할머니와 날 사랑해. 또한 아이들과 사람들을 사랑하는 사람이지(Ratty is professional cleaner, Vel is very good organizer, Nayoung really loves granny and me. She loves children and human being.)."

만 6년 동안의 밴쿠버 생활. 독립해 홀로 살아 보는 것도 처음이고 외국생활도 처음이라 너무 막막했던 그 시절. 생활에 필요한 기본적인 것들조차 몰라 매번 묻고 부탁하기의 연속인지라 나 자신이 마치 유치원생처럼 느껴져 부끄러웠던 그때. 엄마 같은 데일을 만난 건 기적이었다. 아주머니가 자주 해 주셨던 "그건 우연이 아니야. 모든 일엔 이유가 있는 법!"이란 말이 지금도 참 많이 생각난다.

이젠 내가 한국으로 귀국한 터라 가끔 이메일로만 연락을 주고받는다. 내가 보낸 우리 아기 사진에 벌써 아이가 이렇게 컸냐며 답장을 보내 줬던 아주머니. 그리고 할머니는 몸이 많이 약해지셔서 이젠 근처 요양원에 모셨고 자주 찾아뵌다는 아주머니의 새로운 소식. 은퇴후엔 좀 더 많은 곳을 여행하고 자유롭게 즐기고 싶다는 아주머니의 버킷리스트. 아주머니의 소식을 들을 때마다 내 입가엔 나도 모르게 미소가 지어진다.

내 친구 데일 아주머니를 한국으로도 한번 초청해야겠다! 그 시절엔 아주머니의 홈그라운드에서 내가 따뜻한 대접을 받았으니 이젠 나의 홈그라운드로 아주머니를 초대해 보답해 드려야겠다. 캐나다의 대자연과는 다른 한국만의 정감 있는 경치도 구경시켜 드리고 맛집도 함께 다니고 한 달쯤 같이 살아 보고 싶다. 그 시절 아주머니 집에서 새벽까지 팝콘을 먹으며 영화도 보고 우리만의 홈 파티도 하며 캐나다 원주민을 돕는 자원봉사도 다녔었다. 그랬듯이 이젠 우리 집에서 우리 가족과 함께 살며 내가 일하는 곳에도 모시고 가고 나의 소소한 일상을 잠시라고 공유하고 싶다. 만남 뒤 헤어짐이 있어 슬프기도 하지만 그 만남의 순간 서로에게서 받은 좋은 에너지가 우릴 또 살아가게 하는 힘이 되니 말이다.

가족과 함께
외국에서 한 달 살기

아는 만큼 보인다. 또한 아는 만큼 꿈꾸는 지경도 넓어진다. "적어도 한두 달 이상 외국에서 살아 보는 경험은 전세금을 빼서라도 해야 한다"라는 조언을 참 많이도 들어 왔다. 우물 안 개구리를 벗어나야 한다는 이유에 대해서도 동의했다. 하지만 우물 안을 벗어나 외국에서 살아 보는 그 영향력이 이렇게나 큰 줄은 미처 몰랐다. 내가 직접 경험하고서야 비로소 체감했다. 한 사람의 의식과 삶을 이렇게까지 바꾸어 놓는구나!

진정한 외국살이란 반드시 그 나라 사람들과 어울려 함께 생활하는 삶을 의미한다. 외국에서 아무리 오래 있어도 한국인끼리만 어울려 명소 위주의 관광만 하거나 그 나라 사람들을 접해 보지 않는다면 그건 진정한 외국살이가 아니다. 나라마다 다른 문화, 관점을 접해야 한다는 것이다. 한두 번의 만남과 대화로는 깨닫기 부족하니 적어도 한두 달 이상 함께 가족처럼 살아 보라는 것이다. 관광지 투어가 아니라 그들의 실제 삶 속에 깊숙이 들어가서 몸으로 느껴 보라는 것이다.

그제야 변화가 시작될 것이다. 내가 믿어 왔던, 헌신하고 모든 것을 바쳐 왔던, 때론 그것 때문에 나 자신을 그토록 희생해 왔던 '진리'의 축까지 모조리 다 흔들리는 것을 경험할 것이다. '진리'보다 적확한 표현은 '내가 진리라고 믿어 왔던 것들'이다. 어려서부터 그리 배워 왔으니까, 모두가 그렇게 살아가니까, 그것 말고 다른 것을 본 적이 없으니까!

그래서 보라는 것이다! 세계에 나가서 다른 나라 사람들의 삶을 보라는 것이다. 그러면 그 모든 서로 다른 진리가 상충되는 극도의 혼란을 경험해 가면서 결국 나만의 길을 찾게 될 것이다. 더 이상 한 국가가 가르쳐 주는 진리가 아닌, 가족으로부터 주입되어 왔던 진리가 아닌, 주변의 강요로 굳어진 진리가 아닌, 내 안에서 차오르는 나만의 길과 진리를 발견하게 될 것이다.

나 역시 만 6년간의 밴쿠버 생활을 통해 그것을 경험했다. 중국, 필리핀, 베트남, 프랑스, 영국, 캐나다, 모로코에서 온 외국인들과 룸메이트로 같이 살며 정말 많은 변화를 겪었다. 한 일화로 앞 장에서 언급했던 영국인 치매노인 간병 경험을 소개해 본다.

할머니 소개를 먼저 하자면 영국 귀족 가문 출신이신데 미국인 '흑인' 의사와 결혼해 가문에서 쫓겨났다고 한다. 결혼 이후 단 한 번도 본가를 방문한 적이 없으시단다. 할머니의 남편은 존스홉킨스 의대 출신 의사였으나 영국의 명문 가문엔 '존스홉킨스'보다 '흑인'이 더크게 다가왔나 보다. 할머니는 혼혈 자녀 셋을 두셨고 현재는 그중첫째 따님과 함께 지내신다. 그 첫째 따님이 앞서 말한 나의 고용주데일 아주머니다. 할머니는 젊은 시절 인권운동 차 세계 곳곳을 누비셨단다. 현재는 중증치매라 정상 대화가 가능한 순간은 아주 가끔뿐이다. 나머진 어린아이 수준이다. 착한 아이가 아니라 떼쓰고 이기적이고 폭력적이고 각종 거짓말로 사람을 억울하게 하는 어린아이 말이다.

그날도 평소처럼 할머니와 단둘이 식사를 하고 있었다. 그렇게 같이 밥을 먹다 내가 갑자기 물었다. 진지한 대답을 바라고 물어본 건아니었다. 한 시간 만에 내 이름이 뭔지, 어디서 왔는지, 기본 신상부터 수없이 질문을 반복하시는 분께 기대라는 걸 갖지 않기로 했었다. 그런지라 그냥 허공을 향해 외치는 고뇌, 벽 보고 스스로에게 묻는혼잣말, 그런 심정으로 질문한 것뿐이었다.

"할머니, 인간의 삶에서 가장 중요한 게 뭐라고 생각하세요?"

"그게 무슨 말이야?" 할머니는 차분한 톤의 정상적으로 답변하셨다.

"사랑, 신, 관계, 행복, 성공, 뭐 이렇게들 말하잖아요. 그냥 할머니 생각이 궁금해서요. 할머니는 저보다 나이도 많고 인생 선배니까요. 뭐라고 생각하세요, 할머니는?"

"숨 쉬는 것! 숨 쉬는 게 제일 중요하지, 하하하. 아니 이건 그냥 농담이고, 전달하는 것(Pass it on). 그게 중요해. 전달해라, 네 아이들에게, 네가 믿는 것을(Pass it on to your children what you believe). 그게 제일 중요하단다."

"그럼 어떻게 전달할 수 있는데요?"

"그저 본이 되면 되지. 쉽진 않지만 절대 멈추지 말아라. 너와 생각이 같은 사람들을 많이 만나는 게 좋아. 그래야 생각이 넓어지지. 또한 한 사람의 힘보다 같은 뜻을 가진 사람들의 힘이 모이면 영향력도 커지고 더 오래갈 수 있어. 그런 사람들과 자주 만나 소통하면서 관계를 갖고, 필요하다면 조직도 만들어 체계화, 구조화해 나가라."

내가 살아온 삶을 모르는 분의 입에서 나온, 내 삶에 가장 적절한 답변이었다. 왜 그런지는 모르겠으나 어린이들 교육을 생각하면 늘 가슴이 저려 왔다. 배고픈 아이에게 식사를 챙겨 주고, 어려운 환경의 아이에게 공부나 피아노를 무료로 가르쳐 주고, 뚱뚱해 고민인 아이에게 다이어트를 도와주는 각종 직업과 자원봉사를 하며 늘 어린이 교육에 몸담아 왔다. 더 도와주지 못해 더 함께해 주지 못해 강박증이라도 걸린 듯이 말이다.

"전달해라, 네 아이들에게, 네가 믿는 것을!(Pass it on to your

children what you believe!)"

온 세상이 다 멈춘 듯 그 사람만 보이고 후광까지 느껴지는 순간이 있다던데, 그 답변을 듣는 순간이 그랬다. 지구별의 한 작은 동네, 밴쿠버 케리스데일(karrisdale)의 한 아파트에서 작은 기적을 선물 받은 느낌이었다.

치매 이후의 할머니를 만난 나로선 따님 데일 아주머니가 들려주는 할머니의 과거 무용담이 낯설었다. 젊은 시절 인권운동 차 세계 곳곳을 누비신 대단한 활동가셨다고 한다. 하지만 간병했던 당시에는 내가 입혀 드리는 기저귀와 옷을 입고, 내가 차려 드리는 식사와 간식을 드시고, 나 없으면 화장실도 못 가셨다. 그런데도 내게 브러시와 가위를 던지셨던 할머니는 소리를 지르며 화내시고, 사람을 난처하게 했다. 밀고 다니던 워커를 내리막길에서 날 향해 밀어 내가 안 피했으면 다칠 뻔한 사고도 많았다.

'병이잖아. 아기라고 생각하자' 하며 미워하지 않으려 애쓰다가도 이런 일로 한 번씩 묵은 게 싹 녹아내렸다. 가끔 정신이 돌아오실 때마다 매번 처음 만난 듯 내 이름을 물으시면서 "넌 참 예쁘구나, 넌 특별하단다."라고 하시며 애틋하게 바라보셨다. 그러니 할머니가 젊은 시절의 인권운동 중 만났던 이들에게 어찌 대하셨을지 짐작이 갔다.

에드워드(Edward) 할머니. 잠깐 기억이 돌아왔던 그 순간, 늘 그리 살아오셨듯 외국인 노동자인 내게 따뜻한 말 한마디를 선물해 주셨다. 다시 만나면 또 내 이름을 물으며 처음 보듯 하시겠지만 "그 한마디 평생 기억할게요, 할머니!"

그때의 일로 난 참 많은 것을 느꼈다. 할머니의 젊은 시절의 삶이 현재 나의 목표다. 가치 있는 일을 하며 전 세계를 누비는 것! 그 목표를 성취하고 난 이후의 삶을 미리 예습으로 지켜본 느낌이었다. 전 세계를 모두 돌고 난 후 다시 한 동네, 한 가족의 품으로 돌아온 인생의 종착점. 전반적인 인생을 되돌아보며 목표 중심, 성취지향적인 삶에서 한 걸음 초월한 느낌이었다.

또한 한국에서 그것도 가난한 집 딸로 살아오며 너무도 동경해온 '영국인, 귀족 가문, 존스홉킨스 의대 출신, 밴쿠버 부촌' 그런 문화 속에 깊숙이 들어가 보았다. 그렇게 그들의 삶을 밀착해 지켜보며 인간의 삶은 다 비슷하다는 게 무엇인지도 체득해 깨달았다. 그들의 삶을 지나치게 동경한 반면 내 삶은 너무 비참하게 여겨 왔던 극단적인 사고도 그 시절 많이 내려놓게 되었다.

이외에도 크고 작은 내 감정과 생각의 변화는 참 복합적이고도 많다. 그들과 함께 6년을 살아 보지 않았으면 겪지 못했을 크나큰 내면의 변화들. 내 자녀에게도 이 느낌을 알게 해주고 싶은데 이건 절대 말로 전수해 줄 수 있는 게 아니다. 직접 겪어 보지 않고선 절대 알 수 없는 것들이니까.

그래서 '가족과 함께 외국에서 한 달 살기'를 꼭 실천할 것이다. 내 아이가 이 좁디좁은 한국이란 우물 안에서 주입식으로 배운 교육이 전부인 줄 알고 인생을 허비하지 않도록! 자신이 세상에 태어난 그 소중한 이유와 목적을 스스로 발견해 가도록! 혼돈과 몸살을 겪으며 스스로 체득해 가도록!

04

책 쓰기로
선한 영향력 전파하기

'삼인행필유아사(三人行必有我師).' '세 사람이 길을 가면 그중에 나의 스승이 될 만한 분이 있다.'라는 뜻으로 《논어》의 〈술이〉 편에서 공자가 하신 말씀이다. 공자의 말씀처럼 사람은 누구나 서로에게 배울 것이 있다. 학벌이 뛰어나거나 높은 지위에 오른 사람에게만 국한되는 말은 아니다. 아무리 평범해 보이는 사람일지라도 삶을 통해 깨달아 온 자신만의 지식과 노하우가 있게 마련이다.

그가 체득한 지식과 노하우는 같은 길을 걸어갈 인생의 후배들에게 크나큰 도움이 된다. 이미 겪은 시행착오를 굳이 똑같이 반복할 필요가 있을까? 미리 그 길을 걸어 본 선배의 가르침을 통해 검증된 방법들을 처음부터 시도할 수 있다는 것은 얼마나 축복인가.

먼저 그 길을 걸어 본 선배로서 체득해 축적한 가르침을 전수할 수 있는 가장 좋은 방법이 바로 책 쓰기다. 자신만의 이야기를 담은 개인저서를 출간하는 것이다. 나 또한 이러한 이유로 책 쓰기를 늘 버킷리스트 중 단연 1순위로 꼽아 왔었다.

내 삶도 너무 많은 시행착오의 연속이었다. 어려서부터 여러 사건 사고가 연속되어 감정이 대혼란 상태로 누적되어 왔다고 하겠다. 사실 혼란인지 자각하지도 못했다. 스트레스가 너무 심하면, 그 스트레스가 끝도 없이 연속되다 보면, 본인 스스로 그게 스트레스라 인식하는 것조차 불가능한 상태가 된다. '뭔가 불편하다, 답답하다, 가슴에 돌덩이가 얹힌 것 같다.' 이런 감정이 느껴져 내가 지금 스트레스를 받고 있다는 게 자각된다면 그건 현재의 그 상황이 그나마 감당되는 스트레스라는 반증일 수 있다.

재난재해 생존자라든지 전쟁을 겪거나 범죄사건을 당한 피해자 등 너무 큰 스트레스에 함몰되어 버린 사람들은 오히려 본인의 스트레스를 인식조차 할 수 없는 상태가 되기도 한다. 전혀 괜찮지 않은 상황인데도, 사람으로서 버틸 수 있는 한계치를 훨씬 넘어선 상황인데도 '괜찮다, 아무렇지 않다, 누구나 겪는 수준 정도다'라고 본인은 느끼는 것이다. 그래서 '힘들다, 도와 달라'라는 말을 할 생각조차 하지 못한다. 그저 그 안에 함몰되어 의욕도, 기력도 상실한 채 살아갈 뿐.

내가 바로 그런 상태였다. 어느 한 기간이 아니라 어려서부터 성인이 될 때까지 인생 전체가 바로 그런 상태의 연속이었다. 나도 늘 '이 정도면 괜찮다'라고 생각해 왔다. '남들도 이 정도의 스트레스는 다 겪는 것 아냐?'라고만 여겨 왔다. 성인이 된 후, 오랜 기간 상담을 받던 중에야 비로소 알게 되었다. 내게 벌어진 일들, 나의 성장배경은 결코 평범한 상황이 아니었다는 것을. 상담사님도 깜짝 놀랄 만큼 유독 힘들고, 앞뒤 꽉 막힌 상황에서 자라 왔던 것이다.

그런데도 힘들다는 말을 한마디도 안 한 채 늘 긍정적으로 밝게 웃었다. 가는 곳마다 모두를 웃기는 개그맨 같은 캐릭터로 지내 왔다. '사람이 참 밝아서 좋다, 늘 에너지가 넘친다, 늘 웃는 모습이 좋다'라는 말을 참 많이도 들어 왔다. 그럴수록 내면과 괴리감이 너무 크게 느껴져 괴로웠다. 다들 나를 칭찬하는 말이었지만 그리 좋지만은 않은 내 모습 중 하나이기 때문이었다. 마치 '비타민' 같다고 날 좋아하는 이들도 참 많았다. 내게서 엄청난 긍정의 에너지가 느껴진다고들 했다. 하지만 난 그런 칭찬을 해 주는 사람들보다 나의 우울한 면을 이해해 주는 사람에게서 더 편안함을 느꼈다. 그 때문인지 결국 깊은 친구로 남는 쪽은 나의 우울함을 알아주는 사람이었다.

모두들 내게 하는 그 칭찬의 말이 내겐 오히려 감옥이 되었다. '잘 웃고, 밝고, 그늘 없고, 생기 넘치고, 적극적이고, 긍정적이어서 참 좋아요'라는 소릴 들을 때마다 덜컥 마음이 닫혔다. '빙산의 일각에 반했구나'로 시작된 걱정이 '수면 아래의 우울함의 깊이에 실망이 크겠

군'으로 이어졌다. 겉과 속의 차이가 클수록 스트레스와 불안감은 증가하는 법이고, 차이가 작을수록 행복하고 건강한 법이다. 겉과 속이 다른 만큼 나의 스트레스와 불안감은 높았던 것이다.

'지금 아는 이것들을 과거에도 알았더라면…' 하는 마음이 너무 많이 든다. 그 마음은 아쉬움, 안쓰러움 정도를 넘어 '개탄'이라는 단어로도 다 담을 수 없을 만큼 참으로 복합적인 감정이다. 물론 이제라도 알아 참 감사하지만 '과거에 알았더라면…' 하는 마음을 금할 길이 없다. 하지만 과거로의 회귀란 불가능하니 '나의 과거'와 같은 상황을 현재를 살아가는 사람들에게라도 알려 주고 싶다. 너무 많은 대가를 치러 가며 긴 세월 어렵사리 깨달은 이 소중한 것들을 말이다.

현재 나는 감정에 관한 책을 집필 중이다. 바로 이 이유 때문이다. 다른 이들은 나와 같이 이렇게 긴 세월 돌아오지 말라고. 내가 겪은 그 시행착오들을 똑같이 반복하지 말라고. 그 모든 원인이 당신에게만 있는 것이 아니니 자신을 그만 좀 탓하라고… 스스로를 괴롭히기만 하지 말고, 스스로를 먼저 사랑하는 법을 배워 가라고 말이다.

책을 통해 내가 깨달은 것들을 나누고 싶다. 또한 책을 통해 독자들과의 만남의 기회가 열리기를 기대한다. 나 한 사람이 세상 모두를 구원할 수 있을지는 장담할 수 없으나 나를 통해 단 한 사람이라도 바뀐다면 나는 그 일에 가치를 느낄 것이다.

마더 테레사의 시 〈한 번에 한 사람〉 중 이런 구절이 있다.

"난 결코 대중을 구원하려고 하지 않는다. 난 다만 한 개인을 바라볼 뿐이다. (중략) 한 번에 단지 한 사람만을 껴안을 수 있다. (중략) 만일 내가 그 한 사람을 붙잡지 않았다면 난 4만 2천명을 붙잡지 못했을 것이다."

나의 이야기를 담은 책을 통해 이렇게 한 사람, 한 사람에게 선한 영향력을 끼치는 것이 나의 꿈이다. 한 번에 한 사람씩만 바라보았던 마더 테레사가 4만 2,000명을 넘어 전 세계에 선한 영향력을 전파했듯이, 나의 파장도 퍼져 나가 많은 이들에게 이르게 되기를 늘 꿈꾸고 기대한다.

독자들은 문예창작학과 출신들의 멋진 글 솜씨를 보고 싶은 것이 아니다. 그 작가 본인만의 유일무이한 스토리를 원하는 것이다. 치열한 어려움 속에서 어떻게 본인만의 해답을 찾아 왔는지 그 생생한 과정과 결과를 듣고 싶은 것이다. 그러니 누구라도 두려워 말고 그저 자신의 이야기를 써 나가면 된다. 책을 쓰고 싶은 열정, 자신의 삶의 이야기를 통해 이 세상에 선한 영향력을 전파하겠다는 믿음만 있다면, 그 어떤 평범해 보이는 인생이라도 모두 책 쓰기를 통해 세상을 풍요롭게 할 수 있다.

나는 〈한책협〉의 김태광 대표 코치의 삶을 통해 엄청난 영감을 받았다. 그의 삶도 결코 순탄치 않은 그야말로 첩첩산중의 인생이었다.

생활고로 인해 아버지가 자살하셨고 아버지의 빚까지 떠안은, 도저히 희망이 보이지 않는 상황의 연속이었다. 하지만 그는 결코 포기하지 않았다. 오히려 빚을 갚으려고 더욱 열심히 책을 써 나갔다. 결국 현재까지 200여 권의 책을 집필했고, 그간 쌓아 온 책 쓰기의 노하우를 수강생들에게 코칭해 주고 있다.

힘든 환경 속에서도 늘 감사를 멈추지 않았던 그는 수강생들의 책 쓰기 코칭뿐만 아니라 '성공의 시각화, 감사의 습관' 등 좋은 감정 습관까지 가르쳐 주는, 그야말로 인생 멘토로서의 삶을 살고 있다. 현재 700여 명이 넘는 수강생들이 그를 통해 책을 출간했다. 그리고 그의 성공신화는 여전히 진행 중이다. 그가 자신만의 책 쓰기 비법과 긍정적 사고를 전수할 수 있었던 주요한 통로는 바로 책이었다. 이 모든 것이 책 쓰기를 통해 일어난 기적이다. 나 또한 김태광 대표 코치처럼 나의 이야기를 담은 책을 써서, 이 세상에 오직 나만이 줄 수 있는 영향력을 선사하고 싶다. 내 책을 읽는 사람, 책을 통해 열리는 독자들과의 만남의 기회 속에서 한 번에 한 사람씩 말이다.

05

아이와 매일
'5분 집중대화' 하기

《엄마도 엄마가 처음이야》. 출판사 파우스트에서 출간된 이명혜 저자의 책 제목이다. 육아는 누구에게나 쉽지 않다. 책의 제목처럼 모든 부모가 처음 겪는 일이기 때문이다. 나 또한 난생처음 한 생명의 '엄마'라는 자리를 부여받으며 지독히도 성장통을 겪어 왔다. 그리고 그 성장통은 여전히 진행 중이다.

아이에게 가장 좋은 걸 해 주고 싶은데 대체 무엇부터 시작해야 할지 너무 몰라 막막하다. 그럴 땐 주로 두 가지 방법을 쓰게 된다. 나뿐만 아니라 거의 모든 부모가 같을 것이다. 첫째는 내 부모에게서 받았던 것 중 좋았던 것을 내 아이에게 그대로 해 주기. 둘째는 육아에 관한 모든 정보(책, 인터넷 검색, 지인의 노하우 등)를 최대한 찾아보기.

둘 중 훨씬 더 영향력이 강한 것은 단연 첫 번째다. 직접 겪어 몸으로 체득해 아는 지식보다 더 좋은 배움은 없기 때문이다. 내 부모에게서 받았던 지속적인 칭찬, 격려, 위로 아니면 너무 큰 잘못을 한 나를 용서해 준 단 한 사건이라든지…. 그게 무엇이든, 자녀 입장에서 받아 본 그 좋았던 느낌을 기억한다면, 바로 그 감정을 내 자녀에게도 똑같이 느끼게 해 주고 싶을 것이다.

내게도 엄마로부터 받은 그런 따뜻한 순간들이 있다. 그중 하나는 '매일 아침의 꼬리잡기 놀이'였다. 자녀를 깨우는 아침 기상시간의 풍경들은 많은 가정이 비슷하다. "일어나라고, 엄마가 지금 몇 번째 말해!", "일어나! 하나 둘 셋 넷…", "너 그러다 또 지각한다!" 표현은 다르지만 공통점이 하나 있다. 모두가 부정적인 감정들이라는 것이다. 부모가 무심코 던지는 이런 말들을 통해 자녀에게 부정적인 감정이 전달된다. 그것도 매일 아침마다! 내 자녀의 감정통장에 매일 아침 부정적 감정이 하나씩 쌓여 가는 것이다.

그에 비해 어릴 적 우리 집의 기상시간 풍경은 독특했다. "꼬리잡기 하자! 와!" 레크리에이션 강사가 게임을 인도하는 듯한 엄마의 이멘트가 바로 매일 아침 우리가 처음 듣는 말이었다. 잠에서 깨려고 노력할 필요도 없이, 내 눈이 언제 뜨였는지 느낄 겨를도 없이 이미 시작된 흥겨운 꼬리잡기 판에 그저 매일 아침 뛰어들면 되었다. 오빠 술래 한 번, 나 술래 한 번. 매일 아침 이렇게 두 번의 꼬리잡기를 하고 나면, 이미 엄청 뛴 데다 자지러지듯 웃음보까지 터져 배가 고플 지경이었다. 그러면 얼른 아침밥을 먹고 세수하고 가방 메고 학교에 갔다. 이것이 매일 아침 우리 집 풍경이었다.

아침 첫 시간을 웃음으로 시작하는 것. 긍정적인 기분 정도가 아닌 호호, 깔깔 자지러지는 웃음으로 시작한다는 것. 매일 아침 자녀의 감정통장에 웃음을 차곡차곡 저축해 주는 이런 놀이가 아이의 성격과 미래에 얼마나 큰 영향을 미치겠는가.

내 삶은 어려서부터 결코 순탄치 않은 일들의 연속이었다. 성인이 겪어도 힘들 만한 사건사고가 어려서부터 내 삶엔 유독 끊이지 않고 터졌었다. 그럼에도 불구하고 절망의 나락에 빠지지 않고, 내 삶의 끈을 놓아 버리지 않고, 끊임없이 성장을 향해 걸어 나가려는 내면의 힘. 그 심리적 자원의 많은 부분은 매일 아침 쌓아 온 웃음통장에서 나왔을 것이다.

육아 중 참 힘든 것이 바로 매일 아침 아이를 깨우는 것이다. 육아에 살림에 무거운 내 한 몸도 매일 아침 일어나는 것이 힘들고 버거운데, 몇 번씩 깨워도 더 자겠단 아이와 기상씨름을 하다 보면 자칫 짜증 속에 아침을 맞이하기 쉽다. 부모, 아이 양쪽 모두한테 말이다.

우리 엄마의 생애는 결코 순탄치 않았다. 전쟁세대인지라 우리로서는 상상도 못할 전쟁의 참혹함을 겪었다. 그런데다 남편의 알코올 중독과 가정폭력, 정식 이혼도 아닌 생존을 위한 탈출, 당장 갈 곳조차 없어 구했던 파출부 일, 재혼 후 내 아이, 남의 아이까지 걸어 키우시느라 참으로 고달팠던 인생이었다. 환경미화원인 남편 일도 함께 하느라 쓰레기 리어카를 끌고 밤새 일하셨다. 그러곤 새벽에는 빌딩 청소를 한 바퀴 하고 들어오셨다. 그러신 후 우리와 그 '꼬리잡기'를 하신 것이다. 우리를 씻기고 먹이고 학교에 보낸 후엔 또 빌딩청소 한 바퀴 돌고. 버겁고도 고달팠던 한 여인의 일상.

희망이란 걸 발견하기도 힘든 일상이셨을 텐데 엄마는 대체 무슨 힘으로 '꼬리잡기'를 하며 매일 아침 우리에게 웃음을 선사한 걸까. 이제는 할머니가 된 엄마에게서 그 가슴 시린 이유를 들을 기회가 있었다. 내 자녀를 환하게 웃게 하고 싶으셨단다. 내 자녀가 매일매일 환하게 웃었으면 하셨단다. 어젯밤엔 어떤 기분으로 잠들었을지라도, 오늘 하루 또 어떤 일이 다가올지라도, '바로 지금 이 아침'에는 반드시 깔깔 웃고 일어나게 만들고 싶으셨단다.

쉽지 않은 육아 속, 내 아이 '웃으며' 아침잠 깨우기 위한 매일의 노력. 매일 아침 웃었던 그 기억의 힘을 자녀인 나는 체득해 알고 있다. 머리가 아니라 탈진할 만큼 깔깔 웃었던 몸이 기억하고 있다. 그래서 바로 그걸 내 아이에게도 꼭 물려주고 싶었다! 매일 깔깔 웃고 아침잠을 깼던 내가 자라, 내 아이에게도 깔깔 웃는 아침을 맞게 하고 있다.

처음엔 엄마처럼 꼬리잡기도 해 봤는데 내겐 아침부터 너무 체력이 고갈되는 일이었다. 그래서 내게 맞는 옷을 찾느라 여러 시행착오를 겪어 봤다. 결국 찾은 게 바로 '매일 아침 엄마표 노래 불러 주기'다. 동요 〈산골짜기 다람쥐〉를 개사한 우리 집만의 노래 〈깨꿍이는 귀여움이〉 가사는 처음부터 끝까지 '깨꿍이는 귀여움이' 한 줄뿐이다. 그런데도 노래 첫 소절만 시작해도 아이는 벌써 잠에 깨 입가에 미소가 번진다.

누운 채 서로 깔깔 웃으며 노래를 주고받다 보면 어느새 잠에 깬 네 살 아이는 밥 먹고 씻고 어린이집에 갈 준비를 한다. 저에게도 녹록지 않을 어린이집 등원을 앞두고, 아이의 아침은 매일 그렇게 시작된다.

많은 부모들이 '완벽한 부모 콤플렉스'로 힘들어한다. 또한 미디어와 SNS의 영향으로, 남들은 다 잘하는데 나만 못하는 것 같은 죄책감에도 시달린다. 모든 것을 다 잘하려다 그중 하나도 못하기보다는 하나라도 제대로 해내는 게 낫다. 그 '하나라도' 중 효과 좋은 한 가지를 추천한다면 단연 '5분 집중대화'다. 하루 중 많은 시간도 아니고 딱 5분만 아이에게 온전히 집중하는 것! 그 5분간은 절대 다른 것에 마음을 나누지 말고 온전히 아이에게만 집중할 것. 이것이 규칙의 전부다.

반드시 '말로' 대화해야 한다는 압박감을 가질 필요조차 없다. 본래 대화란 말로만 하는 것이 아니다. 눈빛으로 표정으로 몸짓으로 하는 모든 것이 대화다. 그 5분간 말로 대화해도 좋고, 서로 눈빛만 바라보고 있어도 되고, 꼭 안아 주어도 좋다. 무엇을 하건 아이에게만 온전히 집중한다는 것만 지키면 된다. 하루 종일 아이와 한 공간에 있어도 그 5분을 집중하지 못하는 부모들이 많다. 상황상 아이와 저녁에만 만나더라도 '5분 집중대화' 시간을 매일 저녁 가진다면 아이는 부모와 건강한 친밀감을 형성해 갈 수 있다.

나는 그 5분을 아침 기상시간 직후로 정해 지키고 있다. 우리 엄마의 '꼬리잡기' 교육으로 아침 첫 시간의 강력한 힘을 체득했기 때문이다. 내가 만든 엄마표 노래를 불러 준 후 둘이 같이 잠자리에 누운 채로 그 5분을 갖는다. 때로는 눈만 마주 보고 있기도 하고, 때로는 아이 몸을 쭉쭉 주물러 주기도 하고, 어느 날에는 엄마표 노래의 가사를 마음대로 바꿔 서로 부르기도 하고, 어느 날에는 이런저런 속내를 얘기하기도 하고….

이 최고의 5분을 앞으로도 매일 꾸준히 지켜 가는 것. 나의 참 소중한 버킷리스트다. 매일의 5분을 맞이하는 아이도 내가 저만큼이나 어렸던 그때처럼 즐거울까? 이 시간이 기다려지고 좋을까? 아이 마음을 다는 모르지만, 부모인 내 마음이 이리 즐거우니 그걸로 됐다. 이게 바로 내리사랑인가 보다.

사람들이
빛나는 삶을 살도록
도와주기

| 송 애 란 |

송애란   고객자산관리 및 부동산 컨설턴트, 엘림 공인중개사 대표, 자기계발 작가, 동기부여가

작가이자 동기부여가로서 부동산을 통해 경제적 자유를 꿈꾸는 사람들에게 꿈을 이루도록 도와주고 있다. 저서로는 《내 인생을 바꾼 책 쓰기의 힘》이 있으며 '하루 1시간 부동산 공부로 부자 되기'를 주제로 개인저서를 집필 중이다.

01

소통의 달인으로 살기

어느 날 큰딸이 말했다.

"엄마, 나는 어린아이가 엄마 손을 잡고 재잘재잘 얘기하면서 가는 것을 보면 가슴이 아프고 눈물이 나와서 멍하니 바라보게 돼."

딸의 말을 듣고 내 가슴에는 피눈물이 났다.

'아! 내가 나의 사랑하는 딸을 불행하게 했구나!'

나는 내성적이고 온순한 아버지와 외향적이고 대장부 기질의 어머니 사이에서 장녀로 태어났다. 아버지와 어머니의 뒤바뀐 성격과 역할로 집 안은 언제나 싸움터였다. 부모가 싸울 때마다 내 마음엔 생채기가 났다. 우울하고 아팠다. 그때의 나의 바람은 오직 그 싸움터를 떠나는 것이었다. 그리고 내 소망은 이루어져 나는 전라남도에서 서울로 홀로 올라오게 되었다.

자식을 도시로 보내 놓고도 부모님은 책임을 지지 않으셨다. 친척 집에 얹혀 사는 어린 딸의 생활비와 학비를 나 몰라라 하셨다. 친척 은 내게 화풀이했고 부모는 친척을 비난했다. 예전의 은혜를 갚는 게 나를 돌보고 학교에 보내는 일이라면서.

'나는 왜 태어나 다른 사람들에게 피해를 주고 있을까?

'나는 왜 태어났을까? 죽어 버릴까? 죽음 뒤에는 뭐가 있을까? 나 는 왜 살아 있는 걸까?'

머릿속에는 언제나 이 생각뿐이었다. 친구를 사귈 생각도 안 했다. 공부를 해야 한다는 것은 알았지만 공부에 집중할 수가 없었다. 공부 하려고 앉으면 머릿속에는 온갖 우울한 생각이 휘몰아쳤다. 그때 나 는 오직 나 자신의 존재를 부정하는 생각에 사로잡혀 있었다. 그렇게 나는 나의 귀한 시절을 낭비했다.

구멍만 파던 내게 빛의 세상이 다가올 수 없었음을 지금에서야 알게 되었다. 나의 어둠이 현실로 나타날 수밖에 없었다. 어둠과 분노 와 미움과 피해의식. 그리고 자존감의 부재. 모든 부정적인 생각이 마 음속을 가득 채우고 있었으니까.

결혼하고도 나는 아이를 잘 키울 자신이 없었다. 그래서 처음에는 아이를 낳을 계획이 없었다. 그러나 몇 년이 지나자 어린아이들이 너무나 예뻐 보이기 시작했다. 그래서 딱 한 명만 키워 보려고 큰아이를 낳았다.

태어난 아이는 너무나 귀하고 예쁘고 사랑스러웠다. 이목구비는 빠진 데 없이 단정했다. 세상에서 제일 예쁜 아이가 내 아이였다. 보고 있으면 사랑으로 가슴이 벅찼다. 웃으면 너무나 예뻤고 우는 모습도 벅찬 감동으로 다가왔다.

그러나 치유되지 못한 마음, 어둠을 가득 가진 내가, 사랑을 줄 줄도 받을 줄도 모르는 내가 아이를 사랑으로 키울 수는 없었다. 아이와 사랑으로 소통하는 것은 불가능한 일이었다. 아이를 향한 마음속 사랑은 올바르게 키워야 한다는 생각으로 바뀌었다. 실수하면 야단쳤다. 사랑보다는 올바르게 사는 자세를 심어 주려 했다. 그것이 관심과 사랑을 주는 나의 방법이었다.

아이가 6세 때 유치원 선생님과 면담했다. 선생님은 아이가 실수할 때마다 움찔움찔 놀라면서 눈치를 본다고 했다. 그러면서 아이를 너무 엄격하게 대하지 않느냐고 조심스럽게 물어 왔다. 그러나 나는 선생님의 조심스러운 충고를 대수롭지 않게 생각하고 흘려버렸다. 내가 받지 못했던 규율과 관심을 올바르게 주고 있다고 생각했으니까. 하지만 내 생각은 그저 착각이었다.

학창 시절 큰아이는 표정이 밝지 못했고 친구도 좋아하지 않았다.

유치원과 학교에서 언제나 혼자였다. 스스로도 혼자가 편하다고 말했다. 안타까웠지만 그때까지도 나는 내가 애를 그렇게 만들었다고 생각하지 못했다.

대학교에 진학한 후 아이의 우울증이 심각해졌다. 아이는 방 밖으로 나오지 않았다. 아픈 아이를 보는 엄마의 가슴은 더 아팠다. 속으로 울음을 삭였다. 그러면서 나 자신을 돌아보게 되었다. 아이의 문제의 원인은 부모에게 있다는 것을 알고 있었기 때문에.

나는 아픈 마음을 감춘 채 환한 표정을 연습하기 시작했다. 서툴게나마 사랑한다는 말을 하면서. 나는 정말 사랑하는데 아이는 나의 사랑을 느끼지 못하고 있었으니까. 그러나 아이의 마음은 닫혀 있었고 자살을 시도했다. 정말 자식이 죽으면 부모 가슴에 묻는다는 표현이 이해가 갔다. 죽음보다 더한 고통 속에서 아픔의 시간은 아주 느리게 흘러갔다.

나는 필사적으로 아이와의 대화를 시도했다. 병원 상담을 받게 하면서 나의 어린 시절을 말해 주고 나의 마음 상태를 전달했다. 내가 너를 얼마나 사랑하고 어떻게 사랑했는지를. 내가 가진 모든 것을 너를 위해 사용했다는 것을. 지금도 사랑하는데 사랑하는 방법이 어긋나서 정말 미안하다고…. 정말 미안하다고 거듭 말했다.

처음엔 믿지 않던 아이가 조금씩 엄마의 말을 수긍하기 시작했다. 사랑한다고 말하면 서글프게 웃기만 했던 아이가 그 말에 반응하기 시작했다. 사랑한다는 말에 소름이 돋는다고 하던 아이가 미소 지으면서 "나도 엄마 사랑해."라고 표현하기 시작했다.

지금도 나는 소통에 서툴고 실패할 때가 많다. 내 얼굴을 보면 미소보다는 어둠이 더 어울린다고 생각할 때가 많다. 그러나 나는 나의 문제점을 뼈아픈 과정을 거치며 깨달았다.

내 주위에는 내가 사랑하는 사람들이 언제나 존재한다. 나는 사랑하는 사람들의 얼굴에 행복한 미소가 피어나게 하고 싶다. 사랑하는 이들이 나의 말에 아프고 고통 받는 것을 더 이상 경험하고 싶지 않다. 그렇게 하기 위해서는 우선 내가 행복해지고 그 행복이 나의 미소로 피어나야 한다는 것을 비로소 알게 되었다. 또한 한마디 말이 얼마나 중요한지도 깨달았다. 그래서 행복한 미소로 소통의 달인이 되어 모두가 행복할 수 있도록 도와주는 것이 나의 목표다. 하지만 아직 나의 소망대로 나 자신이 변화되지는 않았다. 반백년을 어둠에 잠겨 있었는데 그 어둠이 단 한 번의 생각으로 바뀌지 않는 것은 어쩌면 당연했다.

〈한책협〉을 만난 것은 나의 소망이 이루어지는 과정이었다. 〈한책협〉에서 소개받은 고이케 히로시의 《2억 빚을 진 내게 우주님이 가르쳐준 운이 풀리는 말버릇》을 읽으면서 정말로 나의 모든 소망이 이루어져 현재에 펼쳐지고 있다는 사실에 소름이 끼쳤다. 또한 나의 어둠을 쫓아내려면 그에 상당한 빛이 필요함을 알았다.

지금 나는 빛으로 어둠을 몰아내는 작업을 하고 있다. 또한 새로운 소망으로 마음을 가득 채우는 작업을 하고 있다. 그 소망 중의 하나가 바로 세상에서 가장 아름답고 행복한 미소로 소통하는 '소통의 달인'이다. 나는 〈한책협〉과 함께하면 이루어질 것이라 확신한다.

02

알기 쉬운
부동산 책 쓰기

"언제 책을 쓰셨어요? 바빠서 항상 시간에 쫓기셨잖아요? 대단하십니다. 축하합니다."

어느 날 동료 공인중개사 H가 내게 책 한 권을 선물했다. 저자는 바로 그 공인중개사 H였다. H는 부동산 일을 하면서 강연을 다니느라 항상 바빴다.

H는 부동산 일을 시작한 지 1년 쯤 되던 시점에 자신의 이름으로 책 한 권을 출간하게 되었다. 책이 출간된 후, H의 부동산 거래 실적은 눈에 띄게 늘어나기 시작했다. 시간이 지남에 따라 주변의 어떤 부동산보다 높은 실적을 올린 H는 여러 사람들에게 놀라움을 안겨주었다. 그때부터 나는 책 쓰기에 관심을 가지게 되었다. 책을 통해서

많은 사람들에게 정보를 전달할 수 있다는 것을 직접 목격했기 때문이다.

부동산 중개사무소에서 일하다 보면 많은 정보를 접하게 된다. 그중에는 돈이 될 만한 것도 많고 투자하면 좋을 것들도 만나게 된다. 갑작스럽게 걸려온 고객의 전화로 급매물이 나오기도 하며, 종종 저평가된 물건을 만나기도 한다. 보다 가치가 떨어지는 것도 있지만 미리 좋은 물건을 선점할 기회도 많다.

정보의 유익성은 상대적이다. 누군가에게 관심받지 못한 어떤 정보는 누군가에게는 간절히 찾고 있던 것이다. 나는 정보와 그 정보를 필요로하는 사람을 연결해주는 방법을 생각했고, 그 해답으로 책을 생각하게 되었다.

책 쓰기에 관심을 가지면서 〈한책협〉을 만나게 되었다. 〈한책협〉에서 코칭을 받아 책 쓰기를 시작하면서 나는 너무나 많은 것을 얻게 되었다.

먼저, 마음의 변화를 엄청나게 겪게 되었다. 책 쓰는 것 자체보다 중요한 것이 긍정의 마음을 갖는 것이었다. 사람의 마음과 생각에 따라 주위 환경과 일의 결과가 달라지기 때문이다. 긍정의 마음과 생각에 따르는 결과물은 즐겁고 행복한 것이다. 그러나 부정적인 마음과 생각에 따르는 결과물은 어둡고 슬픈 것이다. 평소 낙관적인 생각의 소유자가 아닌 나로서는 심각하고 중대한 문제였다. 나의 생각과 마음의 방향에 따라 나뿐만 아니라 내 주위의 모든 사람들이 치명적인 영향을 받고 있기 때문이었다. 나는 '그렇다면 반대로 나의 생각과 마음을 성공과 행복에 맞추면 나를 중심으로 나와 관련된 모든 사람들에게 성공과 행복을 줄 수도 있겠구나!'라고 생각했다. 이러한 생각은 정말 놀랍고도 놀라운 발견과 변화의 시작이었다.

책을 쓰기 위해서는 우선 부동산에 관련된 책을 30권 이상 읽어야 했다. 나는 본격적으로 책을 읽기 시작하면서 부동산에 대한 나의 지식과 정보가 얼마나 부족했는지 깨닫게 되었다. 모든 책은 나름대로 특정 분야의 지식과 정보를 담고 있었다.

책 쓰기 과정은 단지 책 한 권을 펴내기 위한 과정이 아니었다. 나 자신이 성장하는 과정이었다. 그저 독서를 위한 독서는 읽고 나면 작은 여운과 함께 끝났다. 그러나 책을 쓰기 위한 독서는 마음에 지식과 정보가 깊이 새겨지는 시간이었다. 소가 여물을 먹고 쉴 새 없이 되새김질해 거대하고 튼튼한 몸을 만들어 가는 것과 같았다. 책을 읽으면서 줄을 긋고 메모하고 옮겨 적고 내용이 맞는지 확인했다. 그러면서 실질적으로 나의 부동산에 대한 지식에 살이 붙어 튼튼하고 강한 몸이 만들어져 갔다.

부동산은 사람에게 꼭 필요한 삶의 터전이다. 부동산은 생의 많은 시간 동안 일하는 일터다. 부동산은 일터에서 돌아와 휴식하는 안식

처다. 부동산은 일하면서 방전된 삶의 에너지를 재충전하는 휴식처이기도 하다. 부동산은 일하면서 모아 둔 재산을 지키고 늘려 가는 대상이기도 하다.

부동산은 결코 소홀히 다루거나 무시해서는 안 되는 삶의 요소 중 하나다. 또한 부동산은 고가이기 때문에 한 번의 실수로 심각한 재산상의 손실을 입을 수도 있다. 반대로 정확하고 확실한 정보와 지식을 갖고 다가가면 그에 상응하는 엄청난 유익을 주기도 한다.

나는 부동산으로 많은 사람들과 소통하고 싶다. 부동산에 대해 도움이 필요한 사람들에게 도움이 되고 싶다. 부동산을 앞에 두고 어찌할 바를 모르는 사람들에게 정확하고 유익한 정보로 길을 제시하고 싶다. 또한 자신의 재산을 지키고 늘려 나가도록 도와주는 동반자가 되고 싶다.

그래서 나는 사람들이 쉽고 재미있게 읽을 수 있는 부동산 책을 쓰기로 했다. 책을 통해 수많은 사람들에게 정확하고 유익한 정보를 제공할 것이다. 꼭 필요한 지식과 유용한 경험을 담을 것이다. 완전 초보자도 재미있게 읽을 수 있도록 아주 쉽게 쓸 것이다. 수많은 사람들이 나의 책을 통해 용기와 힘과 지식과 정보를 얻고 나아가 성공해서 행복한 내일을 가꾸어 나갈 것이다. 한 번뿐인 삶에서 수많은 사람들을 도와줄 수 있다면 얼마나 값지고 행복하고 보람된 일인가!

03

용기와 감동을 주는
인기 강연가 되기

사람은 태어나고 자란 환경이 모두 다르다. 부와 가난, 사랑과 미움, 관심과 무관심, 배려와 외면… 제각각의 환경에서 태어나고, 성인이 되어서 살아가는 모습도 모두 다르다. 사람이 자란 환경의 영향을 받는 것은 당연할 것이다. 그러나 자신의 의지로 선택한 환경도 아닌데 태어난 환경이 그 사람의 일생을 선천적으로 결정한다면 억울하다고 할 사람이 많을 것이다.

'스스로 삶을 결정하고 선택할 수 있는 사람은 없을까?'

평범한 사람은 자란 환경에 의해 생각이 만들어진다. 다시 말하면 주변 환경과 타고난 유전자의 상호작용에 의해 만들어진다고 할 수 있다. 이는 곧 지극히 수동적으로 생각이 형성된다는 말이다. 이렇게 형성된 생각의 방향을 바꾸려면 뭔가 획기적인 계기가 필요할 것이다. 훌륭한 스승을 만난다거나, 좋은 책 한 권을 접한다거나, 어떤 충격으로 인해 생각 자체가 바뀐다거나.

나는 스스로를 의식할 수 있는 나이가 되었을 때, 내 주위에는 아무도 없다고 느꼈다. 물론 부모님은 계셨다. 그러나 두 분은 당신들의 삶이 너무나 버거워 자식에게 신경 쓸 여유가 없으셨다. 나는 어린 자녀에게 필요한 어떤 조언이나 충고 한마디 들은 적이 없었다. 잘못했을 때도 야단을 듣거나 매를 맞은 적도 없었다. 내게는 든든한 울타리가 없었고 살아가는 데 필요한 지침도 없었다. 황야를 홀로 헤매는 아이와 같았다.

성인이 되었을 때 나는 스스로에게 무관심했다. 스스로를 귀하게 여기지 않았다. 스스로를 작고 하찮은 존재로 생각하고 행동했다. 자존심을 내세울 때도 건강한 자존감의 표현이 아니었다. 피해의식의 다른 모습일 뿐이었다. 자신을 사랑할 줄 몰랐다. 오히려 자신의 존재를 부정했다. 세상에 자기 존재의 흔적을 남기지 않을 것처럼 살았다.

그렇게 살던 중 30대에 예수님을 만났다. 하찮고 쓸모없고 의미 없는 나를 위해 모진 고통을 받으신 십자가의 사랑을 깨달은 후 새로운 삶이 시작되었다. 아무도 사랑하지 않는 나를 사랑해 주시는 예수님께 정말 감사했다. 천지를 창조하신 하나님이신 예수님의 사랑은 나를 변화시키기 시작했다. 거의 5년 동안 예수님의 사랑에 잠겨 감사하고 행복한 시간들을 보냈다.

하지만 행복했던 시간이 지나가고 또 다른 현실에 직면했을 때, 숨어있던 어둠이 고개를 들기 시작했다. 그 어둠은 시시때때로 찾아왔다. '너는 하찮은 존재야', '너는 무의미한 삶을 살고 있어', '아무도 너를 사랑하지 않아', '너는 아무것도 할 수 없어.' 이런 속삭임들이 마음 깊은 곳에서 계속 들려왔다. 아침에 일어나면 온몸이 물먹은 솜처럼 처졌다. 하루를 어떻게 지내야 할지 막막했다. 아무 생각을 안 할 때도 언제나 우울함이 존재했다.

스스로 수렁에서 헤어 나오고자 무척 애쓰던 때에 〈한책협〉을 만나게 되었다. 〈1일 특강〉을 듣고 의식에 대한 책을 읽기 시작했다. 자신의 의식을 분석하고 바꾸는 과정이 시작되었다. 의식을 바꾸고 성장한 후의 내 모습을 그리기 시작했다. 범사에 감사하고 즐겁고 행복한 삶을 꿈꾸기 시작했다. 너무 늦게 만난 〈한책협〉이지만 한편으로 아직 늦지 않았다고 생각한다. 나는 〈한책협〉을 통해 나의 의식 밑바닥부터 송두리째 바꾸어 새로운 나로 거듭날 것이다.

나는 〈한책협〉의 강의를 듣고, 책을 읽으면서 많은 감동을 받았다. 또한 공감의 시간을 갖기도 했다. 나의 정신이 바뀌니 내 몸의 상태도 바뀌기 시작했다. 예전처럼 아무 생각 없이 있을 때에 몸이 처지거나 우울하지 않았다. 정말 생각과 말이 내 몸과 마음에 끼치는 영향력이 엄청나다는 것을 몸소 체험할 수 있었다.

나는 내가 경험한 감동과 공감을 다른 사람들에게도 전달하고 싶다. 그래서 다른 사람들의 삶도 성장시키고 싶다. 한 번뿐인 삶인데 어둡고 우울하게 보낸다면, 억울하지 않겠는가! 예전의 나처럼 어둠을 갖고 있는 사람들에게 빛을 주고 싶다. 빛으로 어둠을 몰아내는 방법을 알려 주고 싶다. 빛의 삶을 살도록 도와주고 동행하고 싶다.

04

가족과 함께
크루즈 여행 떠나기

나는 신문에 여행에 대한 특집기사가 실리면 샅샅이 읽어 본다. 그러곤 여행지 광고란을 꼼꼼히 살펴본다. 하지만 실제로 여행을 가지는 않는다. 아니 못 간다. 못 가는 것을 아쉬워만 한다. 왜 못 떠날까?

이 글을 쓰면서 여행을 주제로 가족 모두를 인터뷰했다. 남편이 가고 싶어 하는 여행지는 미국과 유럽이었다. 남편은 올 봄에 큰아이와 둘이서 미국 여행을 다녀왔다. 선교 여행이었다. 남편은 미국인들의 살아가는 방식이 너무나 인상 깊었다고 한다. 미국인들은 원칙적으로 법을 지키면서 살고자 한다는 것이다. 그것을 당연시한다고 한다. 또한 가족 중심의 삶을 산다고. 우리나라와 비교할 때 배울 점이 많았다고 한다. 그래서 다시 한 번 가고 싶단다. 그러면서 같은 선진 국인 서유럽 사람들도 그렇게 사는지 궁금하다고 했다.

실제로 여행을 다녀온 후 남편이 많이 변했다. 집안일을 도와주려 노력하는 모습을 보인다. 아이들과 소통하려고 노력하는 것이 보인다. 정말 기적적인 변화다. 아무리 설득해도 변하지 않았던 부분이 조금씩 변하고 있다. 여행이 가져다준 결과다.

큰아이는 대학교 3학년이다. 올봄에 아빠와 함께 미국 여행을 다녀왔다. 그런데 또 미국을 가고 싶단다. 미국의 영토는 한국보다 98배나 크다. 그 넓은 땅을 자유여행으로 돌아보고 싶다고 한다. 또한 실리콘밸리에도 가 보고 싶다고 한다. 딸의 학과는 빅데이터 경영학부로, 현재 AI 인공지능을 연구하고 있다. 그래서 인공지능에서는 최첨단인 실리콘밸리가 궁금하다고 한다.

작은아이는 방콕을 좋아한다. 방에 틀어박혀서 며칠이고 혼자 지내는 성향이 있다. 본인 입으로도 그게 가장 좋다고 한다. 그런데 여행지로 몬트리올을 선택했다. 고3 수능을 공부하며 맞닥뜨린 지명 중하나인데 궁금하다고 한다.

나는 남태평양의 피지섬에 가고 싶다. 바다 한가운데에 있어서 오염되지 않은 곳이다. 그곳에서 자연 그대로를 보고 듣고 느끼고 맛보고 싶다. 그리고 예전에 학교에서 배운 곳 중 지중해 연안을 가고 싶다. 지중해성 기후로 습도가 낮고 쾌적해 유럽인들에게 휴양지로 유명한 곳이다. 또한 사막에도 가고 싶다. 사막의 뜨거운 열기와 차가운 밤을 느껴 보고 싶다. 사막에서 밤하늘을 보며 어린 왕자의 별을 찾아보고 싶다. 이렇게 적어 놓고 보니 가고 싶은 데가 참 많다.

그동안 나는 여행에 대해 진지하게 생각해 보지 않았다. 나도 작은아이처럼 방콕을 좋아한다. 며칠이고 방에서 뒹굴며 책 읽는 재미가 정말 좋다. 그러나 여행도 가고 싶다. 하나님의 예술작품인 아름다운 자연을 보고 싶다.

나의 20대는 어둠과의 치열한 싸움의 시기였다. 어두운 현실과 싸웠다. 어두운 자신과 투쟁했다. 방황과도 싸웠다. 그러다 지쳐서 폭발 직전이 되면 떠났다. 배낭 하나 메고 집을 나섰다. 나는 토요일 저녁에 동대문운동장 근처로 갔다. 동대문시장 주차장에는 수십 대의 관광차가 늘어서 있었다. 나는 그중에 아무거나 하나를 골라 탔다.

그러곤 밤새 달려 새벽 3시 반쯤에 목적지에 도착했다. 랜턴을 들고 캄캄한 산길을 올랐다. 비가 억수같이 내릴 때도 있었다. 그럴 때는 우비를 입고 올랐다. 우비를 입어도 온몸이 다 젖을 정도였다. 산행을 멈추면 체온이 내려가기 때문에 멈출 수 없었다. 또한 멈추면 산속에 혼자 남겨지기 때문에 멈출 수가 없었다. 산행이 한번 시작되면 하루 종일 걸을 수밖에 없었다. 나는 보통 14시간 동안 산행을 했다. 산행할 때마다 탈진 직전까지 갔다. 그렇게 산행을 하면 그제야 속에 쌓여 있던 뭔가가 조금은 해소된 듯했다. 세상을 살아갈 의지를 조금 되찾곤 했다. 과연 나의 산행은 여행이라 할 수 있을까?

여행이 뭘까? 사람들은 왜 여행을 갈까? 여행은 나에게 어떤 의미가 있을까? 내가 등산을 간 목적은 관광이나 배움이 아니었다. 망중한의 휴식도 아니었다. 나 자신을 혹사시켜 끈질긴 어둠을 이겨 보고 싶은 하나의 돌파구였다. 그 와중에 나는 산을 좋아하게 되었다. 산은 넉넉하다. 산은 풍요롭다. 산은 아름답다. 산은 굳건하다. 언제나 그 자리를 지킨다. 다가오는 모든 사람을 품고 내치지 않는다. 산은 변화무쌍하다. 산은 생명력으로 가득하다. 산은 내게 위안을 준다. 나도 그런 산이 되고 싶다.

여행은 모든 것을 내려놓고 떠나는 것이다. 집안일도 회사일도 일시중지다. 틀에 박힌 모든 일상에서 잠시 자유로워지는 것이다. 마음에 쉼표를 찍고 스페이스를 넓게 두는 것이다. 그러려면 마음에 여유가 있어야 한다. 용기도 필요하다. 그러나 나는 지금까지 그 여유가 없었다. 또한 용기도 없었다. 삶에 쉼표를 찍으려고 하지 않았다. 왜 그랬을까?

내 여동생은 여행을 자주 간다. 여행이 너무 좋다고 나에게 같이 가자고 한다. 그럴 때마다 나는 거절했다. 아이들을 데리고 가라고 하면서 나만 빠졌다. 같이 갈 수도 있었는데 매번 가지 않았다. 왜 그랬을까? 나는 아무리 아름다운 것도 그때뿐이라고 생각했다. 지나고 나면 허전함만이 남았다. 마음이 충족되지 않았다. 그 허전함이 싫어서 아예 가지 않으려 했다.

삶의 방식은 모두가 다르다. 정답은 없다. 그러나 내 방식은 참 어리석었다는 것을 〈한책협〉에 와서 알았다.

인생은 사는 동안은 너무나 긴 것 같다. 그러나 지나고 나면 한순간이었다는 것을 느낀다. 짧은 시간을 살면서 즐겁고 행복하게 감사하며 사는 것이 더 좋다는 것을 알았다. 여행은 즐거운 것이다. 어떤 의미를 부여하기 전에 여행을 떠나는 것 자체가 행복한 것이다.

어두운 마음으로 하는 여행은 즐겁지 않다. 허전함을 느끼는 것은 마음이 어둡기 때문이다. 결국은 여행도 마음의 문제인 것이다. 모든 것의 근원인 마음의 상태에 따라 똑같은 여행이 즐겁고 행복한가, 아닌가가 정해진다. 여행이 마음을 결정하는 것이 아니다. 여행 자체가 행복을 주는 것이 아니다. 마음이 여행을 행복하게 만드는 것이다.

〈한책협〉에 와서 마음공부를 했다. 마음의 작용이 모든 것의 근원이었다. 그동안 쌓아 온 내 마음의 상태는 어둡고 부정적인 것으로 가득했다. 그 때문에 매사가 부정적이고 불통했다. 그러나 〈한책협〉에서 마음 바꾸기 훈련을 하며 나의 마음을 긍정과 감사로 채우기 시작했다. 그러자 많은 것이 변하기 시작했다.

여행에 대해서도 새롭게 목표를 정했다. 가족과 함께 아름다운 경치를 찾아서 여행을 가자고 정했다. 즐겁고 행복한 여행을 목표로 정했다. 그때 크루즈 여행계획이 〈한책협〉에 공고되었다. 정말 신기했다.

그래서 바로 신청했다. 여행을 신청하면서 처음으로 설렘을 경험했다. 행복한 마음으로 떠나는 여행은 얼마나 행복할까.

〈한책협〉에서 책 쓰기 코칭을 받으면서 바뀐 것이 참 많다. 새로이 경험한 것도 많다. 마음을 바꾸기 시작하면서 많은 것들이 변하기 시작했다. 시작이 이렇게 놀라운데 앞으로 변할 것이 얼마나 많을까. 정말 기대된다.

05

유아교육 분야
베스트셀러 작가 되기

나는 2녀 1남의 장녀로 태어났다. 전라남도 남쪽 끝 반도에서 농부의 딸로 자랐다. 내가 중학교에 다닐 때부터 아버지는 종종 말씀하시곤 하셨다. 집안 형편상 딸들은 대학교에는 못 보내 준다고. 아들인 막내만 대학교에 보내 줄 예정이시란다. 좀 억울했지만 대수롭지 않게 생각했다. 당시에는 나에게 대학교가 중요한 것이 아니었다. 내겐 더 시급한 문제가 있었다.

나는 부모와 멀리 떨어져 혼자 학교를 다녔다. 부모의 경제적인 뒷받침이 없어서 어린 나이에 돈 때문에 마음고생을 심하게 했다. 그래서 상업고등학교에 진학했다. 졸업 후 금융회사에 취직해 월급쟁이 생활을 3년간 했다. 그때 여동생이 4년 장학생으로 대학교에 진학했다. 그걸 보고 자극을 받은 나는 회사를 그만두고 대학입시공부를 시작했다. 다음 해 대학교에 입학한 나는 아르바이트를 해서 생활비와 학비를 벌어야 했다. 여러 가지 아르바이트를 했다. 그중의 하나가 유아를 위한 동화책 판매였다. 판매영업 자체가 쉽지는 않았다. 그러나 보람이 있었다.

영업을 잘하기 위해 뇌 작용에 대해 많은 공부를 했다. 인간의 뇌세포는 약 1,000억 개다. 그런 뇌세포가 미성숙한 상태로 아기는 세상에 태어난다. 태어나서 자극을 받을 때마다 하나의 뇌세포에서 줄기가 뻗어 나온다. 뻗어 나온 줄기가 서로 연결되어 가며 뇌세포가 발달한다. 이 과정이 언제까지나 계속되지는 않는다. 점차 줄어들다가 성인이 되면 완전히 멈춘다. 그래서 유아기 때는 조금만 지속적으로 뇌에 자극을 주어도 천재소리를 듣는다. 만약 이때 한 가지 자극을 끊임없이 뇌에 주면 어떻게 될까?

큰아이가 만 4세가 되었을 때다. 성경 목록을 암송시키기는 방법을 적용해 보았다. 성경 목록을 적어서 벽에 붙여 놓고 하루에 한 번씩 노래로 부르게 했다. 일주일 동안 계속하자 큰아이는 완벽하게 성경 목록을 암송했다. 성도 교제의 밤에서 독창했는데 천재라고 칭찬이 끊이지 않았다.

작은아이가 말을 배울 때 매일 영어 테이프를 들려주었다. 일주일이 지나자 완벽한 발음으로 완벽한 문장의 영어를 했다. 내가 놀라서 멍하게 바라보았던 기억이 난다. 아이 때 한 가지 자극을 지속적으로 주면 그 부분에 해당하는 뇌세포가 발달해 작용이 활발해진다.

미국에서 어느 초등학교 교사 부부의 아이가 태어났다. 아이는 다운증후군이었다. 어머니는 교직을 그만두었다. 그러곤 매일 4시간 씩 아이에게 책을 읽어 주기 시작했다. 하루도 빠짐없이 읽어 주었다. 아이는 정상인보다 두뇌가 뛰어나게 성장했다. 두뇌뿐만 아니라 운동 신경도 뛰어났다. 정상인보다 조기에 대학 입학해서 수석으로 조기 졸업했다. 그리고 대학교수가 되었다.

큰아이를 키울 때 하루에 짧으면 10분에서 30분 정도 매일 책을 읽어 주었다. 초등학교 입학 전까지 계속 읽어 주었다. 책의 종류는 주로 화가들이 직접 그린 그림을 넣은 동화책과 위인전 등 아동용 책 이었다. 질이 좋은 책을 엄선해 읽어 주었다. 영어 동화책도 같이 읽 어 주었다. 당시에 내 건강이 좋지 않아서 많은 시간을 읽어 주지 못 해 아쉬웠다.

그 결과 큰아이는 다방면으로 두뇌가 좋다. 책을 읽고 의미를 파 악하는 속도가 엄청 빠르다. 미술에도 재능이 있어서 미술학원에서 미대를 추천했다. 음악에도 재능이 있어서 작곡을 하고 싶어 한다. 무 엇을 하든지 집중력과 성과가 뛰어났다.

작은아이에게는 책 읽어 주기를 소홀히 했다. 몸과 마음의 건강이 안 좋아서 두 아이를 키우기가 너무 벅찼다. 그래서 작은아이는 5세가 넘어서 한글을 깨우치게 되었다. 큰아이가 3세에 글을 읽었던 것에 비하면 너무 늦은 것이다.

글을 늦게 깨우치면 창의력이 높아진다는 속설이 있다. 큰아이와 반대로 작은아이를 교육하면서 나는 은근히 그 속설이 맞기를 바랐다. 그러나 오히려 큰아이의 창의성이 더 뛰어났다. 운동능력도 큰아이가 더 뛰어났다. 반 번호가 앞에서 1,2번일 만큼 키가 작음에도 달리기는 언제나 1등을 했다.

유아에게 지속적으로 책을 읽어 주는 것이 뇌 발달에 얼마나 중요한지 깨달았다. 동시에 작은아이에게 너무나 미안했다. 엄마가 힘들다고 아이에게 평생에 걸쳐 영향을 줄 교육을 소홀히 한 것이다. 아이가 공부를 힘들어하면 엄마인 내 마음이 아프다.

만약 정상인 아이에게 매일 한 시간씩 책을 읽어 주면 어떤 일이 일어날까 상상해 본다. 그러나 나는 알고 있음에도 그렇게 해 주지 못했다. 겨우 하루 10분에서 30분을 읽어 주었다. 매일 책을 읽어 주다가 먼저 잠들었다. 아이는 옆에서 나를 깨우면서 더 읽어 달라고 보챘다. 그러면 다시 읽어 주다가 또다시 잠들곤 했다.

유아교육은 아이의 평생을 결정짓는다. 물론 다른 요소가 많지만 두뇌능력 면에서 아이를 준비시켜 줄 수 있다. 엄마가 평생을 옆에 있으면서 도와주지는 못하지만 최소한 두뇌능력 때문에 스트레스를 받지 않도록 해 줄 수는 있다.

하지만 그 방법을 안다고 해도 실천하기가 쉬운 일은 아니다. 매일 하루도 안 빼먹고 무언가를 한다는 것은 생각보다 어렵다. 그러나 최상은 아니라도 차상은 해 주어야 하지 않을까. 그래서 나는 이에 대한 책을 써서 많은 엄마들에게 또는 예비 엄마들에게 알려 주고 싶다.

공연 기획자가 되어
국악의 대중화에
기여하기

| 신 영 화 |

신영화   <small>엄마표 영어 코칭 강사, 강연가, 자기계발 작가, 동기부여가</small>

현재 국내 유일 엄마표 영어 교육법 아이보람 동탄 센터 강사로 재직 중이다. 많은 엄마들에게 노하우를 전하며 아이들의 행복한 모습을 꿈꿀 수 있는 멘토 역할을 하고 있다. 또한 해외 유학 없이 글로벌 리더가 되어 세계로 나갈 수 있는 인재 만들기 프로젝트 활동을 활발히 하고 있다. 현재 '엄마표 영어'를 주제로 개인저서를 집필 중이다.

01

해외 빈민촌에
학교와 병원 짓기

나는 결혼하기 전까지 책과는 담을 쌓고 살았던 사람이다. 그러다 결혼하고 아이를 출산하면서 책을 읽게 되었다. 누구보다 우리 아이가 똑똑하고 영리하게 자랐으면 하는 바람이 책과 가까워지게 된 계기가 되었다.

10개월이 채 안 된 아이의 첫 전집을 시작으로 나는 교육 욕심 가득한 엄마가 되었다. 그날 이후 우리 집 거실은 책에 점령당했다. 만 5세가 되기 전까지 아이의 책이 3,000권 이상 거실에 있었으니 말이다.

우리 집에 오는 사람마다 "도서관 같아요!"라고 인사했다. 나는 그 인사말이 싫지 않았다. 그 시절《푸름이 이렇게 영재로 키웠다》라는 책을 접하고 '푸름이닷컴' 회원이 되었다. 전국에 지역 모임이 있고 인터넷에서 책 정보를 주고받는 이곳이 육아에 지친 나의 아지트였다. 전국으로 강연을 다니시는 푸름이 아빠가 내가 사는 곳 가까이에 강연을 오실 때면 나는 열일 제쳐 두고 참석했던 열성 부모였다.

강연 후에는 식사를 하면서 질문을 주고받는 시간을 가졌다. 나는 육아상담 내용을 끝까지 남아서 들었다. 남의 아이의 책 읽기 사례를 듣고 있으면 참 재미있었다. 아이에게 책을 읽어 주기 위해 이것저것 물어보던 내게 푸름이 아빠는 "마음을 내려놓으세요."라고 하셨다. 나는 그분 눈에 '나의 욕심이 보이는구나' 하며 참 많이도 마음을 내려놓곤 했다. 하지만 자식에 대한 욕심은 지금도 끝이 없는 것 같다.

지성과 감성을 중요하게 생각하는 푸름이닷컴 모임에서는 자연과 함께하기 위해 여행을 자주 갔었다. 책을 중요하게 생각하고 공감대가 통하는 사람들은 육아가 힘든 엄마에게 힘이 되어 주었다. 산간벽지에 초등학교 도서관을 지어 주신 푸름이 아빠도 책 기부 활동과 봉사를 하시는, 사회에 선한 영향력을 많이 펼치신 분이다.

우리 아이의 유년 시절, 책과 함께한 추억이 너무나 많다. 아이에게 책을 읽어 주면서 나도 아이도 책을 좋아하게 되었던 것 같다. 책과 함께하는 시간이 늘면서 여러 분야의 다양한 책을 읽게 되었다. 요즘에는 영어와 관련된 책만 집중적으로 읽게 된다. 내 직업이 매일 영어수업 하는 강사라서 강의 내용을 준비해야 하기 때문이다. 나는 책이나 다른 사람의 강연 내용에서 힌트를 가져와 엄마들과 소통하며 수업한다.

나는 작년 가을부터 유튜브로 강연을 많이 듣는다. 유명 강사들과 일반 크리에이터들의 다양한 정보가 나를 성장시키고 있다. 유튜브 강연에서 알게 된 미국 이민자 중 한국인으로서 가장 성공한 사람이 있다. 사장을 가르치는 사장으로 불리는 스노우폭스 김승호 회장님이다. 일곱 번의 사업 실패 끝에 세계 최고의 도시락 기업을 일으켜 미국, 유럽 등에 1,300개의 지점을 두고 연 매출 3,500억 원을 올리는 신화적인 기업의 CEO다.

이분은 목표가 생기면 종이에 매일 100번씩 100일간 직접 손으로 내용을 쓴다고 한다. 머릿속으로 구체적인 이미지를 떠올리면서. 이것이 이분의 성공 비결이다. 100번 쓰기는 쉬워 보이는 행동이지만 어려운 방법이다. 목표를 명확하게 인지하고 절실한 생각을 이미지화해야 하는 방법이기 때문이다. 이분 저서 중에 《알면서도 알지 못하는 것들》이란 책의 한 구절이다.

"원래 성공한 사람은 비범한 사람이 아니다. 평범한 사람이 평범한 일을 비범하게 할 뿐이다. 사회는 학교와 달리 국영수를 잘해야 성공하는 것이 아니다. 생각을 얼마나 깊고 진지하고 효율적으로 하느냐에 따라 성패가 나뉘는 것이다. 미래를 내가 원하는 방식으로 만들겠다고 결심하고 할 수 있다고 믿는 사람만이 목표를 이룬다는 사실을 받아들여야 한다."

이 글귀는 바라는 일은 마음먹기에 달렸고 자신의 믿음이 결정한다는 생각을 하게 한다. 이는 김승호 회장이 성공한 사업가가 된 이유이기도 하다.

2년 전 여름휴가 때였다. '엄마의 꿈꾸는 다락방'이라는 주제로 이지성 작가가 강연회를 했다. 꼭 한 번 듣고 싶은 강연이었지만 이런 부류의 강연은 거의 오전에 있다. 항상 오전 수업이 있는 나로서는 참석하기 힘들었다. 그러나 '엄마의 꿈꾸는 다락방'은 내 여름휴가 날짜와 딱 맞아떨어져 꼭 나를 위해 있는 강연회 같았다.

나는 《생각하는 인문학》,《청소년을 위한 리딩으로 리드하라》 이렇게 2권을 챙겨 강연장으로 향했다. 아들이 다시 한 번 읽어 보는 기회가 되었으면 하는 바람에 《청소년을 위한 리딩으로 리드하라》에 꼭 작가의 사인을 받고 싶었기 때문이었다.

강연이 끝나자 사인을 받으려는 사람들로 긴 행렬이 생겼다. 긴 기다림 속에서 '집에 갈까? 말까?' 속으로 얼마나 망설였는지 모른다. 오랜 기다림 끝에 드디어 우리 차례가 되어 작가와 사진 찍고 2권의 책에 사인을 받았다. 책이 2권인지라 은근히 사람들의 눈치가 보였지만 사인을 받곤 기쁜 마음으로 집으로 향했다. 이런 나의 마음도 모르는 아들은 사인 받은 책을 별 반응 없는 눈으로 멍하니 쳐다보았다. '사인이 왜? 관심 없어!'라는 표정이었다. 그때의 서운했던 마음은 아직도 생생히 느껴진다.

그 강연회에서 이지성 작가의 팬 카페 '폴레폴레'를 처음 알게 되었다. 인문교육 및 책 읽기 봉사활동 등 좋은 일을 많이 하는 이 단체는 이지성 작가와 함께 1년에 두서너 차례 해외 봉사활동도 한다. 나는 해외 봉사활동 중에 이지성 작가가 만난 한 소녀 이야기를 하고 싶다.

남존여비 사상이 강하게 남아 있는 아프리카에서 하루 한 끼 먹기도 힘든 마사이족 어린 소녀들은 성폭행을 당하거나 소 한 마리 가격으로 남자들에게 팔려 가는 상황에 놓여 있다. 하지만 그런 삶을 당연하게 받아들이는 소녀들 중 메리는 달랐다. 학교에 다니면서 한국 선교사의 꿈을 갖게 된 메리는 열심히 공부하고 있다. 대부분의 소녀들은 학교를 같이 다니자고 설득해도 삶이 달라지지 않을 거라고 믿고 부조리한 현실을 받아들인다고 한다. 빈민가의 아이들에게 학교는 교육을 통해 삶을 변화시키고 가난의 고리를 끊어 주는 역할을 한다.

해외 빈민촌에 100개의 학교를 짓는 프로젝트를 진행 중인 이지성 작가는 현재 스무 곳이 넘는 학교를 지었다. 성공한 사람들의 선한 영향력이란 바로 이런 것이 아닐까 생각한다. 요즘 성공학 책과 영상을 자주 보는 나는 이지성 작가처럼 해외 빈민촌에 학교와 병원을 짓는 멋진 일을 꼭 해내고 싶다.

02

귀농 후 전원주택에서
책 쓰며 살기

현대인들은 많은 고민을 하며 살고 있다. 도시의 삶은 각박하고 아파트는 자유로움을 구속한다. 각자 이런 삶의 고민을 잊기 위해 나름 스트레스 해소법을 찾게 된다. 아이들 또한 학교에서 돌아와 자유롭게 뛰어노는 건 거의 드문 일이다. 집에서도 뛰지 말라는 말을 입에 달고 살고 있으니 마음껏 뛰어 보지 못하는 것이 현실이다.

우리 부부는 주말에 집에 없는 날이 많다. 특별한 일이 없는 날에는 여행이나 캠핑을 다니기 때문이다. 캠핑을 시작한 것이 아이가 초등학교에 들어갈 무렵이니 이제 10년이 다 되어 간다.

어린 시절의 나는 활동적인 부모님의 영향으로 가족들과 산이나 강에서 캠핑하며 보낸 추억이 많다. 지금은 캠핑 인구가 500만 명이 넘어설 정도로 캠핑은 많은 사람이 즐기는 취미다. 하지만 내 어린 시절에는 텐트를 소유한 집이 드물었기 때문에 우리는 특별한 가족이었다. 집에서 쓰던, 피난민 보따리 같은 이불과 텐트, 코펠이 짐의 전부였지만 유년 시절의 추억이 지금까지 캠핑을 다니는 계기가 되었다.

나의 첫 캠핑은 10년 전, 화성시 궁평항 해솔마을 캠핑장에서 시작되었다. 그 당시에는 가을에 접어드는 계절이어서 아침, 저녁으로 일교차가 심했다. 나는 해가 지면 추울 것 같은 생각에 무거워서 사용하지 않았던 골프공만 한 옥이 박힌 전기장판을 챙겼다. 지금은 이불처럼 가볍고 얇은 전기요도 있지만 그땐 그런 게 있는 줄도 몰랐다.

그 밖에도 홈쇼핑서 구입한 원터치 텐트에 캠핑의자와 부모님이 쓰던 코펠을 차에 싣고 캠핑장에 도착했다. 사람들로 붐비는 캠핑장 모습에 '우리만 캠핑을 몰랐구나.' 하는 생각이 들었다. 텐트를 치는 게 처음이라 시간이 걸릴 거란 예상은 했다. 하지만 텐트는 좀처럼 제 모습이 갖춰지지 않았다. 두 시간이 걸려서야 겨우 마무리가 되었다. 두 번째 텐트를 칠 때는 "한 시간이면 될 거야." 하면서 서로를 위안하며 고된 캠핑을 이어 갔다.

우리는 한숨 돌릴 틈도 없이 저녁 준비를 했다. 그런데 고기 구울 전기 불판을 꺼내는 순간 연결할 전기선이 없다는 걸 알았다. 생고기를 먹을 수는 없기에 사장님께 문의했다. 그랬더니 사장님은 멀리 있는 전기를 끌어 쓸 수 있는 전기릴선을 대여해 주셨다. 그렇게 저녁을 먹고 잠자리에 들었다. 새벽에 화장실에 갔다가 날씨가 무척 춥다는 것을 알게 되었다. 무겁고 볼품없는 옥장판이었지만 덕분에 꿀잠을 잘 수 있었다.

아침에 일어나 캠핑장을 둘러보자 캠핑용품들이 하나씩 하나씩 눈에 들어왔다. "우와! 저런 것도 있네. 이것도 좋아 보인다."라고 외치며 새로운 캠핑 세상에 눈뜨게 되었다. 그날 이후 우리 집 베란다에는 캠핑장비가 산처럼 쌓여 갔다.

캠핑족들에게는 나름 텐트와 캠핑용품 변천사가 있다. 텐트생활을 7년쯤 했을 때 짐을 싸고 푸는 게 너무 힘들었다. 편안하게 캠핑을 다니고 싶었다. 자연과 교감하며 풀벌레와 새의 소리에 잠을 깨고 상쾌한 공기를 마시며 일어나는 아침은 캠핑의 매력이라 그만두고 싶진 않았다. 그래서 편한 캠핑을 할 수 있는 카라반에 관심이 갔다.

요즘 텐트족이 카라반으로 넘어오는 추세라 가격이 비쌌지만 큰마음 먹고 텐트에서 카라반으로 갈아탔다. 편안한 침대와 소파, 싱크대까지 있는 카라반은 집을 그대로 옮겨 놓은 거나 다름없을 정도였다. 편안하고 좋아 신세계를 만난 것 같았다.

그러나 좋은 점 뒤에는 꼭 나쁜 점이 따라오는 법. 도시에서의 주차가 문제였다. 아파트 주차장에 주차를 못하게 했다. 땅이라도 사서 주차하고 싶은 심정이었지만 말이 안 되는 소리였다. 그러면 배보다 배꼽이 더 커지게 되는 것이다. 지금도 주차 문제로 고민하는 중이다.

주차 고민 때문에 캠핑카로 갈아타는 분들도 있을 만큼 카라반은 땅이 좁은 우리나라 실정에는 맞지 않는다.

매일 같은 일상을 반복하는 현대인들은 누구나 한 번쯤 귀농을 꿈꾼다. 하지만 막상 실행하기는 쉽지 않다. 그래서 한때 현대인들 사이에서 유행했던 것이 주말농장이었다. 주말마다 서울 근방에 있는 텃밭을 가꾸며 초보 도시 농부가 되었다. 직접 채소를 기르며 주마다 달라지는 채소를 관찰할 수 있었다. 그러면서 생명의 신비로움과 소중함을 알게 되는 기회도 가졌다.

내 아이가 어릴 때에도 우리 가족은 주말농장을 가꾸었다. 아이와 함께 직접 흙을 만지고 채소를 키워 보고 싶어서였다. 주말농장에 대해 아무것도 모르면서 하고 싶다는 마음만으로 시작했다. 이것저것 심고 싶은 욕심에 땅 10평을 분양 받았다. 나는 직접 내 눈으로 확인하기 전까지 땅 10평이 그리 큰 땅인지 몰랐다.

처음 고추 모종을 심던 날, 땅 속의 돌을 고르고 고랑을 파서 둑을 만들었다. 그러곤 까만 비닐을 씌워 잡초가 자라지 않도록 했다. 텃밭 가꾸기가 농사짓기에 버금갈 정도로 힘에 부쳤던 바람에 며칠을 앓아누웠던 기억이 난다. 몸살이 날 정도로 힘에 부쳤던 나의 첫 농사는 잡초투성이로 변한 밭으로 마무리 지었다.

그 이후, 다신 주말농장을 안 하기로 마음먹었던 내게 친구가 또 다른 기회를 주었다. 친구는 오산시에서 주말농장을 분양하는데 5평을 둘이 나눠 해 보자고 제안했다. 그래도 해 본 경험이 있으니 잘할 거라는 친구의 말에 흔들렸다.

첫 주말농장보다는 수월했지만 도시 사람이 땅을 가꾸는 것은 여간 어려운 일이 아니었다. 집과 가까운 거리가 아니어서 힘들긴 했지만 고추, 상추, 깻잎 등의 수확물을 지인들과 나눠 먹을 때는 주말농장 하길 잘했다는 보람을 느꼈다.

우리 사회에는 대도시 거주자 절반 이상이 귀농을 희망할 정도로 귀농 바람이 불고 있다. 답답한 도시의 삶에서 벗어나 자연과 더불어 쾌적한 노후를 보내고 싶어 귀농을 꿈꾼다. 나도 지금부터 10년 후 도시에서 가까운 지역으로의 귀농을 꿈꾸고 있다. 2년 정도의 준비과정을 거쳐, 대지 100평을 구입해 테라스가 있는 3층짜리 전원주택을 짓고 싶다.

1층에는 피아노, 드럼 및 각종 악기 등 스피커와 음향시설을 갖추어 작은 음악회를 열 수 있는 공간을 만들 것이다. 그러곤 음악 하는 지인들과 1년에 한 번씩이라도 연주 무대를 가지는 뮤직파티를 열 것이다.

힘들지 않을 만큼의 특용작물 농사도 짓고 싶다. 나는 SNS 마케팅으로 판로를 개척해 농산물을 판매도 할 계획이다. 주말농장의 경험에 힘입어 집 앞 텃밭에는 유기농 채소를 키울 것이다. 그렇게 걱정 없는 먹거리를 자급자족하고 싶다.

잔디가 깔려 있는 마당에는 카라반이 주차되어 있을 것이다. 가끔 잔디마당에서 텐트캠핑도 할 수 있을 것이다. 상상만으로도 행복하다.

테라스가 있는 3층에는 티 테이블을 놓을 것이다. 그곳에서 부부가 나란히 앉아 글을 쓰고 책을 읽을 것이다. 생계형 귀농이 아닌, 여유롭게 전원생활을 즐기며 책을 쓰고 있는 나의 모습을 상상한다.

03

퓨전국악그룹 대표로서
세계무대 공연 기획하기

큰 공연장에서 뮤지컬이나 콘서트를 본 적이 있는가? 나는 공연을 보면 눈이 휘둥그레질 때가 많다. 눈앞의 화려한 무대, 조명, 가슴을 쿵쿵 울리는 음향 등. 보고 있는 것만으로도 다른 세계에 와 있는 느낌을 받는다.

요새 길을 걷다가 들려오는 노랫소리는 한국 음악인지, 외국 음악인지 한 번에 구분하기가 어렵다. 지루한 전통음악의 특색이 사라지고 퓨전음악이 등장하기 시작했다. 퓨전음악이란 여러 장르의 요소와 스타일이 합쳐진 음악을 말한다. 다른 용어로 '크로스오버 음악'이라고도 칭한다.

우리나라의 퓨전음악은 서양 음악 양식에 한국 정서가 담긴 전통 음악을 섞어 놓은 경우가 많다. 예전 서태지의 〈하여가〉는 국악과 랩을 잘 크로스오버한 곡으로 유명하다. 요즘 아이돌 가수들 음악에도 이런 부류가 많다. 그중 인피니트라는 그룹의 〈추격자〉란 곡은 한국 가락의 악기소리가 매력적으로 들리는 곡이다. 어울리지 않을 것 같은 힙합과 재즈를 접목 시킨 곡이다. 곡의 가사 중 '아이야 먼저 가 어기야 디여라차 어기야디야 되찾을 거야'란 후렴구가 뱃놀이 가사와 비슷하다.

내가 좋아하는 국악 명인 중 최근에 돌아가신 황병기 선생님이 계시다. 선생님은 어린 시절 책을 좋아하고 음악을 사랑하던 소년이었다. KBS 전국국악경연대회에서 1등을 하면서 두각을 나타내기 시작했다. 선생님은 가야금을 핑계로 공부를 소홀히 하지 않겠다는 어머니와의 약속을 지키기 위해 서울대 법대에 입학했다. 그리고 그저 좋아서 열심히 가야금을 뜯으셨다. 선생님은 "가야금은 매일매일 연습해야 한다. 그렇지 않으면 실력이 금세 줄어 버리지. 실력은 늘기는 천천히 늘지만 줄어들 땐 금방이거든." 하시며 매일 밥 먹고 잠자는 것처럼 자연스럽게 연습을 하셨다. 내가 매일 선생님처럼 좋아서 악기 연습을 했다면 지금 어떻게 되어 있을까. 실력 있고 유명한 국악 연주자가 되어 있지 않았을까.

선생님은 작곡에도 관심이 많았다. 자신만의 새로운 음악을 작곡해 보고 싶었던 선생님은 현대 음악의 거장 이고르 스트라빈스키의

〈봄의 제전〉을 듣고 큰 감명을 받는다. 그러곤 가야금곡을 작곡하게 된다. 이후, 〈침향무〉, 〈숲〉, 〈가을〉, 〈석류집〉 등의 많은 가야금 연주곡을 작곡했다.

선생님은 총 100회가 넘는 해외 공연을 통해서 아름다운 우리의 소리를 알리고 손에서 하루도 가야금을 놓지 않으셨다. 하얀 두루마기를 차려입고 가야금을 연주하시던 선생님의 모습이 눈에 선하다. 선생님의 모습을 회상하면 가을에 듣기 좋은 〈침향무〉란 곡의 가야금 소리가 내 귓가에 울려 퍼지는 듯하다.

나의 어릴 적 꿈은 음악 선생님이었다. 초등학교 시절 학원에서 피아노를 배웠다. 그곳은 시골이라 지금처럼 피아노가 대중화되어 있지 않았다. 학원에서는 1년에 한 번씩 작은 교회를 빌려 학원생들만의 피아노 연주회를 열었다. 당시 내가 친구들에게 초대장을 나눠 주면 서로들 오고 싶어 했었다. 화려하진 않지만 나름 멋스럽고 깔끔한 하얀 원피스를 입고 무대에 올라 연주했던 모습이 생생하다. 내 앞 순서의 사람들이 한 명씩 연주를 하고 내려올 때 마다 긴장감으로 화장실에 얼마나 가고 싶었던지…. 그러면서도 마음속으로 "틀리면 안 돼."를 연신 외쳤다. 쿵쾅거리는 심장은 튀어나올 것만 같았다. 한 연주회에서는 너무 떨렸던 나머지 악보를 잊어버려 그냥 앉아 있다가 내려온 적도 있었다. 무대공포증은 항상 나를 따라다녔다.

이후, 나는 예술고등학교에 진학해 국악을 전공하게 되면서 음악 선생님이란 꿈에 한 발자국 더 가까이 다가갈 수 있었다. 실기 시험과 다양한 연주회 등으로 무대에 서는 경험이 많았지만 그때마다 떨리는 마음은 변함없었다. 많이 떨려 암기한 악보를 잊어버리는 실수를 한 날에는 악기를 전공한 것을 후회하기도 했다. 다시는 무대에 서고 싶지 않을 만큼. 대학 졸업 후에 취업하면서도 국악을 손에서 놓지 않았다. 그렇게 나는 아이들과 수업하는 선생님이 되긴 했다. 국립학교의 음악 선생님의 꿈은 이루지는 못했지만 나는 여전히 또 다른 꿈을 꿈꾸고 있다.

나는 여성 멤버로만 구성된 퓨전국악 그룹을 만들고 싶다. 가야금, 바이올린, 장구, 건반, 대금, 해금, 피리, 보컬로 편성된 4인조 혹은 6인조 그룹이다. 그 그룹과 함께 음악과 스토리텔링을 접목시켜 한 편의 드라마를 본 듯한 이색적인 무대를 선보이고 싶다. 못 다 이룬 음악의 꿈을 세계무대에 올려 국악을 접하지 못한 외국인에게 우리의 음악을 들려주고 싶다. 우리나라 전통 민요를 바탕으로 현대 감각의 곡들을 재구성해 세계무대에서 공연할 수 있는 공연 기획자가 되고 싶다. 그렇게 국악의 대중화에 기여하고 싶다.

04

1인 창업으로
연봉 10억 원 달성하기

주위 사람들에게 나는 강사님 아니면 선생님이란 호칭으로 불린다. 호기심이 많은 성격인지라 이것저것 관심도 많고 해 보고 싶은 것이 많아 지금까지 다양한 직업을 경험했다. 피아노 강사, 국악 강사, 유아 국악 강사, 방과 후 항공 강사, 책 영업과 화장품 영업사원, 엄마표 영어 강사 등 교육에 관련된 일들을 많이 했다.

나의 삶을 정리해 보자면 사춘기를 맞이한 시기가 고등학교 때인 것 같다. 국악 전공을 시작했던 시기인데 예술고등학교라서 선후배 군기가 심했다. 특별한 이유도 없이 후배의 군기를 잡는다는 명목 하에 2학년 선배들에게 폭언과 폭행을 당했다. 꿇어앉거나 엎드려뻗쳐를 1~2시간씩 하면서 욕설을 듣고 있기도 했다.

고등학교 1학년 때 죽음에 대해 생각하며 지낸 적이 있었다. 그렇다고 죽고 싶을 정도로 힘든 생활은 아니었다. '저기서 뛰어내리면 죽을까? 죽지 않으면 어쩌지?' 하면서 높은 곳에 시선을 두며 다녔다. 지금 생각하면 웃음이 나올 정도로 유치한 일이지만 그때는 예민한 때라서 그랬던 것 같다.

20대 시절 나는 대학 졸업 후 취업을 걱정하는 평범한 취업준비생이 되었다. 하지만 나는 전공을 살려 음악활동을 계속 이어 나갈 수 있기를 바랐다. 그래서 나는 취업과 함께 국악단 오디션 시험도 같이 준비했다. 오디션 시험에 수차례 떨어지다 보니 나의 첫 직업은 프리랜서 강사가 되었다. 초등학교 아이들 국악 수업과 고등학생 개인 레슨을 했는데 수업 횟수만큼 월급을 받았다. 월급이 100~150만 원밖에 되지 않았다. 아이들이 줄면 그마저도 안 되었다. 나는 적은 월급으로 인해 불안한 미래를 걱정하며 지냈다. 당시 나는 무엇을 하면 부자들처럼 돈을 벌 수 있을지에 대해서 항상 생각했다.

30대 시절 아이에게 책을 사 주려다 '웅진다책'을 알게 되었다. 학습지와 책을 판매하는 곳이었다. 이곳의 사원이 되면 정가의 30%를 할인받아 저렴하게 책을 살 수 있었다. 그래서인지 책을 사러 왔다가 책 영업자로 변하게 되는 경우가 많았다.

책 욕심이 많은 나는 2년 정도 일하는 동안 1,000만 원어치의 책을 사게 되었다. 책을 싸게 구입하러 갔다가 영업을 하게 되었고 그로 인해 많은 것을 배웠다. 그때 만난 아이들에게 피아노 레슨도 하면서 나름 재미있게 보냈다. 사람들과 부대끼며 터득한 영업 기술과 판매 노하우를 지금까지 사회생활을 하는 데 유용하게 쓰고 있다.

결혼 후, 나는 경력단절 여성으로 지냈다. 그러다 보니 일이 너무 하고 싶었다. 그래서 한동안 '내가 무얼 할 수 있을까?' 고민했다. 국악 강사 일을 하고 싶었지만 대구에서 활동했던 나는 인맥이 없었다. 이쪽 일은 지인 소개로 연결되는 경우가 많기 때문에 목마른 사람이 우물을 팔 수밖에 없었다. 인터넷으로 유치원 주소록을 검색하고 명함과 함께 유아 국악 강사 소개 전단지를 만들어 우편으로 보냈다. 셀프 홍보는 다행스럽게도 효과가 있었다. 그해에 네 군데에서 연락이 와서 다시 일을 시작할 수 있었다. 그다음 해에는 더 많은 일이 들어와 꾸준히 활동할 수 있었다. 유아 국악 강사 일은 3년 정도 했다.

나는 많은 직업을 경험하며 새로운 것에 계속 도전했다. 요즘에도 새로운 도전을 하고 있다. 지금 나는 창업 준비 중이다.

본격적으로 창업하면, 직장은 계속 다니는 게 나을까? 아니면 그만두는 게 나을까? 대부분의 사람들은 직장에 다닐 때 창업하라는 말을 많이 할 것이다. 직장을 그만두지 않고 창업하려면 함께할 수 있는 사람을 찾아야 한다. 어떤 일을 할 때 올인해야 한다거나 모든 걸 걸어야 한다는 말을 흔히 한다.

하지만 내 생각은 다르다. 모든 걸 걸면 부담이 되니 즐겁게 일하지 못한다. 한 사람이 한 가지 일만 하던 시대는 지났다. 여러 가지 일을 동시에 할 수 있는 세상이다. 직장에서 한 가지 일만 하면서 평생을 보내지 말라는 것이다.

은퇴하면 정말 할 일이 없다. 지금 하고 있는 일을 하면서 다른 일을 찾아야 한다. 당장 먹고살 수 있어야 하니 실패했을 때 돌아갈 수 있는 곳을 확보해야 한다. 직장에 다니면서 창업을 해야 하는 이유다.

예전에 홍석천이 TV에 나와서 한 말이 생각난다. 가게를 하나 운영하나 열 개를 운영하나 스트레스는 똑같다고 했다. 그는 식당을 여러 개 운영하면서 방송일도 여러 가지 한다. 하루 24시간 안에 해야 하는 일들이다. 하지만 알아서 돌아가는 시스템을 만들어 놓고 사람을 내 편으로 만들어 분업화하면 어렵지 않다. 시스템을 만들어 놓으면 가끔 취미도 즐길 수 있고 해외여행도 갈 수 있다.

지금 하고 있는 일을 하면서 얼마든지 다른 일을 할 수 있으니 생각만으로도 행복하다. 나는 책 쓰기를 통해 나를 브랜딩하고 내가 가지고 있는 지적 가치를 사람들에게 알려 주는 1인 지식 창업을 하고 싶다.

아이가 엄마표 영어를 초등학교 3학년 때 시작하면서 나도 하고 싶은 일이 생겼다. 나는 요즘 엄마표 영어를 코칭해 주시는 원장님에게 수업을 듣고 있다. 수업을 들을 때마다 원장님이 하시는 그 일이 너무 멋져 보였다. 나는 원장님처럼 엄마표 영어 코칭 강사가 되고 싶었다. 그때는 막연하게 유아 국악 강사 일보다 나이 들어서도 할 수 있을 것 같고 힘들지 않아 보였다. 그렇게 지금 5년째 이 일을 하고 있다.

우리 센터에는 원어민을 만나 영어로 말하는 것이 더 편안해 하는 아이들이 많다. 아빠, 엄마는 안 들려도 아이들은 잘 듣는다. 나는 아이들이 영어를 통해 성장하는 모습을 볼 때마다 보람 있는 일이라 생각한다. 엄마표 영어 코칭 시스템이 전 지역으로 확대되어 많은 아이들이 영어로 인해 자유로워지고 자기 꿈을 향해 나아갈 수 있길 바란다.

05

엄마표 영어 프랜차이즈
기업 대표 되기

아이가 영어를 잘했으면 하는 것은 대한민국 모든 엄마들의 바람이다. 어떻게 하면 영어를 잘할 수 있을까? 영어는 하나의 언어이며 의사소통을 하는 도구다. 언어 습득을 위해서는 일정 시간 그 언어에 노출되는 시간이 필요하다. 그렇게 오랜 시간 자연스러운 소리에 노출되다 보면 언어로 소통하는 법을 배운다. 아이들이 태어나면서부터 지닌 능력이다.

영어를 잘하려면 모국어를 잘하는 게 중요하다. 어릴 때부터 배우면 발음이 좋아지기는 한다. 하지만 모국어를 제대로 읽고 해석하지 못하는 아이는 영어능력이 빨리 발전할 리가 없다. 영어책을 읽고 이해하기 위해서는 모국어 이해능력이 선행되어야 한다.

영어를 잘하게 하려면 그런 환경을 만들어 주는 게 최우선이다. 원어민과 24시간을 같이 산다면 모를까, 일주일에 한두 번 원어민에게 수업을 받는다고 영어실력이 늘지 않는다. 영어실력은 노출시간과 비례한다. 때문에 차라리 그 돈으로 영어책을 사서 읽으라고 권하고 싶다. 매일 한 페이지씩 소리 내어 읽어 보는 게 더 효과적인 방법이다.

언어는 처음에는 듣고, 이후 말하기·읽기·쓰기가 편해졌을 때 습득된다. 태어나서 일정 시간 듣기에 익숙해지면 자연스럽게 말할 수 있게 된다. 그러다 문자를 읽게 되며 마지막으로 쓰기가 완성된다. 아이의 수준에 맞는 책의 집중듣기, DVD 보기를 계획 있게 실행하고 완성해야 하는 이유다.

나는 아이에게 어릴 적부터 한글 책을 많이 읽어 주었다. 그래서 자연스럽게 영어 책 읽기도 함께 해 줄 수 있었다. 엄마표 영어를 알기 전부터 책 읽기와 영상 노출의 중요성에 대해 알고 있었기 때문이었다.

그러나 대부분의 엄마들은 영어를 잘하려면 단어는 기본이고 문법도 익혀야 하고 읽기, 쓰기, 듣기, 말하기 무엇 하나 빠져서는 안 된다고 생각한다. 그래서 비싸고 유명한 영어학원에 아이를 등록시키고 열심히 해 주기를 바란다. 하지만 대부분의 아이들은 영어를 배운 지 몇 달 지나지 않아 "단어 외우는 거 싫어. 문법도 너무 어려워."라며 학원에 다니기 싫다고 한다. 대안이 없는 엄마들은 '다른 학원이나 과외를 알아봐야 하나' 하면서 시행착오를 겪는다. 그렇게 영어 사교육에 지쳐 가는 게 현실이다.

영어를 못하면 살아남을 수 없다는 불안감이 엄마들을 사교육 시장으로 내몰고 있다. 시간, 노력, 비용을 들여 영어공부를 하고 있는 아이들에게도 영어는 스트레스 그 자체다. 아주 뛰어난 아이들을 제외하고는 대다수가 학원 전기세 내주러 간다고들 한다. 이 이야기는 엄마들도 공감하는 이야기다.

학원에서 힘들어하는 아이들을 많이 보아 왔기 때문에 내 아이는 다른 방법으로 영어를 공부시키고 싶었다. 그래서 선택한 것이 엄마표 영어였다. 처음 나는 '엄마가 영어를 잘해야 하는 것 아니야? 난 영어 때문에 대학 졸업도 못할 뻔한 사람인데 어쩌지?' 하는 두려움이 있었다. 하지만 우선 부딪쳐 보기로 했다. '시작해 보고 안 되면 다른 방법이 있겠지' 하는 생각으로 행동에 옮겼다.

엄마표 영어에 대한 정보는 사이트 〈잠수네 커가는 아이들〉를 통해 처음 알았다. 우리 아이 일곱 살 때 그렇게 엄마표 영어를 시작했다.

3일 동안 밤낮없이 사이트를 오가며 영어책과 DVD 정보를 찾아 헤맸다. 방대한 자료와 무지를 탓하며 엄마표 영어에 대해 하나씩 알아 가는 시간들이었다. 엄마의 힘듦을 보상이나 해 주듯 아이는 노래를 따라 하고 영어도 몇 마디씩 하기 시작했다. 그런데 바쁜 일이 생기거나 몸이 힘들 때는 책 읽기와 DVD 보기가 제대로 되지 않곤 했다. 한 달 학원비와 맞먹는 비싼 영어책을 들여놓았는데도 거들떠보지 않는 아이를 탓하게 되었다. 그렇게 나는 지쳐 가고 있었다. 서서히 잠수네 영어의 막이 내려짐을 인지했다.

그 이후 하다 말다를 반복하다 이내 포기하고, 학습지 수업으로 바꿔 영어의 끈을 이어 가게 되었다.

엄마표 영어를 진행하고 있던 지인이 힘들어하는 내게 엄마표 영어를 코칭해 주는 곳이 있다는 소식을 전해 주었다. '다시 시작해 볼까?' 하는 마음으로 당장 전화를 걸어 '아이보람' 상담 예약을 했다. 다시 엄마표를 시작하게 된 시점은 아이가 초등학교 3학년 때였다. 일지를 쓰고 진행 상황을 체크 받았다. 그렇게 매주 엄마가 수업을 듣고 와서 코칭 받은 내용을 아이와 실천해 보는 날이 이어졌다.

엄마표 영어를 꾸준히 진행하려면 마음가짐이 중요하다. 나는 힘들 때마다 희망과 용기를 주며 이끌어 주는 존재가 있다는 게 많은 힘이 되었다.

엄마표 영어는 아이 수준에 맞는 과정을 혼자서 정해야 한다. 맞게 가고 있는지를 의심하게 되면 효과를 확신하더라도 믿음이 무너지게 된다. 아이보람은 영어책 선정과 커리큘럼이 정해져 있다. 그리고 먼저 그 길을 간 선배 맘 입장에서 코칭이 이루어진다. 먼저 가 본 경험이 있는 선배가 있으니 믿고 따라가면 성공의 길로 들어서게 되는 것이다.

세계적인 언어학자 스티븐 크라센은 외국어를 어떻게 하면 잘 습득할 수 있는지 연구했다. 그 결과 그는 효과적인 영어 습득 방법으로 '책 읽기'를 들었다. 언어는 학습하는 것이 아니라 습득하는 것이다. 언어는 입력(input) 수단이 듣기, 읽기이고 출력(output) 수단이 말하기, 쓰기다. 이 중 읽기는 효과적인 입력 수단이다. 영어를 잘하고 싶다면 영어책을 읽어야 하는 이유다. 읽고 싶은 책은 스스로 골라서 읽어야 한다. 또한 모국어 실력을 바탕으로 영어도 잘할 수 있다는 것을 잊지 말아야 한다.

적절한 영어 습득 시기는 초등 1~3학년이다. 큰 차이가 없지만 3~5학년 시기를 놓치지 말아야 한다. 영어의 몰입 시기가 3~5학년이라면 한글 몰입 시기는 2~5세다. 이렇게 몰입해야 할 시기에 아이들은 재미있는 것들로 인해 방해를 많이 받는다. 그중 컴퓨터 게임과 스마트폰에 빠진 아이들이 걱정이다. 우리 아이도 컴퓨터 게임을 시작했던 초등 5학년 시절 영어와 멀어졌다.

영어 습득에 정성과 시간, 노력을 들이는 만큼 아이의 영어는 성장한다. 그러니만큼 공부가 아닌 자전거 타기, 수영처럼 훈련하고 습득해 나가길 바란다.

나는 영어의 사교육 바다에서 헤매고 있는 엄마들과 혼자 힘겹게 엄마표 영어를 진행해 나가는 분들에게 희망의 빛처럼 다가가고 싶다. "백지장도 맞들면 낫다"고 했다. 나는 엄마표 영어를 많은 아이들이 함께할 수 있도록 지역마다 센터를 열고 싶다. 엄마와 아이들에게 도움을 주는 멘토가 되고 싶다. 오늘도 나는 프랜차이즈 기업을 설립해서 아이들이 영어로 소통하고 넓은 세상에서 꿈을 마음껏 펼칠 수 있게 해 주는 그날을 상상해 본다.

영역과 범위를
확장해 나가는
부동산 코치 되기

| 이 선 욱 |

이선욱 부동산 전문가, 동기부여가

부동산개발학 석사 학위를 받아 현재 공공기관에서 부동산 개발 및 정책 기획 업무를 수행하고 있다. 꾸준한 집필 활동을 통해 부동산 정보와 지식을 널리 공유하고, 동기부여가로서 흙수저들과 성공을 위한 희망을 나누고자 한다. 저서로는 《죽기 전에 꼭 하고 싶은 것들》이 있으며, 현재 부동산을 주제로 개인저서를 집필 중이다.

01

국내 최고의
부동산 코치 되기

아주 어려서부터 할머니는 내 귓속을 들여다보시며 "이 녀석 귓
구멍이 큼직한 것이 남의 말 참 잘 듣게 생겼네."라고 자주 말씀하셨
다. 아마도 그 말씀의 속뜻은 "실속 없이 다른 사람 말에 휘둘리지 않
도록 주의하며 살아라."였을 것이다. 그런데 할머니 말씀이 내게 주문
으로 작용한 것인지, 나는 타인의 말을 꽤나 잘 듣는다. 팔랑귀라 사
기를 잘 당하거나 한다는 것이 아니라, 상대방의 말을 경청하고 의중
을 신속하게 파악하는 편이라는 뜻이다.

이와 같은 나의 기질과 상위권이었던 성적 덕분에 나는 중학교 짝
꿍에게 공부를 가르쳐 주었다. 그리고 그것을 시작으로 내 인생의 코
칭 역사가 시작되었지 싶다. 나는 수학능력시험을 본 직후부터 사촌

동생에게 수학을 가르쳤다. 대학에 가서는 식당 접시닦이나 공사장 막노동 알바도 틈틈이 하면서 꾸준히 수학 과외를 했다. 대학교 유도 동아리 활동을 하면서 2학년 때는 훈련부장이라는 역할을 맡아 후배들에게 운동을 가르치는 일을 도맡아 했다. 그리고 짧게나마 학원에서 중학생들을 상대로 수학을 강의하기도 했다.

군 입대 이후부터는 내 의도와는 상관없이 조직 내의 서열, 사회적 위계에 따라 후임병, 후배, 직장 동료 등에게 다양한 코치를 해 왔던 것 같다. 그래서 나는 확실히 안다. 가르치는 행위를 통해 결과적으로 나 스스로가 훨씬 더 많이 배우게 된다는 것을.

사촌 동생에게 수학을 가르치며 그 이전에 미처 이해하지 못했던 원리를 그제야 깨우치는 신기한 경험을 여러 차례 했다. 대학교 때는 고등학생 한 명에게 2년 가까이 과외를 해 주면서 나보다 나이 어린 친구와 소통하는 방법을 배울 수 있었다. 그리고 동아리 후배들에게 유도를 가르쳐주고, 각종 대회와 행사를 준비하면서 스피치 능력, 책임감, 리더십 등 일일이 말하기 어려울 정도로 귀중한 것들을 선물 받은 것 같다.

당시의 나는 남다른 능력이라곤 찾아보기 어려웠다. 오히려 사회성이 부족했고 지나치게 예민했다. 무대공포증이 있을 정도로 소심했고 타인 앞에 나서는 것을 끔찍하게 여겼다. 그렇게 부족한 내가 누군가를 코칭해야 하는 입장이 되었던 것이다. 나는 바로 그 시간을 통해 내 약점들을 제대로 다시 볼 수 있게 되었다. 그리고 너무나 감사하게도 누군가를 가르치는 동안 부족함을 꾸준히 채워 나갈 수 있었다. 그뿐만 아니라 스스로 공부하고 독서하는 습관까지 덤으로 얻을 수 있었다.

불과 몇 개월 전, 내가 근무하는 회사에서 있었던 일이다. 부서 막내 직원의 표정이 한동안 좋지 않았다. 그래서 차 한 잔을 하며 이런저런 얘기를 나누어 보기로 했다. 그 후배는 최근 몇 가지 안 좋은 일들로 인해 자존감이 많이 떨어져 있었다. 건강 컨디션까지 좋지 않다는 것을 알게 되었다. 조금이나마 도움이 될까 해서 내 경험담과 업무 노하우 등에 대해 잠깐 얘기해 주었다. 그런데도 여전히 뭔가 부족함이 느껴졌다. 잠시 생각 끝에 좋은 책을 한 권 사줘야겠다고 결심했다. 그래서 평소에 책은 좀 읽느냐고 후배에게 물었더니 거의 보지 못한다고 했다.

나 역시 어릴 때부터 20대 초·중반까지는 내 삶의 무게중심이 나 자신이 아닌 나를 둘러싼 외부에 있었던 것 같다. 그래서인지 항상 타인의 눈치를 살피며 작은 자극에도 심하게 상처받곤 했다. 그러다 보니 자존감이 높을 수 없었고 나만의 목표와 꿈을 갖기도 어려웠다. 하지만 나는 좋은 책을 통해 많은 훌륭한 멘토를 만날 수 있었다. 그리고 그들에게서 끊임없는 코칭을 받아 왔다. 그중에서 '나의 사고와 의식에 대한 결정권은 외부의 환경과 자극이 아닌 바로 나 자신에게 있고, 나의 기분 역시 내 선택에 따라 좌우된다'는 깨달음을 선사해 주었던 너무나 고마운 책을 후배에게 권했다. 그 책은 리처드 칼슨의 《우리는 사소한 것에 목숨을 건다》였다.

그 일이 있은 후 며칠이 흘렀고 그 후배의 표정은 눈에 띄게 밝아져 있었다. 내가 슬쩍 책은 어땠냐고 물으니 너무 좋았다며 함박웃음을 지어 보였다. 내가 예전에 그랬던 것처럼 그 역시 자신의 감정과 생각에 대해 다시 생각하는 계기가 되었다고 했다. 책 한 권을 통해 이렇게까지 좋은 영향을 받을 수 있다는 것이 신기하다는 말까지 남겼다.

그 후배의 변화를 지켜보면서 나 역시 스스로 만족감과 감사함을 느낄 수 있었다. 꼭 의사나 심리학 전문가가 아니어도 진정성 있는 소통과 공감은 적절한 코칭으로 이어질 수 있고, 그 코칭은 타인에게 큰 도움이 될 수 있다. 나는 후배 덕분에 그것을 새삼 깨닫게 되었다.

나는 지난 10여 년 동안 부동산과 관련한 일을 해 왔다. 그래서 매일 부동산에 대해 생각한다. 정부의 부동산 정책에 대해 고민하고, 대규모 택지개발사업의 토지이용계획을 구상하고, 개발계획에 대한 설계를 검토하고, 때론 건설공사를 감독한다. 개발사업과 관련한 다양한 민원에 대응한다. 정부와 지자체 공무원을 상대로 각종 계획에 대해 협의하고 관계 법령상의 인허가를 추진한다. 그 과정에서 간혹 업무상 내 권한 밖의 무리한 요구나 법적으로 불가한 사항을 주문받는 경우가 있다. 그럴 때면 "이 차장님이 부동산 전문가인데 못 한다고 하면 어떻게 하나? 전문가이니만큼 어떻게든 방법을 찾아 달라."라는 볼멘소리를 듣곤 한다.

사실 나는 남들에게 내세울 만큼 부동산으로 큰돈을 벌어 본 적이 없다. 어디에 투자하면 떼돈을 벌 수 있다고 찍어 줄 족집게 능력도, 의도도 없다. 그렇지만 이렇게 가끔 '부동산 전문가'라는 말을 듣곤 한다. 처음에는 과연 내가 전문가라는 말을 들을 자격이 있는가 하고 의구심이 앞섰다. 하지만 업무 경력이 쌓여 갈수록 다양한 경험과 공부를 통해 부동산의 흐름을 읽는 힘이 생겼다. 그리고 부동산과 관련한 다양한 문제를 해결하고 조율할 수 있는 역량과 자신감도 생겼다.

그래서 결심했다. 타인의 소리와 니즈를 잘 듣고 공감하는 내 기질과 성향을 활용하기로. 타인을 가르치고 소통해 본 경험을 최대한 살려 보기로. 나는 국내 최고의 부동산 코치가 되려고 한다.

먼저 현재 준비하고 있는 책 쓰기를 훌륭하게 마칠 것이다. 부동산 입문자, 초보자를 위한 국내 최고의 부동산 해설서를 만들 것이다. 나는 책 출간 준비 과정을 통해 내 지식과 역량이 성장할 것이라 믿어 의심치 않는다.

책 쓰기를 결심한 이후론 매일 읽던 신문, 보도자료, 칼럼은 이제 더 이상 평이하게 보이지 않는다. '기존의 내 지식과 경험을 극대화할 수 있는 내용인지, 책 속에 담을 만한 내용인지' 하고 보게 된다. 그러다 보니 집중도나 진지함이 배가 되는 느낌이다. 그리고 나는 요즘 난생처음으로 20권이 넘는 책들을 책상 옆에 쌓아 두고 틈만 나면 이 책 저 책을 넘나들며 읽고 있다. 20명이 넘는 동료 부동산 전문가들과 쉴 새 없이 인터뷰를 하는 것 같아 꽤나 재미있다.

또한 나를 알리고 소통하는 수단으로 인터넷 카페와 블로그를 운영할 계획이다. 책을 준비하며 정리한 지식과 정보를 다수의 부동산 초보자들과 공유할 것이다. 핫한 부동산 이슈를 알기 쉽게 정리해 신속하게 게시할 생각이다. 그리고 부동산과 관련한 각종 궁금증과 의문사항에 대해 교감하고 적절한 코칭을 해 나갈 것이다. 특히 부동산에 대해 막막함이나 두려움을 가진 분들에게 최대한 알기 쉽게 가이드를 해 줄 것이다.

부동산에 대한 일반 상식에서부터 각종 부동산 공법, 개발 행위와 건축, 세금에 이르기까지 코칭의 범위는 너무나도 다양하게 열려 있다는 생각이 든다. 그리고 좀 더 나아가 부동산, 자기계발, 운동 등을 매개로 대중과 긍정적 영감과 지혜를 나눌 것이다. 그렇게 코칭의 영역과 범위를 확장해 나갈 것이다.

02

작가로
다시 태어나기

　나는 책을 상당히 좋아하는 편이다. 그래서 가방과 책상을 비롯한 내 주변에는 손만 뻗으면 닿을 거리에 여러 책들이 항상 나를 기다리고 있다. 이렇게 책을 본격적으로 가까이하기 시작한 것이 대학생 때부터다. 그러니까 전형적인 후천적 독서 애호가인 셈이다. 조금만 더 일찍이 초등학교나 중학교 때부터 책을 가까이했더라면 내 인생은 어떻게 달라져 있을까. 이런 얄궂은 상상을 요즘도 가끔 하곤한다.

　나는 초등학교 4학년까지 싸움대장으로서 꽤나 이름을 날렸다. 주로 나보다 한 뼘이나 큰 녀석들과 주먹다짐을 벌였다. 교무실로 불려 갈 때마다 내가 듣던 단골 멘트는 "이선욱이 또 너냐?"였을 정도였다. 거기에다가 책이라곤 보지 않던 싸움대장의 공부 실력은 참으로 겸손했다. 간단히 말하면 당시 나는 '공부 못하는 문제아'였던 것이다. 하지만 내 삶은 4학년 겨울방학을 기점으로 완전히 뒤바뀌게 되었다.

광장히 무서웠던 아버지께서 겨울방학 내내 나에게 '공부'라는 낯선 행위를 강요하셨던 것이다. 덕분에 5학년 첫 시험을 평소보다 훨씬 수월하게 치르게 되었다. 그리고 며칠 후 시험 성적이 발표되던 바로 그날을 나는 평생 잊을 수 없다. 담임 선생님께서는 "지금부터 우리 반 1등을 발표하겠다. 선욱이 이리 앞으로 나와 볼래?"라고 하셨다. 나는 담임 선생님이 왜 갑자기 나를 부르시나 어리둥절해하며 교탁 쪽으로 나갔다. 선생님께서는 잔뜩 긴장한 내 어깨를 다정하게 감싸며 "선욱이가 이번 시험에서 우리 반 1등이다. 모두, 박수!"라고 하셨다. 그 짧은 순간에 오만 가지 생각과 감정이 교차했다. 하지만 가장 뚜렷했던 감정은 선생님께서 나를 의심하지 않고 완전히 믿어 주셨다는 가슴 벅찬 고마움이었던 같다. 나는 그날부터 모범생으로 다시 태어났다. 그날 이후, 선생님과 부모님을 실망시키지 않겠다는 기특한 생각이 내 머릿속에 박히게 되었다. 나는 누가 시키지 않아도 수업에 충실했다. 그리고 배운 것을 꼼꼼히 복습했다. 아주 교과서적인 학생으로 완전 변한 것이다.

나는 그렇게 모범생으로 변신해 경남 거제도에서 고등학교까지 마쳤다. 지금 와서 돌이켜 보면 제도권 교육이 나를 완전히 조련했었다는 생각이 든다. 내가 다닌 고등학교는 밤 11시까지 자율학습을 강제로 시켰던 기숙형 학교였다. 매달의 시험 등수는 큼지막하게 학급 게시판에 붙여졌다. 성적이 떨어진 아이들은 교실 앞쪽으로 불려나가 공개적으로 선생님에게 매를 맞았다.

그 당시 나는 매를 맞으면서 '이건 좀 이상하다. 내가 왜 매를 맞아야 하지? 지금 가장 힘들고 속상한 건 바로 나 자신인데…'라는 생각을 했던 것 같다. 나는 성적 때문에 쪽팔리지 않기 위해, 선생님의 매를 피하기 위해 꾸역꾸역 공부했다. 하지만 정작 내 꿈과 미래에 대한 고민과 계획은 어디에도 없었다. 너무나도 안타깝게 내 주변에는 믿고 의지할 만한 멘토도, 키다리 아저씨도 존재하지 않았다.

그렇게 난 모범생 모드를 끝까지 유지하며 불굴의 의지로 서울 소재 대학교에 입학하게 되었다. 한동안 묵은 숙제를 마친 느낌에 홀가분했다. 완전히 새로운 환경에 자유로움을 느낄 수 있었다. 그런데 그 기분은 오래가지 않았다. 전공 공부에 대한 흥미는 점점 떨어졌다. 그러곤 뒤늦게 찾아든 '나는 어떻게 살아야 하는가? 내 성격은 왜 이럴까?' 등의 철학적 의문이 날이 갈수록 커져 갔다.

나는 어릴 때부터 그다지 평화롭지 못했던 가정환경 탓에 유독 눈치를 많이 살폈던 것 같다. 선천적인 기질도 예민한 편인 데다 습관처럼 촉각을 곤두세우고 있었다. 그래서인지 작은 갈등이나 자극에도 내 감정과 기분은 심하게 변덕을 부렸다. 예를 들어, 가까운 친구와 가벼운 언쟁을 한 날이면 그때부터 몇 날 며칠을 거기에 꽂혔다. 머릿속이 온통 그때의 생각으로 분주해졌다. '그 친구는 왜 나한테 이런 말을 했을까? 나를 평소에 무시했던 건가? 아니면 나를 싫어했던 걸까? 지금이라도 가서 물어볼까? 어떻게 해결하면 좋을까?' 이런 식의 생각이 꼬리를 물어 다른 일에 집중하기 어려울 정도였다.

지금의 나라면 지금 당장이라도 전문의를 찾아가 상담부터 받아봤을 것이다. 하지만 당시 나는 친한 친구에게 조차 이런 고민을 말하는 것이 왠지 부끄럽게 느껴졌던 것 같다. 그래서 스스로 나의 고민과 문제점 등을 제대로 알아보자고 생각했다. 그래서 나는 틈만 나면 중앙도서관에 처박혀서 관련된 책들을 찾아 읽었다.

처음엔 무작정 이 책 저 책을 뒤지듯 읽었다. 하지만 차츰 요령이 생겼고, 읽고 싶은 책들이 꼬리를 물며 나를 기다리고 있음을 깨달았다. 그렇게 다양한 책들을 읽으면서 내 안의 상처와 문제점이 많이 치유되었다. 부족하다고 느꼈던 요소들도 상당 부분 채웠다. 그래서 나는 책을 좋아하게 되었다. 나는 책에게 고마움을 느낀다. 배움의 대상이라 생각하기 때문에 열심히 추종한다. 아마도 그때부터 언젠가는 필자가 되어 내가 도움을 받았듯이 다른 사람들에게 조금이나마 도움을 주고 싶다는 소망을 품었던 것 같다.

군대 제대 이후 소처럼 취업을 위한 스펙을 쌓는 밭갈이를 성실히 해 나갔다. 그리고 그 덕분에 부동산 관련 공기업에 입사하게 되었다. 그러곤 부동산 개발·도시계획 등 부동산 관련 업무를 하면서 자연스럽게 부동산에 대한 거시적인 이해를 공고히 할 수 있었다. 그 외 각론적인 궁금증은 독서와 공부를 통해 채워 나갔다.

나는 올해로 근속 연수가 15년 차가 되었다. 업무를 통해 다양한 사람들을 만나고 주변 지인들과 많은 대화를 나누었다. 그러면서 내가 자주 느꼈던 것은 '부동산에 문외한인 사람들이 너무나 많다'는 것이다. 그 무지 때문에 본인 토지에 대한 재산권을 제대로 행사하지 못하는 경우도 있었다. 또한 주택청약제도조차 엉뚱하게 알고 있는 사람들이 의외로 많았다. 그때마다 나는 이런 분들을 위한 '아주 쉬운 부동산 해설서가 있으면 좋겠다.'라는 생각을 하게 되었다.

그동안 나는 업무능력과 사회성을 나름대로 인정받아 비교적 원활히 승진하고 중간관리자로 자리매김했다. 그런데 그걸로 끝이었다. 연차가 쌓일수록 커져만 가는 공허함은 채워지지 않았다. 새로운 삶을 기대하며 재테크 공부도 했다. 그렇게 부동산 투자로 재미도 좀 보았다. 하지만 2년 전 나의 경솔한 결정 때문에 경제적으로 큰 손해를 보게 되었다. 그 탓에 혹독한 슬럼프에 빠지게 되었다. 좌절감과 불안감으로 견디기 괴로운 날이면 술에 의지해 잠을 청하곤 했다.

그러던 중에 문득 대학생 시절 도서관에 처박혀 책을 탐독하며 당시의 나의 심리적 불안감 등을 스스로 치유했던 경험이 떠올랐다. 나는 그 즉시 적당한 책들을 찾아 읽기 시작했다. 그 책들 속에서 나와 비교할 수 없을 정도로 어려운 시련을 견디고 극복해 성공의 계기로 만든 주인공들을 만날 수 있었다. 자연스럽게 나 자신을 다시 진단하고 제대로 돌아보게 되었다. 무엇보다 긍정적인 마인드와 의식 확장을 통해 재도약의 발판을 만들 수 있었다. 의식 개선의 효과 때문인지 오랫동안 지루하게 이어 오던 담배와의 인연도 완전히 정리할 수 있었다. 잊을 만하면 마주했던 폭음 후의 살인적 숙취도 이제는 낯설었다.

나는 책을 통해 스스로를 치유하고 의식까지 개선하는 아주 값진 경험을 두 번씩이나 하게 되었다. 그것을 계기로 나는 그동안 막연하게나마 동경했던 작가의 꿈을 실현시켜 보기로 결심했다. 먼저 앞서 언급한, 알기 쉬운 부동산 해설서를 내놓아 많은 사람들에게 도움이 되고자 한다. 그동안 부동산과 관련한 다양한 경험을 통해 배우고 익힌 지식과 지혜를 알기 쉽게 집약해 이를 필요로 하는 사람들에게 아낌없이 나누어 주려고 한다. 단 한 권으로 그치지 않고 이후에는 좀 더 심화된 부동산 서적을 비롯해 자기계발, 자기관리, 동기부여 등에 대한 저서도 출간할 것이다. 이로써 과거의 나처럼 방황하는 젊은 이들에게 따뜻한 도움이 되기를 기대한다.

그리고 내 끝판의 목표는 훌륭한 부동산 전문가, 현명한 동기부여가가 되어 사회적 약자들에게 아낌없이 도움을 주는 삶을 사는 것이다. 또한 나는 반드시 내 꿈을 이루어 이 시대의 선하고 현명한 멘토가 될 것이다. 그리고 상당한 부자가 될 것이다. 그렇게 이 시대의 소외된 흙수저들에게 성공을 위한 지식과 희망을 전하고 자유와 부(富)를 나누며 인생을 풍요롭게 마감하고 싶다.

03

직접 건물 짓기

나는 경상남도 거제시에서 어린 시절을 보냈다. 거제도 앞바다가 그리 멀지 않은 곳에 위치한 빌라의 2층이 바로 우리 집이었다. 당시 그 건물은 연탄보일러 난방을 하고, 엘리베이터가 없는 것이 당연해 보일 정도로 낡고 초라했던 것으로 기억된다. 아랫집이나 윗집에서 부부싸움이라도 하는 날이면 그 싸움을 생중계로 들을 수 있었다. 그 정도로 이웃 간의 문턱을 낮추고 정을 돈독하게 해 주는 그런 건물이었다.

웬지 도시적이고 웅장해 보이는 새 아파트가 궁금해질 때면 아무런 이유 없이 그 아파트에 들어가서 엘리베이터를 타고 놀곤 했다. 그러다 몇 번은 아파트에 사시는 어른들한테 걸려서 흠씬 야단을 듣고 쫓겨났던 기억이 있다. 당시 우리 식구는 할머니까지 다섯 명이었다. 크기가 작긴 했지만 우리 집 방 갯수는 3개였다. 그나마 그중 하나는 사글세로 다른 사람에게 내주고 있었다. 그래서 대략 내 나이 열 살 때까지 할머니, 나와 형이 한 방에서 부모님이 다른 한 방에서 북적대며 지냈다.

나중에는 사글세 방이 형과 나의 공부방으로 바뀌었다. 그 덕분인건지 중학교를 나쁘지 않은 성적으로 졸업할 수 있었다. 그리고 기숙형 고등학교로 진학하면서 집에는 주말에만 다녀갔다. 내가 고등학교 2학년이던 어느 날, 아버지께서는 우리 집이 조만간 이사를 간다고 하셨다. 그것도 부모님이 건축주가 되어 직접 지으신 새집으로 간다는 것이었다. 사실 그 집은 정원이나 마당이 있는 근사한 집은 아니었다. 하지만 한동안 아파트나 빌라가 아닌 단독주택에서 산다는 것이 마냥 신기하기만 했다.

내가 아주 어려서부터 부모님은 맞벌이를 하셨다. 두 분 모두 항상 새벽 시간에 일어나 출근하셨다. 그러면 나는 늦은 저녁 시간에야 두 분의 얼굴을 뵐 수 있었다. 그렇게 부모님은 참 성실히도 저축하셨다. 그리고 어떻게 그런 생각을 하셨는지 모르겠지만 직접 토지를 매입하시고 건축주가 되어 2층짜리 집을 지었던 것이다. 지금은 고인이 되신 어머니와 거제도에 계시는 아버지께 새삼스럽지만 박수를 보내드린다.

현재 네 식구의 가장인 나는 역시나 아파트에서 살고 있다. 그리 넓지는 않지만 방 3개, 화장실 2개를 우리 네 식구가 온전히 사용하고 있으니 큰 불편함은 없다. 요즘에는 아이들이 잠잘 때 무섭다며 밤마다 엄마 옆으로 몰려온다. 그 통에 오히려 아이들 2층 침대가 있는 방은 거의 빈방이나 다름없다. 그리고 최근에 우리 식구들에게 큰 변화가 있었다. 바로 결혼 후 9년 만에 처음으로 이사를 했다는 것이다. 그것도 16층에서 1층으로!

지난 9년간을 높은 곳에 두둥실 떠서 살다가 대지에 내려앉은 소감을 간단히 정리하자면 다음과 같다. 일단 출입이 굉장히 편하고 신속하다. 아이들과 자전거라도 타러 나갈 때면 엘리베이터를 타고 내리는 불필요한 과정 없이 바로 직행이 가능하다는 말이다. 그리고 새소리, 매미소리를 가까이서 들을 수 있어 간혹 여기가 펜션 같다는 기분이 들 때도 있다. 또한 발코니 앞쪽의 화단과 연결될 수 있도록 간이계단만 설치하면 훌륭한 전용마당을 확보할 수 있다. 여기를 잘 정리해서 아이들과 꽃도 심고 상추 같은 채소도 심을 작정이다. 무엇보다도 좋은 것은 아직 어린 두 아이들이 완전히 자유롭고 신나게 원 없이 뛰어놀 수 있다는 것이다. 아래층으로부터 민원을 받는 걱정은 안 해도 되었다. 물론 내가 개인적으로 느끼는 몇몇 단점도 있다. 하지만 개인 라이프 스타일에 따라 다르게 느낄 수 있는 여지가 크기 때문에 굳이 언급하지 않겠다.

아파트 1층에서 살면서 다시 한 번 크게 느끼는 것처럼, 결론적으로 나는 땅을 밟으며 아이들이 마음껏 뛰어놀 수 있는 집에서 살고 싶다. 《아파트와 바꾼 집》에서 박철수 교수님은 본인이 직접 지어 살고 있는 마당이 있는 집, 단독주택에서의 일상에 대해 "아침에 일어나면 대문 우편함의 신문을 가지러 나가며 마당을 둘러보는 것이 자연스러운 일과가 되었다. 조금 더 자란 듯 보이는 나뭇잎을 확인하고 잡초 몇 개 뽑고 나서 식당 앞 테라스에 앉아 신문을 훑어보는 시간이 늘어나고 있다. (중략) 집에 머무는 시간이 점점 길어지고 있다. 서재에서 일하다가 문득 창밖의 울창한 스트로브 잣나무 가지를 헤아리고, 잠깐잠깐 마당으로 나가 풀밭을 둘러보다가 다시 서재에 들곤하는 하루가 의외로 편하다. 새로운 삶이 별건가, 사소한 것들의 모임이 일상이고 일상이 삶이다. 작은 일상의 변화와 함께 매일의 삶이 달라지고 있음을 느낀다. 집짓기로 얻은 것은 마당만이 아니라 새로운 삶의 방식인 것이다."라고 표현했다.

나는 스스로 설계한 삶을 특별하고 멋지게 살고 싶다. 하지만 또 다른 한편으로는 내가 너무나 사랑하는 가족들과 함께 평화롭고 충만한 일상을 보내고 싶다. 내가 생각하는 그 평화로운 일상이 앞서 박철수 교수님께서 표현하신 단독주택에서의 그것과 너무나 닮아 있다. 결국 나는 버킷리스트 중 하나인 '직접 건물 짓기'를 통해 마당뿐만 아니라 평화롭고 여유로운 일상을 가장 우선적으로 얻고 싶은 것인지 모른다.

살기 좋은 단독주택을 짓기 위해선 우선 아이들 교육 여건을 감안하고, 아내와 나의 직장 접근성을 고려한 적당한 토지를 찾아야 한다. 이왕이면 각종 생활 편의 시설을 갖춘 시가지가 좋겠다. 그렇다면 택지개발지구 내 단독주택 용지가 제격이라는 생각이 든다. 그러곤 실력 있고 믿을 만한 건축가를 신중하게 선정할 것이다. 충분한 설계비를 지불하고 아내와 내가 원하는 주택 콘셉트를 주문할 것이다.

지금 같아선 절제의 미가 있으면서 온화한 느낌의 집이면 좋겠다. 그리고 건축 허가, 시공과정, 준공까지 일련의 건축과정을 직·간접적으로 배울 작정이다. 이후에 점포 겸용 주택, 다세대주택, 상가건물 건축에도 계속 도전하고 역량을 키워 나갈 것이다. 그래서 또 다른 내 꿈인 부동산 전문가로서의 밑거름으로 활용하고자 한다.

04

50세 전에
독립하기

'새벽 3시, 악몽에 시달리다 벌떡 잠에서 깬다. 온몸은 이미 식은 땀으로 젖어 있다. 잠에서 깬 나는 내일 닥칠 회사일 걱정에 잠을 이어 가지 못한다.'

입사 3~4년 차쯤의 내 모습이다. 그 당시 나는 화장실에 갈 시간도 없을 정도로 분주하게 일했다. 아침 8시가 안 된 시각에 사무실에 도착해 미리 현장을 돌아보고, 그날 있을 중요한 일들에 대비했다.

일과 시간은 말 그대로 전쟁이었다. 잔뜩 독기를 품은 민원인들이 수시로 사무실에 찾아와서는 한바탕 난동을 피웠다. 협력업체는 약속한 업무 일정을 지키지 못하는 경우가 많았다. 그로 인해 나는 상사로부터 질타를 받곤 했다. 나를 도와줄 근무인력은 턱없이 부족했다. 함께 근무하는 상사는 승진만 생각하며 혼자만의 세계에 빠져 있었다. 이때 처음으로 진지하게 회사를 그만두어야겠다는 생각을 했다.

나는 멀리 지방에서 고등학교를 마쳤다. 그러곤 서울에서 대학교 생활을 시작하게 되었다. 서울은 완전히 새로운 곳이었다. 말투, 환경은 두말할 것 없을뿐더러 정서까지도 꽤나 달랐다. 만나는 사람들이 완전히 달라졌고 보고 배우는 것도 새로움의 연속이었다.

그런데다 나는 혼자였다. 모든 것을 스스로 결정해야 했다. 그래서인지 서울에 와서 한동안 정신적으로 꽤나 힘들었다. 고등학교 때까지 생각해 볼 겨를도 없었던, 나 자신과 인생에 대한 고민이 한꺼번에 밀려왔던 시기였다.

여러 가지 고민들 중 하나가 '어떻게 살 것인가?'라는 것이었다. 그 질문의 중요한 요소 중 하나가 '어떤 경제적 주체가 되어 어떻게 소득을 창출할 것인가?'였다. 여기에서 중요한 것은 그 고민의 본질이 어느 직장에 취업하느냐가 아니었다는 것이다. 앞으로 어떤 일을 하고 싶은가였다는 것이다. 하지만 군대를 제대한 이후의 나의 모습에서는 앞서 언급한 고민의 흔적은 보이지 않았다. 오로지 취업에 대한 목마름과 스펙을 쌓기 위한 노력만이 있을 뿐이었다.

군대에 입대하기 몇 달 전의 일로 기억한다. 거제도에서 함께 상경한 친구와 소주잔을 기울이며 이런저런 얘기를 나누었다. 여자친구부터 음악, 군대 등을 거쳐 조금은 진지한, 미래에 대한 얘기로 옮겨 갔다. 내가 먼저 친구에게 "A야, 넌 무슨 일을 하고 싶노?"라고 물었다. 그런데 그 친구는 황당하다는 표정으로 내게 "무슨 일이라니? 취업해 야지! 니는 취직 안 할라고?"라고 되묻는 것이었다. 그 친구가 황당해 하는 것 이상으로 나도 당황했다. 나는 그때까지 무슨 일을 할 것인 가만 고민했지, 취업에 대해서는 단 한 번도 생각해 본 적이 없었기 때문이다.

나는 올해로 14년 차 직장인이다. 4년 차쯤에 퇴사를 고민했던 바로 그 회사에서 내리 10년을 더 근무했다. 4년 차 때의 고비만큼은 아니지만 회사를 때려치우고 싶다는 생각은 시간이 흘러도 여전히 가시지 않는다. 용기를 내어 아내와 진지하게 대화를 시도한 적도 있다. 아내는 처음엔 당황해하는 기색이 역력했다. 그러나 차츰 나를 이해하는 눈치였다. 그리고 나를 믿는다는 고마운 말까지 해 주었다. 하지만 마흔 살이 넘어, 두 아이의 아빠가 되는 사람이 취할 수 있는 노선은 거의 정해져 있었다.

지금의 직장은 누가 보더라도 현재 대한민국 사회에서 꽤나 경쟁력이 있다는 것을 부인할 수 없다. 많지는 않지만 적다고도 할 수 없는 급여, 적당한 업무 강도, 나쁘지 않은 사회적 인식, 거기다 60세 정년 보장까지 생각한다면 쉽게 포기하기 어려운, 장점이 많은 곳이다. 그래서 회사 내 많은 선배들처럼 '조직에 순응하며 가늘고 길게 적당히 편안하게 살까?'라는 달콤한 유혹을 문득문득 느끼곤 한다.

하지만 내 안의 깊은 곳에서 소망하는 나만의 특별한 삶을 외면할 수 없다. 나는 내가 스스로 설계한 나만의 특별한 삶을 꿈꾼다. 그 간절히 꿈꾸는 삶은 '부(富), 자유와 나눔'이라는 세 가지 축으로 구성되어 있다. 그래서 내가 꿈꾸는 삶을 제대로 살아가기 위해서는 뭔가 새로운 것을 준비하지 않으면 안 된다.

지금 돌이켜 보면 모든 면에서 어설프기 짝이 없던 30대 초반 시절부터 '자유'에 대해 떠들고 다녔다. 내 인생의 최고의 가치는 자유라며 나는 자유를 꿈꾼다는 소리를 입버릇처럼 했던 것 같다.

사실 그즈음 자주 만나서 이런저런 얘기를 나누던 대학 선배님이 한 분 계셨다. 그 선배는 직장에서 무역 업무를 몇 년간 하고는 과감히 퇴사했다. 그러곤 평소 구상해 오던 나름의 사업을 혼자 시작해 이미 자리를 잡은 상황이었다. 그 형님을 만나면 주옥같은 얘기를 너무나 많이 들을 수 있어 좋았다. 그래서 일부러 시간을 만들어 찾아가기도 했던 것 같다. 그 선배가 자주 말하는 레퍼토리 중 하나가 바로 '경제적 자유, 시간적 자유, 공간적 자유'를 조기에 달성해야 한다는 것이었다.

그 선배에게서 많은 자극을 받아서인지, 20대 후반부터 공격적으로 주식과 부동산에 투자해 왔다. 대략 2007년부터 상당히 큰 액수를 주식에 투자했었다. 달리는 말 위에 올라탄 듯 한동안은 기분 좋은 성적이 나왔다. 이렇게만 간다면 조만간 경제적 자유를 이룰 수 있을 것 같았다. 그런데 2008년 미국발 경제위기가 터지면서 그 꿈도 함께 무너졌다.

이후 간신히 어느 정도 수습을 하고 2009년 11월에 결혼하게 되었다. 그리고 4년 만에 두 아이의 아빠가 되었다. 그리고 몇 차례 부동산에 투자해 나름의 성과를 볼 수 있었다. 하지만 몇 년 전, 나의 잘못된 투자로 인해 상당한 금액의 돈이 묶이게 되었다. 거기에다 100만 원 가까운 대출이자를 매달 은행에 갖다 바쳐야 하는 상황이 되고 말았다. 경제적인 타격도 컸지만, 정말 괴로웠던 것은 정신적인 좌절이었다.

하지만 지금 생각해 보면 그 시련을 겪으면서 많은 것들을 배울 수 있었던 것 같다. 교만했던 나를 반성하게 되었고 내 부족한 점들을 다시 돌아볼 수 있었다. 시련과 깨달음, 배움의 점들이 연결되어 결국 나를 책 쓰기까지 인도해 주었다는 생각이 든다. 인생에 대해, 진정으로 내가 희망하는 꿈에 대해 진지하게 생각하게 되었다. 그리고 도전할 수 있는 긍정적 사고와 의식 개선을 이루었다. 그리고 따뜻한 가족의 응원이 함께한다.

나는 조직에서의 독립을 소망한다. 1인 지식 창업을 통해 소득과 사회적 가치를 창출할 것이다. 과거의 나도 똑같은 퇴사를 꿈꾸었다. 하지만 그때는 회사에 대한 불만과 염증 때문이었다. 제대로 적응하지 못하는 내 성격과 낮은 의식수준 때문이었다. 그래서 내가 희망한 것은 독립이 아니라 도피에 가까운 것이었다는 생각이 든다.

하지만 지금 내가 꿈꾸는 독립은 확연히 다르다. 먼저 내 삶에 대한 비전을 수립했다. 나는 선하고 현명한 부자가 되어 흙수저들과 성공을 위한 지식과 희망을 나눌 것이다. 그 일환으로 먼저 부동산을 주제로 책을 출간할 것이다. 그리고 부동산 전문가, 작가, 강연가로서 가치를 창출하고 사회에 공헌할 것이다.

05

개인저서
20권 출간하기

　과연 어떤 사람이 책을 쓰는 것일까? 책 읽기에 재미를 붙인 이후로 내내 궁금해했던 부분이다. 다양한 책을 읽으면서 자연스럽게 책 쓰기에 관련한 책들도 접하게 되었다. 그러곤 '나도 할 수 있지 않을까?'라는 생각을 갖게 되었다.

　《김 대리는 어떻게 1개월 만에 작가가 됐을까》에서는 개인저서를 써야 하는 이유를 "첫째, 책 쓰기는 나를 발전시키는 최고의 공부법이다. 둘째, 책 쓰기를 통해 생각과 지식을 구체적으로 체계화시킬 수 있다. 셋째, 책 쓰기는 사회의 공익에 도움이 된다. 넷째, 책 출간의 기쁨은 자신에게 자부심을 안겨 줄 뿐 아니라 평생 잊히지 않는다."라고 정리했다. 그렇다면 내게 있어 책 쓰기의 목적은 무엇일까?

어린 시절 나는 책 읽기를 싫어했다. 당시 부모님은 맞벌이를 하셨기 때문에 항상 바쁘셨다. 덕분에 나는 매일 원 없이 밖에서 뛰어놀 수 있었다. 들개처럼 뛰어다니다 배꼽시계가 울리면, 잠깐 집에 들러 허겁지겁 배를 채우곤 다시 곧장 밖으로 나갔다. 지금 생각해 보면 우리 동네 아이들의 놀이문화는 상당히 자연친화적이고 생활밀착형이었던 것 같다. 우리들은 몰려다니며 메뚜기를 잡고, 개구리도 잡았다. 때론 뱀도 때려잡았다. 그리고 온 동네를 돌아다니며 빈 병을 줍고 쇠붙이를 모아 고물상에 팔기도 했다.

주변에서는 누구 하나 내게 책을 읽어 보라고 진지하게 권하지 않았다. 나는 집 밖에서 신나게 놀고, 집에 들어와서는 TV 속 세상에 빠져들었다. 어른들이 보는 일일 드라마를 참 열심히도 보았다. 음악 방송도 빠뜨리지 않고 애청하며 트로트를 신나게 따라 불렀던 기억이 난다. 가정형편이 넉넉하지 못해 취학 전 유치원은 다니지도 못했다. 그러니 책을 접할 계기는 더욱 없었던 것 같다. 자연스럽게 초등학교에 입학할 때까지 한글을 깨우치지 못했다. 그렇게 글을 읽지 못하는 상태로 초등학교에 입학하게 되었다.

한참 나중에 어머니가 말씀하시길, 형은 여섯 살에 한글을 깨우쳐서 학교에 가기 전부터 책을 좋아했다고 한다. 그런데 막상 학교에 입학하고 나니, 학교 수업이 너무 쉬워 재미가 없었다고. 그래서인지 오히려 수업에 적응을 못해 힘들어했었다고 한다. 그래서 의도적으로 내게는 한글을 못 익히게 하셨다나….

한글에 자신이 없으니 받아쓰기 시간은 내겐 곤혹스런 시간이었다. 나는 받아쓰기를 제대로 못해서 매번 꾸중을 들어야 했다. 그래서인지 책 읽기를 더욱 멀리하고 싶었던 것 같다. 국어 수업시간이면 선생님께서는 으레 그날 날짜에 해당되는 번호를 호명해 교과서를 소리 내어 읽게 하셨다. 어쩌다 날짜와 내 번호가 일치라도 하는 날이면 나는 몹시 긴장해야 했다. 원래 내성적인 면이 강한 데다, 글 읽기가 어려웠던 내게 큰소리를 내어 책을 읽는다는 것은 너무나 버거웠다.

책 읽기에 대한 두려움과 극도의 긴장은 나를 멍청이로 만들었다. 책을 읽는 내내 자주 더듬거렸다. 눈으로 보는 것과는 달리, 입에서는 엉뚱한 소리가 튀어나왔다. 난독증이 있는 것처럼 줄을 바꾸어 읽어 결국 공개적인 웃음거리가 되었다. 이 같은 일이 있을 때마다 나는 크게 상처를 받고 괴로워했다. 그로 인해 점점 더 위축되고 책과의 인연은 멀어져만 갔다.

책 읽기에 재미를 붙이기 시작한 건 수능 준비로 한창 분주하던 고등학교 3학년 시절이었다. 너무 공부하기 싫은 날엔 선생님 눈을 피해 딴 짓을 하고 싶은 충동이 강하게 일곤 했다. 당시까지만 해도 자타 공인 모범생이었던 내가 선택한 딴 짓은, 바로 소설 읽기였다.

그런데 왜 하필이면 10권이 넘는 대하소설이었을까? 조정래 작가의 《아리랑》을 읽기 시작한 것이다. 어쩌나 재미있었던지, 어느새 나는 문학 소년으로 변해 있었다. 마치 영화나 드라마를 보듯이 소설

속 사건 전개에 푹 빠졌다. 주인공이 울면 나도 함께 울었다. 등장인물이 억울하게 죽기라도 하면 마음이 너무 아파 식욕이 떨어질 정도였다.

그렇게 책과 가까워진 나는 대학교에 가서도 많은 책을 꾸준히 읽었다. 그런데 소설과는 달리 의무감으로 읽는 경우가 꽤나 많았던 것 같다. 눈으로 텍스트는 읽고 있지만 집중하지 못하거나 제대로 이해하지 못해서 머리에까지 전달되지 못하는 경우가 종종 있었던 것 같다. 그래도 우직하게 책 읽기를 계속했다.

스물두 살이 되던 해인 1999년 3월, 나는 군에 입대했다. 강원도 양양에 소재한 포병부대에서 근무하게 되었다. 군 생활 중 나를 가장 힘들게 한 것은 고된 훈련도 고참의 갈굼도 아니었다. 그것은 바로 불합리한 조직문화와 관습이었다. 예를 들어, 병장 한 명이 후임병으로 인해 기분 나쁜 일을 겪었다는 이유로 후임병 전체를 말도 안 되는 시각에 집합시켜 괴롭히곤 했다. 그것으로 끝나는 것이 아니라, PX 출입을 통제하고 세탁기 사용을 금지시켰다. 순간순간 나도 모르게 인간에 대한 환멸과 증오가 울컥거렸다. 하지만 유별나 보이지 않기 위해, 고문관(주로 군대에서, 어수룩한 사람을 놀림조로 칭하는 말) 소리를 듣지 않기 위해서 참고 또 참았다.

관심사병으로 찍히는 것보다야 낫지 싶어 모범 이등병 모드로 순탄히 군 생활을 해 나갔다. 그렇게 무사히 일등병으로 진급하고 내

밑으로 후임병이 들어왔다. 그때부터 슬슬 책이 읽고 싶어졌다. 그래서 입대 동기에게 슬쩍 "내무반에서 책을 읽어도 될까?"라고 물었다. 그랬더니 "안 돼! 상병부터 볼 수 있는 거라더라."라는 대답이 돌아왔다.

그 후로 며칠 동안 눈치를 살피다가 모르는 척하고 책을 꺼내서 읽기 시작했다. 내무반을 지나다니던 고참병들의 곱지 않은 시선을 느낄 수 있었다. 하지만 나는 아무렇지도 않은 척 계속 책을 읽었다. 약간 불안한 마음은 있었지만, 자유 시간이면 나는 습관처럼 책을 읽었다. 그리고 얼마 지나지 않아 다른 후임병들도 나를 따라 책을 읽기 시작했다.

시간은 흘러 제대를 며칠 앞두었을 때의 일이다. 후임병 하나가 뜬금없이 내게 감사하다고 말했다. 나는 약간 당황하며 뭐가 고맙냐고 되물었다. 그랬더니 후임은 "이 병장님 덕분에 후임병들이 편하게 책을 읽게 된 거 다 알고 있습니다. 그러니 감사합니다!"라고 대답했다. 기분이 아주 묘했다. 고생하는 후임병들을 위해 가치 있는 일을 했다는 사실에 뿌듯했다. 그리고 그 가치가 나의 작은 용기에서 비롯되었다는 것이 더욱 나를 기분 좋게 했던 것 같다.

이 사건이 계기가 되었을까? 나는 특히 불합리한 것을 개선하고자 목소리를 내는 편이다. 군대 제대 후 대학교생활을 하는 동안에도 그러했고, 회사에 들어와 조직생활을 하는 동안에도 그러하다.

직장생활을 하는 동안에도 꾸준히 독서를 했다. 부동산, 경제 관련 도서도 꾸준히 읽었지만, 조금 더 집중했던 쪽은 오히려 인문학이나 철학 등을 다룬 책이었다. 덕분에 삶의 목적과 꿈의 필요성을 충분히 이해할 수 있게 되었다. 하지만 당시의 의식수준은 그리 높지 못했다. 그러다 보니 내 주변과 일상에 대한 불평불만을 달고 살았다. 습관적으로 부정적인 생각을 하고 푸념을 늘어놓곤 했다.

나는 안타깝게도 비교적 안정적인 직장 울타리 안에 안주하며 어두운 안경을 낀 채로 30대를 보낸 것 같다. 그러다 30대 후반에 겪게 된 경제적 시련이 내 삶의 터닝 포인트로 작용했다. 그때부터 나는 본격적으로 자기계발서를 읽게 되었다. 그래서 긍정적 사고와 의식 확장의 필요성을 절실하게 느끼게 된 것이다.

책의 매력과 나만의 긍정적 기질, 거기에 확장되고 개선된 나의 의식과 꿈이 합쳐져 나로 하여금 책을 쓰게 하는 것인지도 모르겠다. 책을 통해 내 목소리를 내고 도움이 필요한 이들에게 조금이나마 선한 영향력을 미치고 싶다.

우선은 부동산 관련 책을 쓰려고 한다. 특히 부동산에 대한 이해가 부족한 분들에게 보다 쉬운 해설을 전하고, 꼭 필요한 지식을 쉽게 알리고 싶다. 한 권으로 그치지 않고 계속해서 부동산 관련 책을 쓸 계획이다. 꾸준히 독자들과 소통하며 보다 유익한 저서를 만들어야겠다. 그리고 향후에는 분야를 확장해 성공학, 자기계발 등에 관련한 책 쓰기에 도전하겠다. 부동산 공부와 성공학, 자기계발은 개별적인 듯 보이지만 묘하게 연결되어 있다는 것을 잘 안다. 그렇기 때문에 충분히 가능하리라 생각한다. 20권의 저서를 낸 작가가 되기 위해 오늘도 나는 유쾌하게 노력하고 있다.

두려워하지 말고
항상 도전하며
많은 경험하기

| 문 소 현 |

문소현 대학생, 여행가, 자기계발 작가, 동기부여가

도전은 새로운 것을 경험할 수 있게 하며, 미처 생각하지 못한 것들을 알게 해준다. 아무 일도 하지 않으면 잃을 것도 없지만, 얻을 것도 없다는 것을 알기에 오늘도 아름다운 도전을 하고 있다.

01

볼리비아 우유니
사막 여행하기

사람들에게는 휴식이 꼭 필요하다. 잠으로 휴식을 취하는 사람, 술을 마셔서 스트레스를 푸는 사람, 쇼핑으로 휴식을 취하는 사람이 있듯이 대부분 사람들은 그들만의 '쉼'이 있다. 이렇게 적절한 휴식을 취함으로써 지친 일상에 더 활력을 불어넣어 줄 수 있다.

나에게 휴식은 '여행'이다. 여행은 그것을 계획, 실행하고 추억으로 기억될 때까지 나의 삶의 큰 에너지를 주기 때문이다. 그러므로 나는 학생일 때 가능한 방학 때마다 여행을 하려고 노력 중이다. 여행에서 가장 설렐 때는 바로 준비기간이다. 여행의 목적지를 설정하고, 구체적인 일정을 짤 때가 기대감으로 부풀어서 설렘이 극대화된다. 그리고 그 설렘이 일상을 좀 더 파이팅하며 살아가게 도와주는 것 같다.

세상은 넓고 내가 가고 싶은 곳은 정말 많다. 하지만 그 많은 나라 중에서 한 곳, 죽기 전에 꼭 가보고 싶은 곳을 뽑자면 바로 남아메리카의 볼리비아다.

볼리비아는 남아메리카 중서부에 있는 나라다. 이곳을 가고 싶은 이유는 단 한 가지, 우유니 소금 사막을 보기 위해서다. 볼리비아의 우유니 소금 사막은 세계 최대의 소금 사막으로 볼리비아를 상징하는 대표적인 장소다. 안데스 산맥의 영향으로 해발 3,653m에 위치해 있고 총 넓이는 12,000km²인 거대한 사막이다. 우유니 소금 사막은 우기에 빗물이 하늘을 비춰 마치 거울을 마주보고 있는 것 같은 착시 효과를 일으키면서 '세상에서 가장 큰 거울'로 불린다. 우기 때 우유니는 풍경 자체가 자연이 만든 스튜디오라는 말을 들을 정도로 아름답고 신비롭기 때문에 이곳에서 찍은 사진은 바로 '인생샷'이 될 수 있다. 우기는 보통 우리나라 겨울인 12~3월 경, 건기는 7~8월인데, 건기 때 가면 거북이 등껍질처럼 갈라진 사막의 모습을 보게 된다. 이 모습은 우기 때 물이 고여 있을 때와는 다른 장관이라고 한다.

나는 우기와 건기의 모습을 둘 다 조금씩 볼 수 있는 12월 겨울에 볼리비아로 여행을 떠나고 싶다. 나의 두 번째 버킷리스트는 30대까지 꼭 이루고 싶은 마음이 크다. 왜냐하면 편안한 여행으로 남아메리카를 가고 싶지는 않다. 여행가서 많이 걷고 고생하며 그만큼 많은 것을 몸으로 느끼고 오고 싶어서다. 그러므로 체력적으로 조금이라도 나을 때 여행을 떠나고 싶다.

남아메리카는 우리나라에서 출발해서 가려면 최소 두 번 경유해야 한다. 그만큼 우리나라에서 가장 먼 대륙이기 때문에 많은 국내 사람들이 방문하는 곳은 아니다. 하지만 남아메리카에는 우유니 사막뿐만 아니라 이과수 그리고 마추픽추 등 우리가 한번쯤 사진으로만 보며 동경해오던 곳이 존재하기 때문에, 내 안의 무언가가 나를 여행을 떠나고 싶도록 만든다.

　　나의 첫 번째 버킷리스트는 남아메리카의 페루부터 시작이 될 것이다. 인천공항에서 출발하는 비행기를 타고 멕시코시티에서 경유를 한 뒤, 안데스산맥이 지나는 페루에 도착할 것이다. 그리고 페루 리마에서 비행기를 한 번 더 타고 해발 3,399m 고도의 도시인 쿠스코를 먼저 여행할 예정이다. 페루에서는 가장 많은 시간은 마추픽추를 투어 하는 시간으로 보낼 것이다. 그 다음 나의 목적지는 볼리비아로 향한다. 볼리비아 우유니 사막에서는 현지투어인 '선셋과 스타라이트'를 조인할 계획이다. 해가 지기 전에 가서 우유니의 모습을 여유롭게 즐기고 그 곳에서 해지는 모습을 꼭 보고 싶다. 개인적으로 나는 해가 뜨는 모습보다 해지는 모습을 더 좋아한다. 해가 지면서 하늘이 다양한 빛깔을 품을 때, 하늘을 바라보면 감동스런 벅참을 느낄 수 있기 때문이다. 나는 주로 석양과 함께 이글거리는 하늘을 보며 나의 열정이 저 하늘처럼 불타올랐으면 좋겠다는 생각을 한다. 나중에 실제로 볼리비아에서도 노란 석양으로 인해 분홍빛으로 물들어가는 우유니 모습을 눈으로 담고 싶다.

우유니 사막에서 해가 지고 나면 까만 하늘 속 수많은 별들을 볼 수 있다. 별을 보러가는 것은 내가 캐나다를 갔다 온 이후로 가장 좋아하는 일 중 하나다. 수많은 별들로 가득했던 캐나다의 밤하늘은 내가 있는 이곳이 정말 천국인가 착각할 정도였다. 예전 그때의 행복했던 기억들을 떠올리며 볼리비아 우유니에서도 곧 쏟아질 것만 같은 별들을 바라보고 싶다.

남아메리카 여행은 나에게 모험과도 같다. 언어부터 시작해 모든 것이 너무 낯설기 때문이다. 그래서 '남아메리카'라는 지역을 생각하면 '물음표'가 먼저 떠오르기만 한다. 하지만 나는 앞으로 볼리비아 여행을 준비하고, 실제로 여행하면서 이 물음표가 느낌표로 바뀔 수 있을 것이라 확신한다. 새로운 곳을 가면 내가 몰랐던 것을 알게 되고 그것은 '깨달음'으로 다가온다. 모험과 같은 남아메리카 여행은 티켓팅을 하기 전부터 나를 설레게 한다. 그러므로 나의 두 번째 버킷리스트를 끝내기 전까지 나는 기대감과 상상만으로도 마음이 두근거릴 수 있을 것이다.

지금까지 나는 미국, 캐나다, 싱가포르, 일본, 홍콩, 유럽 등 다양한 곳을 여행하면서 깨달은 것이 있다. 갈까 말까 고민될 때는 일단 가고, 할까 말까 고민될 때는 우선 해보라는 것이다.

여행을 갈 때 가장 고민되고 걱정이 될 때는 먼저 비행기 티켓팅부터 시작하라고 말해주고 싶다. 비행기 티켓을 끊는 순간 나의 일정에는 '여행'이라는 나름 공식 스케줄이 생기게 된다. 티켓팅을 몇 개월 전, 며칠 전에 할지는 모르지만, 티켓팅을 먼저 하게 되면 내가 무슨 일을 할 때 있어서 그날만은 여행을 위한 일정이 되어버린다. 이렇게 가끔은 시작을 '간단한 생각'으로 판단을 해야지 내가 생각하지도 못한 일을 경험할 수 있다고 생각한다. 많은 것을 생각하는 순간 사람은 본인도 모르게 상황과 조건을 재고, 결국은 안하는 쪽을 선택할 가능성이 크기 때문이다. 그러므로 복잡한 생각은 때때로 우리를 겁쟁이로 만들 수 있다는 것을 항상 생각해야 한다.

어릴 적부터 다큐멘터리를 보면서 '내가 영상에 나오는 사막, 산맥 등을 실제로 다 볼 수 있는 날이 올까?'라는 생각을 했던 것 같다. 그만큼 남아메리카라는 대륙은 한번 가기에 힘든 곳이기 때문에 '설마 내가 여기를?'이라는 생각이 들 수밖에 없었다. 하지만 뭐든지 어디를 가기 전 또는 어떤 일을 선택하고 실행하기 전이 가장 힘든 것 같다. 내가 가장 좋아하는 영어 문장은 "Don't dream it, be it."이다. 이 문장은 "꿈만 꾸지 말고 실행에 옮겨라"라는 뜻이다.

대부분의 사람들은 누구나 머릿속으로 세계 일주를 하고 싶다는 소망을 갖고 있을 것이다. 나는 이러한 꿈을 실제 이룬 사람과 못 이룬 사람의 다른 점은 바로 '실행력'의 차이라고 생각한다. 실행력이란, 말 그대로 자기의 생각을 실제로 행하는 능력이다. 실행력을 키울 수 있는 방법은 간단하다. 바로 'Right Now'이란 생각을 하는 것이다. 하고 싶은 게 있거나 목표가 있으면 지금 당장 시작하라는 것이다. 사실 이 말을 하고 있는 나 역시 완전한 실행가가 되기에는 아직 멀었다고 생각한다. 나도 모르게 게을러지거나 시간 관리를 잊고 살 때가 있기 때문이다. 하지만 그때마다 필요한 것은 내가 하고 싶은 일, 좀 더 구체적으로는 날 가슴 뛰게 하는 꿈을 다시 생각하는 것이다. 그러면 조금씩 행동으로 보여주려고 노력하는 내 모습을 발견하게 된다. 나의 꿈의 목록, 버킷리스트 역시 나의 행동으로 실행되지 않는다면 그것들은 단지 몇 개의 문장일 뿐이다. 그러므로 나는 오늘도 나의 버킷리스트를 떠올리며 다짐한다. 두려움에 떨고만 있지 말고 항상 도전하며 실패와 성공을 많이 경험할 수 있는 사람이 되자!

02

푸드트립
에세이 쓰기

난 먹는 것을 좋아한다. 이렇게 말하면 보통 사람들은 먹는 것을 안 좋아하는 사람이 어디 있냐고 말할 수도 있을 것이다. 하지만 내가 말하는 '먹는 것'은 단순히 음식만을 얘기하는 것이 아니다. 나는 식사하는 것을 즐긴다.

식사는 때에 따라, 상황에 맞게 다양한 의미를 가진다. 누군가의 좋은 일이 생겨서 모이게 된 자리에서는 축하의 의미가 생기고, 오랜만에 만나는 사람들일 때에는 반가움의 의미가 될 수 있다. 이처럼 내가 먹는 것을 좋아한다는 것은 다양한 의미가 될 수 있다. 식사 장소의 분위기로 인해 또는 함께하는 사람으로 인해, 아니면 식사를 하는 이유 자체가 '먹는 것'을 행복하게 만든다. 물론 음식의 맛은 먹는 기쁨에 있어서 필요한 가장 기본적인 조건이다.

　　그래서 나의 두 번째 버킷리스트는 '푸드트립 에세이 쓰기'다.

　　'푸드트립(Food Trip)'은 말 그대로 여행의 초점을 '음식'에 둔 것이다. '음식'을 주제로 해서 한 활동들은 요즘 주변에서 많이 볼 수 있다. 일명 '먹방(먹는 방송)'이 어느 순간 유행을 타면서 많은 사람들에게 주목을 받고 있는 콘텐츠가 되었다. 사람들이 본인이 아닌 다른 사람이 먹는 것에 열광하는 이유는 그것을 보면서 정신적 허기를 달래줄 수 있기 때문이라고 생각한다. 보는 것만으로도 실제 그 음식을 먹지 않아도 먹은 것처럼 나름 비슷한 심리적 안정감을 준다. 나 역시 내가 맛보고 경험하고 느끼고 온 것들을 다른 사람들에게 공유하고 싶었기 때문에 이 버킷리스트를 생각했다.

　　내가 이 버킷리스트를 갖게 된 가장 큰 이유는 '음식'으로 현지 문화를 경험할 수 있고, 그 음식을 통해 함께 했던 사람들, 그때의 상황 등으로 이어질 수 있기 때문이다. 그러므로 나에게 음식은 여행에 있어서 중요한 매개체다.

　　2015년 늦가을, 제주도에서 흑돼지 탕수육을 먹은 적이 있다. 제주도의 흑돼지가 유명한 것은 알고 있었는데 흑돼지로 만든 탕수육은 처음 들어보는 것이었다. 음식점에 가서 그 음식을 맛보기 전까지는 일반 탕수육과 별반 다를 게 없다고 생각했다. 하지만 흑돼지 탕수육을 먹는 순간, 흑돼지 특유의 육즙이 탕수육 속에 가득 담겨 탁 터지면서 '정말 제주도가 행복한 곳이구나'를 깨닫게 되었다.

그 당시 나는 수능시험을 치룬 후로, 엄마랑 단 둘이 제주도에 가게 되었다. 수능이 끝나서 후련함과 해방감은 있었지만 아직 입시결과를 기다리던 때였기 때문에 약간의 찝찝함과 불안감을 갖고 있었다. 하지만 그곳에서 엄마랑 식사를 하며 나눈 이야기를 통해 많은 걱정을 덜 수 있었고, 앞으로 나의 미래에 대해 좀 더 희망을 가질 수 있었던 계기가 되었다.

그렇게 나에게 흑돼지 탕수육은 단순히 맛있었던 음식으로 끝나는 것이 아니라 내가 힘들었던 입시준비를 마무리하고 다가올 새로운 시작의 발판을 다지게 된 기억으로 남게 되었다.

이처럼 음식을 통해 그때 그곳에서 느꼈던 감정을 기억하고 추억으로 간직할 수 있다. 나의 버킷리스트는 음식을 먹고 느끼는 것에서 더 나아가 그 순간을 글로 남기는 것이다.

여행할 때마다 수백 장, 수천 장의 사진을 찍고 그곳을 기억하려고 하지만 여행하면서 그때의 감정을 글로 남기는 것은 쉽지 않다. 빡빡한 여행 일정을 소화하며 잠깐의 시간을 들여서 글을 써야하기 때문이다. 하지만 글로 남기는 것은 단순히 머리로 기억하는 것과는 차원이 다르다. 사진에는 나의 감정과 생각을 담을 수 없기 때문이다. 그러므로 사진에 당시 내 생각이나 감정을 글로 남기는 것이 추억의 유효기한을 늘릴 수 있는 가장 좋은 방법이라고 생각한다.

내가 꿈꾸는 푸드트립은 국내뿐만 아니라 해외도 포함한다. 내가 식사를 하는 모든 곳이 나의 에세이 소재가 될 수 있다. 꼭 해외로 몇 박 며칠 떠나는 것이 여행이라고 생각하지 않는다. 소설가 마르셀 프루스트는 "진정한 여행이란 새로운 풍경을 보는 것이 아니라 새로운 눈을 가지는 데 있다."고 말했다. 내가 무엇을 보고 느꼈다면 그 어디라도 여행이 될 수 있다. 내가 할머니 집에 가서 할머니가 해주신 선짓국을 먹고 무언가가 와 닿았거나 어떤 것을 기억하고 싶다면 그것 역시 나의 에세이 소재로 가능하다는 것이다. 그러므로 나의 '푸드트립 에세이'에는 소박하면서도 감동을 주는 경험들 또한 담기게 될 것이다. '푸드트립 에세이'에 여행을 함께하거나 여행 도중 만나는 사람들과의 추억 역시 간직하고 싶다.

2017년 겨울, 캐나다로 교환학생을 갔었다. 그때 학교 어드벤처 동아리에서 맥코넬 호수(Mcconnel Lake)라는 곳으로 캠핑을 갔다. 그 곳은 우리나라의 캠핑장과는 전혀 다른 모습이었다. 전기는 물론 물도 없어서 땔감을 구해 와서 불을 지피고, 주변에 있는 눈을 녹여 물을 만들었다. 식사 또한 캠핑 가기 전에 준비한 채소와 스파게티 면을 가지고 스파게티를 만들었다. 그때는 3월말이었지만 기온은 영하 10도까지 떨어졌었다. 난방시설이 아예 없었고 텅 빈 통나무집이 전부였기에 실제로 느끼는 체감 온도는 더 낮았다. 꽁꽁 언 손으로 채소를 손질하여 눈을 녹인 물에 면을 삶아 스파게티를 만들었다. 맛은 솔직히 별로였다. 하지만 난 그 음식에 대한 기억이 매우 좋다. 기타를 치면서 같이 노래를 부른 설산 속에서의 캠핑이 매우 낭만적이었기 때문이다. 그때 우리는 20살이 넘은 성인이기보다는 마냥 해맑은 아이들 같았다. 스파게티가 완성될 때까지 음악으로 하나가 되어 춤을 추고 분위기에 흠뻑 젖었다. 그렇기 때문에 스파게티가 맛이 없었음에도 내 추억에는 잊지 못할 음식이 되었다.

이처럼 음식을 먹을 때에는 누구와 먹는지 그리고 그때 상황이 어떠했는지도 매우 중요한 부분이다. 이 부분들로 인해 음식의 맛이 실제와 다르게 기억에 남게 될 수 있기 때문이다.

'푸드트립 에세이'는 내가 가장 좋아하는 것을 좋아하는 방식으로 표현할 수 있는 나의 버킷리스트다. 평소 나는 그림 그리는 것보다 글을 쓰는 것을 더 좋아하고, 스트레스를 풀 때에는 음식을 먹으면서 주변 사람들에게 이야기를 하는 편이다. 그렇기 때문에 같은 음식이라도 더 맛있게 먹고 그 느낌을 더 잘 표현하는 것은 누구보다 자신있다. 죽기 전 내가 좋아하는 것을 가장 잘해 내는 것, 상상만 해도 즐겁지 않은가?

03

시를 쓰며
삶의 아름다움 찾기

고등학교 국어시간 중에서 내가 가장 좋아하는 시간은 '시'를 배우는 시간이었다. 시는 읽고 나서 마음에 쿵하고 와 닿는 매력이 있기 때문이다. 물론 내가 어렸을 때부터 시를 좋아한 것은 아니다. 중학교 때까지는 시를 배울 때 이 시에 담긴 작가의 의미를 알아내서 시험을 봐야한다고 생각했기 때문에 시 자체가 지루했다. 하지만 고등학교 1학년 이후로 시를 접하는 나의 태도가 바뀌게 되었다.

그 계기는 국어시간에 수행평가 과제로 '시 쓰기'를 하게 되면서였다. 시 자체가 낯설고 어려웠던 나에게 '시 쓰기' 과제는 정말 눈앞을 캄캄하게 만들었다. 나는 그 과제를 시작하기에 앞서서 우선 많은 시를 읽어보았다. 그 당시 내가 가장 감명 깊게 읽었던 시는 안도현 시인의 〈연탄 한 장〉, 〈너에게 묻는다〉였다. 이 시들은 덤덤하지만 따뜻하고, 독자들이 많은 생각을 할 수 있게 해주는 시라고 생각한다. 시 자체가 화려하지 않지만, 그 안에서 읽는 사람들에게 가슴 속 무언가 찡하게 여운을 남기는 게 있다고 느꼈다. 특히 '여태껏 나는 그 누구에게 연탄 한 장도 되지 못하였네.'라는 문장을 통해 시의 매력을 처음으로 느꼈던 것 같다. 짧은 한 문장으로 아름답고 깊은 의미를 담아낼 수 있다는 것. 이게 바로 시(詩)만이 가진 매력이자 감동이라고 느꼈다.

시를 쓰는데 있어서 먼저 어떤 소재로 쓸 것인지 선택하는 것이 가장 힘들었다. 수행평가는 같은 반에서 상대평가로 점수를 매겨지기 때문에 다른 학생들보다 점수를 잘 받으려면 평범한 시를 쓰면 안되었다. 그래서 나는 한번 읽으면 머릿속에서 지워지지 않는 시를 쓰고 싶었다. 그때 나는 얼굴에 여드름으로 인한 고민이 컸기 때문에 소재를 '여드름'으로 잡게 되었다. 수행평가에서 시를 평가하는 것 중에는 종합적 이해와 감상 부분이 있었다. 이 부분은 주제, 시적 허용, 심상, 표현법 등이 포함되었다. 그래서 나는 시를 쓸 때 그 안에 담긴 함축적인 의미를 생각하며 전체적으로 하나의 주제로 이어질 수 있도록 노력을 많이 한 것 같다.

〈뽀루지〉

부끄럼타며 거침없이
하룻밤에 다가온 너

아무런 준비 없는 나에게
빠알간 장미를 선물하는 너

살굿빛 종이에 널 감출 순 없을까?
거품에 우리의 인연을 씻을 순 없을까?

꾹 눌러 거절하고 싶지만
나에게 매달리는 너

너와의 추억은 여기남아
노오란 꽃봉오리를 맺었구나

이 시는 고등학교 1학년 국어 수행평가를 계기로 쓰게 되었다. 시를 쓰고 나서 그 뿌듯함을 말로 표현할 수 없을 정도였다. 이 시로 인해 당시 국어 수행평가는 만점을 받게 되었고, 반 앞에서 나의 시를 읽는 기회를 얻게 되었다. 나의 시에 공감된다는 웃음을 보이며 반응

해주는 친구들과 친근한 소재로 참신하게 표현했다고 하신 국어 선생님의 칭찬은 잊을 수 없다. 실제로 이 시 안에는 설의법, 시구 반복, 시적 허용, 은유 등 다양한 표현법들이 들어가 있다. 하지만 시를 쓰고 나니, 이런 표현들보다 가슴에 남는 무언가가 더 중요하다고 느꼈다. 그러므로 나는 앞으로 '공감' 그리고 '여운'을 주는 시를 쓰고 싶다.

시(詩)는 꼭 직업이 시인만이 쓴다고 생각하지 않는다. 음표를 몰라도 가수가 될 수 있고, 색깔을 몰라도 화가가 될 수 있듯이 비유나 은율을 몰라도 시인이 될 수 있다고 생각한다. 내가 느끼고 표현하고 싶은 것을 시로 담아낼 수만 있다면 누구나 시인이 될 수 있고, 시를 쓸 수 있다. 이런 점에서 하상욱 시인의 시들을 좋아한다. 하상욱 시인의 시들은 실생활에서 우리가 많이 느끼고 공감할 수 있기 때문이다. 삶의 불만이나 애환을 위트 있게 해학적으로 풀어내면서도 가슴에 묵직한 무언가를 남기는 그의 시들은 마음으로 읽는 느낌이 든다. 내가 시를 쓰는 이유는 남에게 보여주기 위해서가 아니다. 시를 쓰는 것 자체가 그리고 시를 읽는 것 자체가 마음에 위안을 준다. 원래 생각이 많은 편인 나는 미래걱정이 부풀어 오를 때 혼자 생각해보는 시간을 가지면서 시를 쓴다. 그러면 조금씩 정리가 되는 것 같은 느낌이 든다. 시 한편에는 나의 잡다한 생각들이 함축적으로 모아 넣어지게 된다. 또한 은유, 함축 등 미묘한 표현들을 통해 내 얘기를 말하면서도 어떤 이야기인지는 은근슬쩍 숨기는 모순적인 재미를 주는 게 시의 매력인 것 같다. 어떤 고민을 누군가 알아줬으면 좋겠지만 말하기는 부끄럽거나 할 때 시를 쓰면 좋다.

세 번째 버킷리스트 '시 쓰기'는 남들에게 매년 다이어리 쓰기와 같이 사소한 다짐이 될 수 있다. 그냥 나의 느낌이나 기분 등을 덤덤하게 써내려 가는 것이기 때문이다. 하지만 이렇게 소소한 것들은 시간이 지나고 나서 보았을 때 더 큰 재산이 되어 있는 경우가 많다. 나 역시 나의 시구(詩句)들을 나중에 더 어른이 되어 보았을 때, 스스로를 뿌듯해하면서 볼 수 있기를 바란다. 그렇게 되기를 바라면서 나의 버킷리스트를 좀 더 구체화해본다. 나는 아직까지 시를 쓰는 것이 나의 취미 생활이라고는 말할 수가 없다. 현재 쉴 때에는 시(詩)보다는 친구들과 노는 것을 선택하고 있기 때문이다. 그러므로 앞으로 조금씩 시를 쓰는 시간과 시를 읽는 시간을 늘려가 보려고 한다. 적어도 일주일마다 한 편의 시를 읽고 나의 느낌을 정리하는 것부터 시작하고 싶다. 그렇게 점점 시와 더 가까워지고 나아가 취미생활로 나의 시를 멋지게 쓸 수 있는 날을 꿈꾼다.

다음은 영화 〈죽은 시인의 사회〉에 나오는 대사다.

"이제 여러분은 생각하는 법을 다시 배우게 될 거다. 여러분은 말과 언어의 맛을 배우게 될 거다. 누가 무슨 말을 하든지, 말과 언어는 세상을 바꿔놓을 수 있다. 시가 아름다워서 읽고 쓰는 것이 아니다. 인류의 일원이기 때문에 시를 읽고 쓰는 것이다. 인류는 열정으로 가득 차 있어. 의학, 법률, 경제, 기술 따위는 삶을 유지하는 데 필요하지. 하지만 시와 미, 낭만, 사랑은 '삶의 목적'인 거야."

세 번째 버킷리스트를 쓰면서 다시 이 영화를 보았을 때, 시(詩)의 의미에 대하여 좀 더 생각해 보았다. 시란 계산적이지 않고 평가하는 것이 아니다. 시란 낭만을 느끼는 것이고 인생의 의미를 찾게 하는 것이다. 앞으로 나의 삶이 충분히 시가 될 수 있으며, 내가 나의 삶을 어떻게 풀어쓰고 표현하느냐에 따라 한 편의 시가 나온다는 것을 깨달았다. 그러므로 앞으로 나는 시에 더 관심을 두며 내 삶의 아름다움을 찾아 나갈 것이다.

PART

07

인생 2막을
열어 주는
메신저의 삶 살기

| 김 나 미 |

김나미 공무원, 자기계발 작가, 동기부여가

정부 중앙부처 사무관으로 재직 중이다. 보건·복지 분야, 여성·가족 분야의 정책을 추진했다. 저서로는 《죽기 전에 꼭 하고 싶은 것들》이 있으며, 현재 '감정 조절'을 주제로 개인저서를 집필 중이다.

01

연2회,
자녀와 외국에서 한 달 살기

외국에서 한 달 살기가 가능할까? 연 2회, 그것도 자녀와 함께? 워킹맘인 나는 1년에 단 열흘이라도 자녀와 외국 살기가 가능하다면 정말 행복할 것이다. 우리나라 대부분의 맞벌이 가정에서도 사정은 비슷할 것이라고 생각한다. 사실 우리는 특별한 상황이 아니라면 자녀와 1년 365일을 같이 살고 있다. 같이 밥 먹고 잠자고 이야기를 나누고…. 잠시 생각해 보았다. 같이 살고 있고 늘 같이 지내는데 왜 굳이 연 2회 그것도 외국에서 한 달 살기를 하고 싶을까? 그것이 왜 버킷리스트에 올릴 만한 것일까?

우리는 대한민국이라는 나라에서 하루하루 치열하게 살아가고 있다. 우리가 평범한 직장인이라면 그러한 사실은 더욱 자명할 것이라 생각된다. 나 역시 공무원으로서, 남편은 회사원으로서 맞벌이 생활을 하고 있었다. 나는 여느 워킹맘처럼 열심히 공부하고, 열심히 직장에 다녔다. 결혼, 임신, 출산을 거쳐 두 번의 육아휴직을 하고 다시 직장에 다니며 또 그날그날 치열하게 일했다.

중앙행정기관이 세종특별자치시로 이전한 후, 나는 매일 새벽 5시에 일어나 서울에서 세종시까지 2시간에 걸쳐 출근했다. 지하철을 타고, KTX를 타고, 또 버스를 타면 드디어 세종시에 있는 정부 중앙 청사에 도착했다. 주중에는 회의나 출장 등이 아니면 한두 번 정도만 서울의 집으로 올라갔다. 따라서 대부분은 세종시에 머물면서 가족과 떨어져서 지냈다.

직장 업무에 몰입하다 보면 열정도 생기고 보람도 느끼곤 했다. 가족을 생각할 겨를이 없었다. 나는 업무 시간에는 어린 두 딸에게 연락도 거의 하지 않았다. 그러고는 일주일에 한두 번 집에 와서는 자고 있는 어린 두 딸의 얼굴을 비로소 제대로 볼 수 있었다. 천사 같았던 두 딸의 영·유아기는 마치 타임머신을 타고 미래에 온 것처럼 사라져 버렸다. 어느새 아동이 되어 자그마했던 몸이 5배 이상 훌쩍 커 있었다. 세상 모르고 새근새근 자고 있는 아이들을 가만히 보고 있으려니 가슴이 미어지고 하염없이 눈물이 흘렀다. 아이들 옆에 누워서 한참을 흐느꼈다. 나는 도대체 4년간 무슨 짓을 한 것일까?

나는 두 번의 육아휴직으로 인한 경력단절을 만회하고 성공적으로 다시 자리를 잡고 싶었다. 휴직으로 승진 시기가 어긋난 것을 만회하고, 동기들보다 뒤처지지 않고자 했다. 또한 후배들에게 걸림돌이 되지 않기 위해 승진에 목숨을 걸었다. 물론 어려움을 피하지 않고 정면으로 부딪치고 도전하는 데 자부심과 성취감을 느꼈다. 그리고 고난을 극복하고 승진했을 때는 내적으로 성숙해지는 결과도 얻었다. 하지만 한편으로 잃은 것이 있다면 사랑하는 두 딸의 안정적인 성장을 바로 옆에서 지켜 주지 못했다는 것이다.

고백하건대 결혼 전에 나는 결혼은 해도 아이는 갖지 않았으면 했다. 소위 '딩크족(Double Income, No Kids)'으로 살고 싶었다. 나는 네 자녀 중 막내딸로 자라 어려서부터 의존적이었다. 직장에 다니며 내 앞가림도 겨우 하고 있는 마당에, 자녀를 낳아 한 사람으로 온전히 키워 내는 것에 대한 부담감이 컸다. 재미있는 것은 이러한 생각이 여덟 살 터울의 남동생을 돌보면서 생겨났다는 것이다. 동생도 이렇게 마음대로 안 되면 속상한데 내 배 아파 낳은 자녀가 그러면 오죽할까?

나는 아기를 좋아하거나 예뻐하는 성격도 아니었다. 하지만 결혼 후 내 아이를 직접 낳아 키우면서 내가 이렇게 모성애가 강한 여성인지 처음 알게 되었다. 첫째를 키우는 동안에는 모든 생활의 초점이 첫째에게 맞춰져 있었다. 초보엄마로서 아무것도 아는 것이 없었기 때문에 육아서적을 열심히 탐독했다. 그야말로 육아를 책으로 배웠기 때문에 여느 초보맘이 그렇듯이 수많은 시행착오를 겪었다. 첫째라서 너무나 애틋했지만, 스물네 살부터 쭉 직장을 다녔던 나에게 집에서 육아만 하는 생활은 그야말로 감옥 같았다.

1년여의 육아휴직 후에 바로 복직하고 1년 반 만에 다시 둘째를 낳기 위해 육아휴직을 했다. 직장을 다니면서 첫째가 훌쩍 커 버린 것이 너무나 서운했다. 따라서 둘째는 3년간 직접 키우리라 다짐했지만 여건상 1년여 쉬고 곧 복직하게 되었다.

앞서 말했듯이 나는 이전에 내가 알고 있던 나와 달리 모성애가 무척 강한 여성이었다. 이는 세상의 모든 엄마, 모든 생명체가 공통으로 가지는 숭고한 진리이리라. 계획과 달리 일찍 복직해서 직장생활을 하다 보니 둘째 역시 어느새 훌쩍 커 버렸다. 일곱 살이 된 아이를 보며 나는 아차 싶었다. 또 한 번의 소중한 기회를 날려 버린 것이다. 일생에 다시 오지 않을, 평생 효도를 다 한다는 아이의 유아기를 그만 내 커리어와 맞바꿔 버린 것이다.

결국 후유증이 나타났다. 나의 부재로 인해 남편은 지쳐 있었고 아이들은 엄마의 정에 너무나 목말라 있었다. 더 이상 방치할 수 없는 상황이 되어 나는 과감하게 가정을 선택했다. 사회에서의 커리어를 생각하면 아쉬움도 컸다. 하지만 육아휴직에 대한 후회는 없었다.

우리가 흔히 쓰는 가화만사성(家和萬事成)이란 말이 있다. '집안이 화목하면 모든 일이 잘 이루어진다'라는 뜻이다. 모든 일은 가정에서부터 비롯된다는 말이다. 그렇다. 나는 그 말을 몸속 깊이 체감하고 있다. 확실히 가족들은 이전보다 안정되고 행복해 보였다. 하지만 엄마가 집에 있다고 모든 것이 저절로 해결되는 것은 아니다. 집에서는 더욱 체계적으로 계획을 세우고 효율적으로 움직여야 한다. 그렇지 않으면 그날이 그날인 하루하루를 보내게 된다. 또한 그렇게 쌓인 엄마의 스트레스는 온전히 아이에게 돌아갈 수 있다. 내가 집에 있으면서 굳이 '연 2회 자녀와 외국에서 한 달 살기'를 버킷리스트에 올려놓은 것도 그 때문이다.

엄마가 집에 있다고 아이와 온전히 같이하는 것은 아니다. 나는 집에 있으면서 전업주부들의 자녀교육과 일상 경영을 위한 헌신과 노력을 제대로 알게 되었다. 전업주부들은 무척 바빴다. 요즘 현명한 여성들은 '9시부터 퇴근'이라고 가족에게 선언하고 가사업무를 종료하는 경우도 있다고 한다. 하지만 물리적인 장소가 집안이니만큼 사무실과 집처럼 명확한 분리가 어려워 대부분은 24시간 가사노동을 하게 된다.

집에만 있으면 활력이 없고 정체되어 발전하기 어렵다. 또한 엄마는 아이에게 감정이입이 되고 더 나아가 아이와 동일시됨으로써 엄마의 감정과 일상도 힘들어진다. 나는 계획을 세워 내 생활도 하고 아이와도 함께할 수 있도록 균형 있는 생활을 추구하고 있다.

이렇게 나 자신의 생활과 엄마로서의 생활에 균형이 필요하듯이,

가사와 육아 사이에서도 균형이 필요하다. 나는 집에서의 생활에 적응하는 과도기라서 생각보다 아이들과 많이 놀아 주지 못했다. 더군다나 아이와 함께하는 시간 자체를 즐기는 방법에 서툴렀다. 나는 특단의 조치로 아이와의 여행을 생각했다. 항상 같은 생활공간, 주위 환경에서는 정해진 우리의 역할과 생각에서 벗어나기 힘들다.

나는 아이와 함께 완전히 새로운 환경과 사람을 찾아 외국에서 살아 보는 상상을 했다. 직장이든 가정이든 익숙한 환경과 일상의 의무를 벗어나면 온전히 아이에게 집중하는 것이 가능할 것이다. 아이와 내가 깨끗한 백지상태에서 새로운 것을 바라보고, 같이 느끼고, 대화하는 모습을 상상한다. 그러면 그야말로 내가 원했던 아이와의 온전한 공감, 새로운 경험이 가능할 것이다.

오랫동안 워킹맘 생활을 하고 피로가 쌓여 있던 나는 남편에게 많이 의지했었다. 따라서 남편 없이 두 딸과 외국으로 여행을 떠나는 것은 큰 용기가 필요한 일이다. 하지만 내가 내 성취와 맞바꾼 세월 동안 사랑하는 내 딸들은 9세, 7세가 되었다. 이 정도 컸으면 못할 것도 없다. 내가 지방으로 출퇴근하며 가족과 떨어져 지내면서까지 계속 도전했던 것처럼 이 또한 도전할 것이다.

어느새 훌쩍 큰 만큼 안목까지 높아진 아이들은 유럽 여행이나 크루즈 여행상품을 보면 무조건 가자고 외쳐 대고 있다. 나는 시간적, 경제적 자유를 확보해서 꼭 아이들과 외국으로 떠날 것이다. 외국에서 한 달간 살며 아이들에게 새로운 세상과 이 지구의 온전한 아름다움을 보여 줄 것이다. 그리고 더 나아가 더 큰 꿈을 꾸고, 이상을 펼칠 수 있도록 상상의 날개를 달아 줄 것이다! 내가 가슴이 뛰는 것 이상으로 아이들에게 인생이 바뀔 만한 값진 경험을 선사할 것이다! 나는 '김나미'이기도 하지만 그 이름도 아름다운 '엄마'이기 때문이다.

02

베스트셀러
작가 되기

"행동에는 위험과 대가가 따르지만 편안한 무위의 장기적인 위험과 대가에 비하면 아무것도 아니다."

미국의 대통령 존 F. 케네디가 한 말이다. 이 말은 일상에서나 직장에서 내가 자주 느꼈던 부분이다. 평범한 직장인인 나는 이러한 중요한 가치를 일상의 소소한 일거리나 직장 업무에 적용하고 있는 정도였다. 내 인생의 꿈을 꾸고 실천한다는 것은 나와 거리가 먼 미래의 이야기라고 생각했다.

올해 6월 어느 날의 일이다. 평소 나는 책을 좋아해서 서점이나

도서관에 들르곤 한다. 그런데 도서관에서 책 한 권이 눈에 들어왔다. 《천재작가 김태광》이라는 책이었다. 나는 제목과 목차를 훑어보고는 이내 자리를 잡고 읽어 내려가기 시작했다. 책을 읽다가 '이 작가는 어쩜 이렇게 인생에 고난이 많았을까?'라는 생각이 들었다. 20대부터 많은 시련을 겪었음에도 치열하게 노력한 결과 꿈과 목표를 이룬 그의 모습은 나에게 큰 자극이 되었다. 매일 꾸준히 글을 써서 30대 중반에 100여 권의 책을 출간하고 책 쓰기 코치가 되었다는 사실이 그의 그러한 노력의 방증이었다. 그야말로 '간절함'과 '치열함', '확신'으로 가득 찬 삶 그 자체였다.

나는 어린 시절부터 글 쓰는 것을 좋아했다. 초등학교 6학년쯤에는 유독 생각이 많았었다. 그때가 감성 폭발의 시기가 아니었나 싶다. 그 당시 썼던 시에서는 아동의 정서라고 보기에는 조숙한, 초연한 삶의 태도가 묻어난다. 그때 막연히 문인에 대해 동경심이 생겼던 것 같다.

20대 초반에는 베스트셀러 작가가 되고 싶었다. 사실 그 시절 내가 베스트셀러 작가를 꿈꾼 이유는 큰돈을 버는 여러 방법 중 가장 마음에 드는 것이었기 때문이다. 15년이 지난 지금에서야 내 이야기를 쓰고 싶다는 순수한 열정이 더해져 더욱 강한 동기부여가 되고 있다.

저작 누계 100만 독자가 읽은 이노우에 히로유키 작가의 《배움을 돈으로 바꾸는 기술》이라는 책이 있다. 저자는 인생의 가치를 고양시키고 정신적, 물질적 풍요로움을 성취하는 방법으로 즐거운 공부를 제안한다. 또한 배움과 교양, 마음의 풍요로움은 나눌수록 확대되는 성질을 가지고 있다고 이야기한다. 이는 책을 써서 나의 철학을 나눌 수 있다는 확신을 심어 주었다.

인터넷, 소셜 네트워크(SNS) 등 미디어 매체의 다변화, 고도화가 이루어진 지금은 누구나 다양한 방법으로 자신의 의견을 표현하고 영향력을 미칠 수 있다.

나의 경우 직업의 특성과 성격을 핑계로 이러한 시대흐름에 역행하는 생활을 하고 있었다. 내 사생활과 가족을 보호한다는 명분으로 이러한 매체들을 철저하게 차단한 것이다. 하지만 4차 산업 혁명 시대를 살고 있는 지금, 작가가 되려면 불특정 다수에게 내 경험과 생각을 알리는 것을 두려워하면 안 될 것이다. 또한 미디어를 적극 활용해서 영향력 있는 작가로 나를 포지셔닝 해야 한다. 나의 지식과 경험을 대중과 공유하고 세상과 소통해야 한다. 서로 발전하는 관계를 맺는 것이다.

5개월 전 나는 엄마, 아내의 손길이 절실했던 가족을 위해 육아휴직을 했다. 휴직 후 '이제 마음껏 책을 읽을 수 있다'라는 생각에 얼마나 기뻤는지 모른다. 또한 꿈만 꾸고 시도하지 못했던 작가가 되기 위해 본격적으로 공부해야겠다고 다짐했다.

보통 사람들은 학자, 전문가, 사회 지도층 등 우월한 위치에 있거나 권위 있는 사람만이 책을 쓸 수 있다고 생각한다. 그러나 김태광 작가는 "성공해서 책을 쓰는 것이 아니라 책을 써야 성공한다."라고 말한다. 실제로 서점에 가 보면《여의도 맞벌이 부부가 잘사는 법》과 같이 일반인들이 쓴 책들이 많이 출간되고 있다.

나는 한 치의 의심이나 갈등 없이 〈책 쓰기 과정〉을 진행하고 있는 〈한책협〉을 찾아갔다. 그리고 〈1일 특강〉에서 출간 계약과 1인 창업의 성공사례들을 접하고 확신이 들었다.

인류의 위대한 발견과 역사의 시작은 하나의 상상에서 이루어졌다고 해도 과언이 아니다. 아인슈타인은 위대한 과학자이자 철학자인 동시에 종교인이었다. 그는 끊임없는 상상과 연구를 통해 1905년 상대성 이론을 발표했다. '모든 것은 시간과 장소에 따라 변한다'는 이론, '물질이 에너지로 바뀌기도 하고, 에너지가 물질로 바뀌기도 한다'는 이론이다. 아이슈타인은 뉴턴의 만유인력의 법칙 등 세상에는 정해진 규칙이 있다는 기존의 이론들과는 정반대의 주장을 펼쳐 세상을 깜짝 놀라게 했다.

그의 세계관과 인간적인 면모를 잘 드러내는 연설문, 기고문 등을 엮어 만든《나는 세상을 어떻게 보는가》라는 책이 있다. 이 저서를 통해 매우 참신하고 대담한 그의 사고를 엿볼 수 있었다. 그는 어린아이와 같은 호기심을 갖고 세상을 바라보았다. 모든 질문에 대해 스스로 해답을 얻을 때까지는 결코 통념을 좇지 않았다.

한 인간의 발견과 역사의 시작도 마찬가지다. 여기 또 한 명의 강력한 이상주의자가 있다. 그는 내 어머니다. 부모님은 어찌 보면 현세주의자로 보일 만큼 현실을 즐기고 누리고 사셨다. 내가 사회초년생으로서 바라볼 때도 의구심이 들 만큼 어머니는 '내 앞날은 행복하고 모든 것이 다 잘된다'라는 마인드로 사셨다. 그렇다고 우리 집이 부유하거나 유산이 있었던 것도 아니다. 우리 가정은 외벌이에 자식도 4남매였지만 아버지는 하고 싶은 것은 어느 정도 다 하셨다. 반면 어머니는 어린 시절 부유한 환경에서 자랐다. 물론 외가의 사업이 기울어 청소년기 이후에는 어머니도 녹록지 않은 생활을 하셨다. 하지만 어린 시절의 부유했던 그 기억이 어머니를 이상주의자로 살게 한 원동력이 아닐까 싶다.

어린 시절, 하교 후 내가 집 문을 열자마자 재잘재잘 이야기꽃을 피운 것은 바로 그런 어머니의 긍정적인 마음가짐과 무한 수용의 자세 덕분이었다. 작가가 되고 싶다고 얘기했을 때 가족들의 반응은 각양각색이었다. 대놓고 반대하거나 비웃지는 않았다. 하지만 대부분 '가능할까?' 하는 표정이었다. 내 꿈은 농담과 웃음으로 마무리되었다. 하지만 어머니는 달랐다. 같이 설레고 기뻐하셨다. 그리고 그러려면 제대로 공부해 보라고 하셨다.

가장 순수한 눈으로 내 얘기에 귀 기울이고 내 꿈을 응원해 준 최고의 이상주의자는 첫째 딸이다. 화가, 작가가 꿈인 아이는 내가 작가가 되겠다며 눈을 반짝일 때 마치 거울을 보는 것처럼 같이 눈을 반짝였다. 우리는 같은 꿈을 꾸고 같은 곳을 바라봤다. 아홉 살 자녀가 꿈을 나누는 '꿈맥'이 된다는 것은 가슴 벅찬 일이다. 꿈을 얘기할 때 우리는 친구이자 동반자였다. 나이에 비해 천진한 나는 아이의 꿈에 대해서도 자주 묻는다. 참신하고 유연한 생각 덕분에 아이들의 꿈과 미래는 자주 탈바꿈한다. 그래서인지 물을 때마다 기대가 되고 듣는 재미가 쏠쏠하다.

아이 역시 엄마의 끊임없는 도전과 노력, 꿈 이야기가 흥미 있는지 서재에서 작업하는 내 모습을 구경한다. 내가 저술할 책의 주제와 제목, 목차 등을 알려 주면 제일 먼저 반색하고 이런저런 의견을 제시하는 게 첫째 딸이다. 이에 나도 세부 목차는 어떠하다는 둥, 이러쿵저러쿵 신나게 떠든다.

엉뚱한 생각이지만 가끔 '이 아이는 어쩌면 전생에 내 어머니가 아니었을까?' 하는 생각이 들 때도 있다. 딸이라서 애틋하지만 의지가 되고 마음과 대화가 잘 통한다. 때로는 내 고민에 대해서 단순하고 명료하게 해결책을 제시해 준다. 그러면 나는 딸을 '꼬마 해결사'라고 부르곤 했다.

지금껏 나는 내 꿈을 시도하지 않을 이유가 단 하나도 없음에도 불구하고 실행하지 않았다. 하지만 나는 늘 내 꿈을 원했다. 이제는 내 영혼이 그것을 강하게 끌어당기고 있다. 독일 작가 요한 괴테는 다음과 같은 말을 했다.

"당신이 하는 것, 꿈꾸는 것은 모두 이룰 수 있으니 시작하라. 대담함에는 천재성과 힘과 마력이 들어 있다."

그의 응원에 힘입어 오늘도 나는 내 꿈을 향해 부지런히 달려가고 있다.

03

대한민국 대표
감정 코치 되기

나는 어려서부터 감성이 풍부했다. 또한 사람을 좋아했다. 그래서 인지 사람들의 얼굴 표정, 분위기를 보면 대략 그들의 감정 상태가 어떤지 눈치챘다.

스물네 살 때부터 직장생활을 한 나는 같은 기관에 들어간 동기들과 친했다. 특히 동갑인 동기들과는 현재도 오랜 친구처럼 지낸다. 동성에 동갑이니 공감대가 넓었다. 그러다 보니 결혼 전에는 그들의 연애, 결혼 문제, 결혼 후에는 가사, 육아, 일·가정 양립 등에 대한 조언을 해 주며 나름 코치 역할을 한 것 같다.

나는 같은 대학교에서 남편을 만나 9년여 연애 끝에 결혼을 약속했다. 상견례 후 혼인 날짜를 잡고 설레는 마음으로 결혼 준비를 했다. 웨딩촬영을 하고 돌아오던 길에 심상치 않은 몸 상태를 감지하고 체크를 해 보았다. 임신 테스트기에 선명하게 그어진 두 줄! 임신이었다.

아무리 세상이 많이 바뀌었다고 하지만 보수적인 조직에 다니고 있던 나는 기쁨보다는 만감이 교차했다. 모든 사람이 출생 순서에 따라 성향이 정해지는 것은 아닐 것이다. 하지만 적어도 나는 1남 3녀 중 막내딸로서 의존적인 성향이 짙었다. 따라서 육아에 대한 부담감이 너무 큰 나머지 딩크족으로 살고 싶었다. 하지만 일단 결혼을 결심한 이상 신혼생활을 충분히 만끽하고 싶었다.

결혼까지는 5개월이나 남아 있어 무척 난감했다. 남편에게는 "서른 살밖에 안 되었는데 임신이 웬 말이냐?"라며 철없는 소리를 했다. 지금 생각하니 웃음이 난다. 그랬더니 남편은 "서른 살 밖에라니, 서른 살이나 되었는데. 잘됐다!"라며 나를 위로했다.

나중에 안 얘기지만 배가 나오기 전부터 이미 부서 직원들은 내 임신 사실을 알고 있었다고 한다. 내가 엽산을 열심히 챙겨 먹자 짝꿍이 눈치챘고, 회식자리에서 술을 입에 대지도 않자 더 묻지도 않고 권하지도 않았다. 더 놀라운 것은 당시 내 뒷자리에 앉아 있던 미혼 남성 직원이 제일 먼저 알아챘다는 것이다. 또 한 명은 다른 부서에서 근무하던 40대 후반의 남성 선배였는데, 내 눈동자만 보고도 임신한 줄 알았다나….

임신 덕분에 당시 유행했던 '한가인 드레스'를 입지 못해 여신 콘

셉트를 연출하는 것은 실패했다. 하지만 하나님이 내려 주신 최고의
선물 '사과(태명)'를 뱃속에 품고 결혼식을 올렸다.

나는 이렇게 인생 경험을 먼저 한 결과 나이를 막론하고 인생의
후배들에게 결혼, 출산, 육아 등에 대한 실질적인 조언과 격려를 해
줄 수 있었다. 나는 내가 겪은 시행착오와 어려움을 조금이라도 덜어
주고 싶었다. 이렇듯 내가 조언과 위로를 해 주면 지인들은 대부분 큰
힘이 되고 힐링이 된다며 고마워했다. 나는 남에게 도움과 희망을 주
는 일이 얼마나 멋지고 가슴 설레는 일인지 알게 되었다. 내가 살아
온 이야기, 나의 지식, 내 메시지가 다른 사람에게 얼마나 큰 가치가
있는지 실감했다. 이것은 나에게도 큰 기쁨이었다.

《메신저가 되라》의 저자 브렌든 버처드는 어느 날 자동차 사고를
당한다. 그렇게 죽음의 위기를 넘긴 것을 계기로 다른 삶을 살게 된
다. '인생의 두 번째 티켓'을 통해 얻은 영감과 지혜를 사람들과 나누
기로 한 것이다. 그는 더 나아가 메신저 사업에 필요하지만 흩어져 있
는 각 정보들을 집대성한다. 그러곤 '엑스퍼트 아카데미'라는 세계 유
일의 종합 교육 프로그램을 만들었다. 미국에서는 메신저가 비교적
오래전에 등장했지만 개별적으로 활동하고 있었고, 정식 직업군으로
인식되지 못했다. 브렌든 버처드는 이를 서비스 산업 내에 '메신저 산
업'이라는 직업 분야로 정착시키는 데 크게 기여했다.

그는 자신의 멘토로부터 오히려 멘토가 되어 달라는 부탁을 받기

도 한다. 그렇게 '메신저 산업'의 대변인이자 실질적 리더로 자리매김 했다. 또한 메신저 육성이라는, 자신이 좋아하는 일을 하면서 정당한 대가를 받아 백만 달러 메신저가 되었다.

이에 대해 아트스피치연구원 김미경 원장은 "한국은 지식에 가격을 매기는 데 상당히 인색하다."라고 했다. 하지만 한국의 지식산업도 점차 커지고 있고, 자신의 지식을 콘텐츠로 뒤바꾸는 메신저가 늘고 있다. 시장이 형성되고 있는 지금 내가 이 꿈을 꿀 수 있게 되었으니 감사한 일이다.

내가 도서관에서 운명처럼 발견한 책을 통해 작가의 꿈을 깨우고, 메신저의 길을 가고자 관련 저서를 탐독하고 있을 때였다. 나에게는 영감만 얻고 끝낼 게 아니라 당장 실행이 필요했다. 그래서 김태광 대표 코치가 운영하는 〈한책협〉을 찾아가 작가가 되기 위한 준비를 하게 되었다. 〈한책협〉의 시스템은 한국에서 독보적이라고 할 만큼 높은 수준이라고 생각한다. '엑스퍼트 아카데미'를 벤치마킹한 듯 체계적이고 전문적인 교육과정의 시스템이 갖추어져 있었다.

〈한책협〉에서는 〈책 쓰기 과정〉과 〈1인 지식 창업〉 등 기술적인 부분뿐만 아니라 성공학과 의식 성장을 통해 기존과는 다른 삶의 태도까지 갖게 해 준다. 성공 의식과 긍정적인 마음으로 지혜가 충만한 상태에서 글을 쓰도록 내적 성장을 돕는다.

나는 어려서부터 밝고 낙천적인 성격이었다. 아버지가 직업군인이었기 때문에 아버지의 인사발령에 따라 해당 근무지로 같이 이동해야 했다. 때문에 이사가 매우 잦았다. 내가 초등학교 5학년 때쯤에는 1년만 살고 이사 가기도 했다. 마음을 주고받은 친구들과 정든 환경을 떠나는 것이 속상한 적도 있었다. 하지만 나는 매우 긍정적이고 낙천적인 아이였기 때문에 '이번에는 어떤 친구들이 기다리고 있을까?', '새로 이사 가는 동네는, 집은 어떤 모습일까?' 생각하며 설레기도 했다.

중학교 1학년 때 서울로 온 것이 학창 시절의 마지막 이사였다. 이때는 사춘기였는지 새로운 환경이 그다지 기쁘지 않았던 것으로 기억한다. 아마 대도시에 진입하고 학업에 대한 부담이 생기면서 조용한 모습으로 변해 간 것 같다.

나는 대학교 재학 시절 1년을 휴학하고 공무원 시험을 준비했다. 때문에 취업을 위한 이력서를 단 한 번도 써 본 적이 없었다. 첫 직장인 중앙행정기관에 들어가서는 줄곧 평생직장이라 생각하며 다녔다. 당시 IMF 외환위기와 대기업 구조조정 등으로 취업환경이 열악했기 때문이었다.

스물네 살, 대학을 졸업하던 해에 바로 취업해서 쉴 새 없이 지금껏 달려왔다. 결혼을 하고, 임신·출산·육아를 하고, 또 복직해서 맞벌이 가정이 되고…. 남편 역시 앞만 보고 달려가는 성실한 타입이다. 우리 부부는 그저 뭐든지 열심히 했다. 여느 평범한 가정이 그렇듯이 우리는 이 생활을 벗어날 수 없었다.

어려서부터 공상을 즐겨 했던 나는 간절히 원하는 내 모습을 상상하곤 했다. 직장생활을 시작한 후부터는 내 영혼에게 자유를 선사하는 상상을 하곤 했다. 내가 더 잘할 수 있는 일, 내 가치를 인정받을 수 있는 일, 내 가슴이 뛰는 일. 그 일은 대한민국 대표 감정 코치가 되어 사람들에게 훌륭한 가치를 제공하고 인생 2막을 열어 주는 성공적인 메신저의 삶을 사는 것이다. 이쯤에서 브렌든 버처드가 자신에게 던졌던 질문이 떠오른다.

"나는 충분히 만족스러운 인생을 살았는가? 열린 마음으로 다른 이들을 사랑했는가? 스스로 가치 있는 존재라고 느끼는가?"

이 세 문장은 나에게 큰 울림으로 다가온다. 이는 〈한책협〉 교육의 후발주자로서 성공 시스템을 차용해 빠르게 성장만 하면 될 일이다!

04

1년에 책 2권 이상
출간하기

"진정한 책을 만났을 때는 틀림없다. 그것은 사랑에 빠지는 것과
도 같다."

크리스토퍼 몰리가 한 말이다. 독서는 뇌가 좋아하는 활동이라고
한다. 나는 책을 좋아한다. 책을 읽으면 지루하거나 불안함을 느낄 틈
이 없다. 환희와 행복으로 가득 찬 시간이 된다. 거실 소파에는 나만
의 독서 명당자리가 따로 있다. 남편은 나와 똑같은 자세로 그곳에서
책을 본다.

나는 책을 좋아하는 것에 비해 독서량이 많지 않았다. 대단한 다
독가가 아니었다는 말이다. 단지 책을 읽으면 마음이 충만하고 행복

했다. 내 마음과 통하는 책을 볼 때는 그루초 막스가 한 말처럼 "책은 인간의 가장 좋은 친구"라고 느꼈다.

나의 독서생활을 거슬러 올라가면 유년 시절이 먼저 떠오른다. 그 시절의 독서라고 하면 동화책을 읽은 것이라 하겠다. 언니들과 구연동화를 하고, 녹음과 재생을 반복하며 즐겁게 놀았던 기억이 생생하다. 《신데렐라》를 구연할 때는 서로 주인공을 하겠다고 언쟁했다. 《청개구리의 슬픔》은 나 혼자서 모든 역할을 소화했다. 즐겁게 녹음하고 반복해서 들었던 기억이 난다.

초등학교 2학년 때 우리 집은 도시에서 멀리 떨어진 곳에 있었다. 아버지 직장이 군부대였기 때문이다. 따라서 부모님은 비교적 교육여건이 좋은 대구 고모 댁으로 언니들을 보냈다. 동네에는 또래가 없었기 때문에 나는 혼자 있는 시간이 많아졌다. 이는 그간 내가 거들떠보지도 않았던 아동소설 전집을 읽게 된 계기가 되었다. 글의 양이 많고 두꺼운 데다 흑백이었던 그 책들은 정말 지루해 보였다. 그러나 이것들은 내 친구 역할을 톡톡히 했다.

중·고등학생 때의 독서생활은 언니의 영향을 많이 받았다. 언니가 읽고 책꽂이에 꽂아 놓은 책들은 그대로 내 독서목록이 되었다. 나는 소설보다는 실용서를 좋아하는 편이다. 반면 언니는 지금도 소설을 좋아한다. 따라서 그 당시 읽었던 소설이 요즘 읽은 것보다 많은 것 같다. 토마스 하디의 《테스》, 아가사 크리스티의 추리소설 등에 푹 빠져 밤을 새워 가며 읽었던 기억이 난다.

대학생 때는 수험생 생활에서 벗어나 자유를 만끽하며 보냈다. 주체할 수 없는 해방감에 휩쓸려 원 없이 놀았다. 여행을 충분히 못한 것 외에는 아쉬움이 없었기 때문에 3학년 때는 공무원 수험생 생활에 전념할 수 있었다. 나는 직장인이 되어서야 퇴근길에 교보문고를 드나들며 실용서를 읽기 시작했다. 사회초년생으로서 자기계발서를 주로 읽으며 자아실현과 성공을 위한 신념을 불태웠다.

나는 독서를 하면 할수록 행복과 충만함을 느꼈다. 지적 호기심과 지혜에 대한 갈망 또한 갈수록 커졌다. 책을 쓰는 사람은 내게 동경의 대상이었다. 작가 조앤 K. 롤링이 《해리포터》 시리즈로 베스트셀러 작가가 된 과정은 매우 유명하다. 나는 이를 통해 새로운 꿈을 키우게 되었다. 책을 쓰는 작가가 되는 것이었다.

나는 왜 글을 쓰고 싶을까? 유시민 작가는 《표현의 기술》에서 조지 오웰이 제시한 '글 쓰는 이유'를 다음과 같이 표현했다.

"첫째는 자기 자신을 돋보이게 하려는 욕망입니다. (중략) 둘째는 의미와 아름다움을 추구하는 '미학적 열정'입니다. (중략) 셋째는 역사에 무엇인가 남기려는 충동입니다. (중략) 넷째는 정치적인 목적입니다. (중략)"

나는 내가 책을 쓰려는 이유를 다음과 같이 적었다. 크게 세 가지로 정리해 보았다.

첫째, 나를 표현하고 이를 기록으로 남기기 위함이다.
둘째, 내 지식과 깨달음을 전하고 사람들에게 도움을 주기 위함이다.
셋째, 시간적, 경제적 자유를 얻기 위함이다.

나는 일생에서 한 번은 독자에서 '저자'가 되어 보고 싶었다. 또한 그것을 통해 시간적·경제적 자유로움을 만끽하고 싶었다. 내가 동경하는 일을 하면서 경제적인 문제까지 해결된다면 더없이 행복한 삶이 될 것이다.

내 어머니는 심금을 울리는 글을 잘 쓰셨다. 수험생 시절, 공부에 지쳐 힘들 때 어머니가 주신 한 통의 편지는 내게 큰 힘이 되었다. 나는 어린 시절 집 안 곳곳에서 어머니가 쓴 글을 종종 볼 수 있었다. 어린 내가 보기에도 아름다운 어휘와 마음을 움직이는 글이 무척 인상 깊었다. 이러한 성장과정이 작가의 꿈을 꾸게 한 배경이 된 것 같다.

유시민 작가는 《유시민의 글쓰기 특강》에서 "혹평과 악플을 겁내지 마라."라고 했다. 또한 나탈리 골드버그는 《뼛속까지 내려가서 써라》에서 "너무 많이 생각하지 말고 일단 거침없이 쓰라."고 한다. 나는 요즘 매일매일 글을 쓰며 글쓰기 근육을 단련하고 있다.

매일의 글쓰기가 지속성을 위한 것이라면 생산적 글쓰기는 효율성을 위한 것이다. 이쯤에서 내 버킷리스트 중 하나인 '1년에 2권 이상 책 쓰기'가 가능한지 얘기해 보자. 결론은 생산적 글쓰기와 마찬가지로 생산적 책 쓰기도 가능하다는 것이다. 나는 김태광 작가의 저서들을 통해 그것이 가능하다는 것을 확신했다. 일반인도 책을 쓸 수있다. 그것도 많이. 단, 책 쓰기 노하우를 터득한다면 말이다.

책 쓰기에 대한 대중의 관심이 높아지면서 우리는 관련 저서를 어렵지 않게 찾아볼 수 있다. 나는 주로 유시민 작가와 김태광 작가의 책에서 관련 정보를 얻었다.《김 대리는 어떻게 1개월 만에 작가가 됐을까》,《가장 빨리 작가 되는 법》등 김태광 작가의 저서에는 작가가 될 수 있는 실질적인 방법이 자세히 기술되어 있다. 크게 책의 기획, 집필, 출판부터 세부적으로 주제, 목차 정하기, 출판사 투고 방법 등 많은 노하우를 얻을 수 있다.

유시민 작가가 표현한 '문자 텍스트로 타인과 교감하는 능력'이란 정말 매력적이다. 나는 매년 2권 이상의 책을 출간해 활자로 타인과 교감하는 능력을 키울 것이다. 나는 말솜씨가 부족해서 유창하게 말하는 사람을 부러워했다. 이는 활자로 표현하는 것의 이점을 더욱 강하게 느끼게 해 주었다.

"좋은 책을 읽는 것은 과거 몇 세기의 가장 훌륭한 사람들과 이야기를 나누는 것과 같다."

르네 데카르트가 한 말처럼 나는 누군가의 훌륭한 사람이 되는
모습을 상상한다.

05

돈나무 시스템
구축하기

나는 꽤 어려서부터 부에 대한 욕구가 강했다. 부모님은 나에게 '남에게 무언가를 바라지 말라'고 가르치셨다. 또한 언니들은 내 욕망을 '속물적'이라고 표현했다. 내가 성인이 되고 인생을 경험해 보니 부모님의 말씀이 맞았다. 하지만 나를 '속물적'이라고 한 언니들 말은 틀렸다.

"내 삶의 목적은 무엇인가?", "내 삶의 길이 왜 중요한가?"

《부자 아빠 가난한 아빠 2》의 저자 로버트 기요사키는 책의 서두에서 이렇게 질문한다. 그러면서 친구의 일화를 소개한다. 해양 사관

학교를 같이 다녔던 친구는 로스쿨에 다시 들어가 변호사가 된다. 그는 제도권 내에서는 성공한 것으로 보이는 삶을 산다. 하지만 가족과 아이들, 주택융자와 청구서를 위해 열심히 살아온 그는 신랄하고 부정적인 사람이 되어있었다. 결국 그는 50대에 심장마비로 세상을 뜬다.

극단적인 사례이긴 하지만 보통의 우리 삶은 이런 생활에서 자유롭지 못하다. 내가 어려서부터 부를 간절히 원했던 이유는 이런 맥락에서다. 시간적, 경제적으로 자유로워야 영혼이 깨어 있고 진정으로 원하는 일을 찾을 수 있다.

나는 어린 시절 지방에서 주로 살았다. 아버지가 군인이었기 때문에 주택과 차량이 제공되어 나는 특별히 부족함을 느끼지 못했다. 오히려 우리 집이 꽤 잘사는 집이라고 생각했다. 친구들 부모님은 주로 농업에 종사했기 때문에 상대적으로 더 그렇게 느꼈던 것 같다. 그 시절, 학교에서 실시한 가정환경 조사서에 피아노, 소파 등을 자랑스럽게 기입했던 기억이 난다.

아버지의 발령으로 중학교 1학년 겨울에 서울로 이사 가게 되었다. 그때 내 심정은 기대 반, 두려움 반이었다. 서울은 정말 큰 도시였다. 나는 새로운 세계와 다양한 부류의 사람들을 보면서 큰 충격을 받았다. 이제껏 잘산다고 생각했던 우리 집은 그리 풍족한 수준이 아니었던 것이다.

내가 살던 동네에는 대문과 정원이 아름다운 주택이 많았다. 관악

산 정기를 받으며 아름답게 자리 잡은 주택들은 내 눈을 사로잡았다. 그런 주택에서 대문을 열고 걸어 나오는 아이들을 나는 항상 부러워했다. 주로 아파트에서 살았던 나는 이때부터 대저택에 대한 욕구가 생겼다.

《부의 추월차선》의 저자 엠제이 드마코는 "돈은 기하급수적으로 벌어들이는 것이다."라고 설명한다. 어린 시절의 저자는 람보르기니를 탄 젊은 부자를 보고 큰 충격을 받는다. 그 후 이혼가정에서 방임 속에 살던 그는 부자들에 대해 연구하기 시작한다. 그가 타깃으로 한 연구 대상은 다음과 같다.

1. 다소 사치스러운 라이프 스타일을 가졌거나 그럴 능력이 있는 사람들

나는 중산층 '옆집'에서 검소하게 살아가는 백만장자 이야기에는 관심이 없었다.

2. 비교적 젊거나(35세 이하) 단기간에 돈을 번 사람들

나는 일생의 40년 정도를 일하고 아껴 쓰며 백만장자가 된 사람들에게는 관심이 없었다. 나는 늙은 부자가 아니라 젊은 부자가 되는 것을 목표로 삼았다.

3. 자수성가한 사람들

나는 빈털터리였다. 애초에 금수저를 물고 태어난 사람들은 내 연구 대상이 될 수 없었다.

4. 인기가 많거나 타고난 재능이 있는 사람들

야구선수, 연예인이기 때문에 제외시켰다.

20대부터 내가 원했던 부의 기준은 저자와 비슷했던 것 같다. 서두에서 얘기했던 것처럼 언니들은 나를 '속물적'이라고 훈계했다. 하지만 지금의 우리 삶은 어떤가?

우리는 성장과정에서 '부모님 말씀을 잘 듣는 착한 어린이상'을 배워 왔다. 또한 제도권 교육을 받으며 '봉급생활자'가 되도록 프로그래밍 되었다. 사회에 나와서 보니 그 명석했던 우등생들은 직장인이 되어 나와 비슷하게 하루하루 시간에 쫓기며 '열심히' 살고 있다. 경제적으로 안정은 되었을지언정 그뿐이다. 상위자아를 찾거나 영혼을 위한 삶과는 거리가 멀다. 왜냐하면 우리는 다람쥐 쳇바퀴 안에 있기 때문이다. 누군가 설계해 놓은 이 쳇바퀴를 스스로 벗어나지 않는 한 이 생활은 평생 지속될 것이다.

나는 물론 누군가는 선망하는 안정된 직장에 다니고 있다. 또한 자부심을 가지고 열심히 일했다. 그런데 언제부턴가 내 열정의 동기가 순수하지 않고 인위적이라는 생각이 들었다. 내적 요인보다는 외적 요인에 의해 움직이고 있었던 것이다. 이를테면 가족의 안정적인 삶, 주변의 시선, 인간 '김나미'보다는 직장과 직급을 간판으로 한 '김나미'.

내가 일하는 조직에는 순수한 열정과 사명감으로 일하는 훌륭한 분들이 많다. 경외심을 갖게 하는 그들을 보며 나는 생각했다. '내 마음은 과연 어떤가? 나도 그들처럼 일하고 있는가?'

　내가 원하는 삶은 좀 더 다른 차원의 것이었다. 나는 어려서부터 자유분방하고 자유로운 영혼의 소유자라고 느꼈다. 따라서 직장생활을 하면서 내적 갈등을 느꼈다. 사실 직장인이라면 대부분 이러한 어려움을 겪는다고 생각된다. 로버트 A. 하인라인은 다음과 같이 말했다.

　"명확히 설정된 목표가 없으면, 우리는 사소한 일상을 충실히 살다 결국 그 일상의 노예가 되고 만다."

　나는 돈나무를 만들기 위한 첫 작업을 진행하고 있다. 책을 쓰고 강연하며 내 지식을 전달하는 메신저가 될 것이다. 그리고 이것을 웹상에 견고하게 구축할 것이다. 우리의 친구 '네이버'는 매우 호의적인 사용 환경을 제공하고 있다. 우리는 웹기반 환경에서 무궁무진한 돈나무 시스템을 만들 수 있는 것이다.

　나는 자녀에게 많은 경험이 가능한 윤택한 환경을 제공해 줄 것이다. 풍요 속에 절제의 미덕을 갖춘 성공자의 인생을 살게 할 것이다. 남편과 나는 같은 집에 살면서도 서로 너무 그리워한다. 날마다 너무 바쁘기 때문이다. 시간적·경제적으로 자유로운 나는 남편과 더 많은 시간을 함께할 것이다. 나는 내 영혼에게 자유를 선사하고 인간의 고귀함을 마음껏 누릴 것이다!

자녀교육 대표 도서 출간하기

| 염지혜 |

염지혜 　자녀교육 멘토, 자기계발 작가, 동기부여가

초등학교 교사이자 자녀교육 멘토, 동기부여가라는 가슴 설레는 꿈을 그리며 학부모들의 멘토로 활동하고 있다. 저서로는 《죽기 전에 꼭 하고 싶은 것들》이 있으며, 현재 '야단치지 않고 키우는 육아법'을 주제로 개인저서를 집필 중이다.

01

베스트셀러 작가 되어
저자 강연회 하기

어린 시절부터 나는 책을 끼고 다녔다. 친척들이 집에 놀러 올 때도 나는 항상 책에 몰두해 있었다. 때문에 친척들은 "지혜야, 무슨 책이 그렇게나 재미있니?"라고 물어보시곤 했다. 책꽂이에는 세계 명작 동화 전집이나 우리나라 전래동화 전집, 과학도서 시리즈 등 주로 전집들이 많았다.

하지만 우리 집은 전집 도서를 새것으로 사 줄 형편이 되지 못했었다. 때문에 아버지께선 회사 동료의 자녀가 커서 더 이상 읽지 않게 된 책들을 얻어 오시곤 했다. 그리고 당시 출판사에 근무하셨던 작은아버지께서 선물로 주신 책들이 대부분이었다.

초등학생 시절 내가 가장 좋아한 책은 《톨스토이의 아주아주 작은 이야기》였다. 톨스토이 단편선을 어린이용으로 각색해서 출판한 책이었다. 그 책을 너무 좋아한 나머지 나는 종이에 '지혜의 아주아주 작은 이야기'라고 제목을 쓰고 이야기를 지어 나만의 책을 만들었다. 그러곤 사촌들이나 친구들에게 내가 만든 책을 보여 주고 읽어 주기도 했다.

지금 생각하면 어린 시절 놀이의 하나였지만, 아마 이때부터 '작가'라는 꿈이 내 안에 생겨나기 시작했던 것 같다. 그러나 어른이 되어 가면서 책을 읽는 독자로서의 역할에만 익숙해졌다. 그러다 책을 쓰는 작가가 되겠다는 상상은 어느새 사라져 버렸다.

대학을 졸업하고 임용고시에 합격해 초등학교에서 근무하게 되었다. 매일 출퇴근을 반복하며 나의 교직 경력은 조금씩 쌓여 갔다. 이 패턴에 익숙해지면서 내 안의 의문은 점점 커지고 있었다. '과연 내 삶의 비전은 무엇일까?' 특히 30대를 넘어서면서 이 '비전'에 대한 의문은 더 갈급하게 다가왔다.

물론 지금 나의 직장과 내가 가르치고 있는 예쁜 아이들, 대학원 공부 등은 그 자체로 소중하다. 하지만 더 근본적으로 왜 내가 이 땅에 태어났으며, 하나님이 주신 나의 비전이 무엇인지 궁금했다. 나는 교회에서도, 집에서도, 장소를 가리지 않고 떠오르는 대로 나의 비전에 대해 하나님께 여쭤 보며 기도했다.

비전에 대해 어느 정도 잊고 지내고 있을 때, 일본 여행을 계획하게 되었다. 그러던 중 우연히 교토에서 한 달 살기를 주제로 한 여행 에세이 책이 눈에 들어왔다. 책의 내용은 제목 그대로 교토에서 한 달가량 머물면서 일상을 기록한 일기 같았다. 여행 분야 베스트셀러 인 데다, 저자는 책 내용을 가지고 여러 군데 강연도 다니고 있었다.

사실 나도 여행을 매우 좋아한다. 미국 여행을 한 번 떠날 때마다 한 달여씩 머물렀다. 세 번 정도 그렇게 장기간으로 다녀왔다. 만약 그때의 일상을 기록했다면 책 한 권을 쓸 수 있었을 것 같았다. 그때 부터 내 안에서 조금씩 '나도 작가가 되고 싶다'는 소망이 생기기 시 작했다. 그러면서 어떤 책을 쓸 것인지 점차 구체화하게 되었다. 결론 적으로는 내 전공을 살려 자녀교육서나 청년들을 위한 신앙 에세이 를 쓰고 싶었다.

당시 나는 '잠들기 전에 세 번 소원을 쓰면 이루어진다'라는 내용 의 자기계발서를 읽고 있었다. 그때가 책에 쓰인 원리를 현실에서 적 용해 볼 수 있는 좋은 시기였다. 그날부터 곧바로 세 가지 소원 중 첫 번째 소원을 적기 시작했다. '올해 안에 책을 출간하고 베스트셀러 작 가'가 되고 싶다고.

나는 그렇게 매일 밤 잠들기 전에 세 가지 소원을 수첩에 적었다. 소원을 적으면 적을수록 어쩐지 소원이 이루어질 것 같은 확신이 생 겼다. 이 세 가지 소원 적기를 시작한 지 며칠이 지나지 않은 광복절 날이었다. 공휴일을 맞아서 광화문의 한 대형서점에 가고 싶은 기분이 들었다. 나는 보통 인터넷으로 책을 주문하거나 동네의 서점에서 신간들을 둘러보고 구입하곤 했다. 그런데 작가가 되고 싶다는 소원 쓰기를 매일 해서인지 우리나라에서 가장 큰 서점에 들러 베스트셀러 코너에 전시된 책들을 직접 보고 싶었다.

서점에 도착하자마자 나는 종합 베스트셀러 코너로 향했다. 사람들이 가장 많이 드나들고 눈에 띄는 길목에 베스트셀러 코너가 있었다. 선반에는 맨 위부터 책들이 순위별로 쭉 진열되어 있었다. 그중 선반의 가장 위쪽에 놓여 있는 종합 베스트셀러 1위 책을 집어 들었다. 《죽고 싶지만 떡볶이는 먹고 싶어》란 책이었다. 워낙 유명해서 익히 알고 있던 책이었다.

나는 베스트셀러 1위인 그 책이 내 책이라고 상상하기 시작했다. 먼저 표지를 보면서 작가명에 '염지혜'라고 적혀 있다고 상상해 보았다. 책장을 몇 페이지 넘기며 '내 책이 베스트셀러 1위에 오르고 내가 지금처럼 서점에 와서 직접 그 책을 만져 보고 있다면 어떤 느낌이 들까?'라고 생각했다. 그러자 상상만으로도 가슴이 벅차오르고 얼굴 가득 웃음꽃이 피었다. 나는 마치 정말로 내 책이 베스트셀러 1위인 것처럼 책을 손에 들고 얼마간 즐겁게 상상했다.

선반에는 각 책이 놓인 자리에 1위부터 숫자가 붙여져 있었다. 나무로 된 입체적인 모양의 숫자였다. 나는 1위의 숫자 1도 손으로 직접 만져 보았다. 숫자 1의 나무 느낌을 생생하게 내 마음속에 새겨 보왔다. 그러고 나서 베스트셀러 코너를 사진으로 여러 장 찍어 두었다. 나중에도 수시로 사진을 보며 작가가 된 나의 모습을 느끼고 싶어서 였다. 그 후 잠들기 전 소원 쓰기를 하면서 종합 베스트셀러 코너를 찍은 사진도 함께 보며 소원을 빌었다.

그렇게 소원 쓰기를 계속하던 어느 날 아침, 눈을 떠서 휴대전화를 켜고 SNS를 보는데 〈한책협〉이 눈에 들어왔다. 어떤 책의 작가가 이곳에서 책 쓰기를 배우고 책을 출판했다는 내용인 것 같았다. 나는 순간 '바로 이것이다!'라는 감이 왔다. 당장 검색을 통해 〈한책협〉이 어떤 곳인지 살펴보았다. 여기라면 내가 소망해 온 '올해 안에 책을 출간하고 베스트셀러 작가 되기'가 이루어질 수 있을 거라고 확신했다.

나는 당장 작가 과정에 등록했다. 그러곤 〈한책협〉의 대표 코치님과 상담하고 내 전공을 살려 자녀교육을 주제로 집필을 시작하게 되었다. 작가 과정 수업을 듣고 책 제목과 목차가 완성되어 갈수록 내 꿈이 이미 현실로 나타나고 있음을 느끼고 있다.

숱한 자기계발서에 나와 있는 대로 정말 진심으로 무언가를 바라면 그 소망은 실체가 되어 나타난다. 꿈이 목적으로 이어지기 때문에 내가 하는 행동이나 주변에서 일어나는 일들은 모두 알고 보면 그 꿈을 이루려 필연적으로 벌어질 수밖에 없는 것들이다. 이미 베스트셀러 작가라는 꿈을 향해 나의 배는 항해를 시작했다. 어느 길로 가든,

도중에 어떤 일이 일어나든 목적지는 정해져 있다. 때문에 나는 꿈을 향한 여정을 그저 즐기기만 하면 된다.

나는 처음 세 가지 소원을 적기 시작한 후부터 지금까지 계속 잠들기 전에 소원 적기를 실천 중이다. 소원을 다 적고 나서 서점을 방문해 찍었던 베스트셀러 진열대 사진도 다시 꺼내 들고 찬찬히 바라보기도 한다. 그리고 베스트셀러 작가들의 저자 강연회 사진이나 대형서점의 저자 사인회에서 길게 줄을 선 사람들의 모습 등이 담긴 사진들도 휴대전화에 저장해 두고 있다. 그러곤 사진 속 베스트셀러 작가가 바로 나라고 상상한다.

내가 책을 내고 저자 강연회를 열어 사람들 앞에 선다면 어떤 기분일까? 맨 앞에 앉아 있는 사람들의 모습은 어떤 모습일까? 나는 첫인사를 어떻게 시작하고 있을까? 상상의 나래를 펼쳐 본다. 저자 사인회를 대비해 이것저것 좀 더 멋진 사인을 만들기 위해 종이에 사인 연습도 해 본다.

주변에서 나의 이런 모습을 안다면 아직 책 계약은커녕 완성된 원고조차 없는데 김칫국부터 마시고 있다고 생각할지도 모른다. 그러나 나는 상상하는 모습이 곧 바깥세상에서 내가 체험할 수 있는 현실로 나타난다는 사실을 믿는다. 때문에 오늘도 이미 나의 마음가짐은 베스트셀러 작가다.

베스트셀러 작가가 되어 내가 펼치고 싶은 비전은 무엇일까? 책을 출간하고 베스트셀러 작가가 된다는 자체만으로도 굉장한 일이다. 하지만 작가가 된다는 소망을 통해 나는 자녀를 키우는 모든 부모님들과 내가 가진 경험과 지식들을 나누고 싶다.

나는 대학 때 특수교육을 전공하고 초등학교의 특수교사가 되었다. 일반 초등학교에 재학 중인 장애학생들의 통합 교육을 약 10여 년간 했다. 그러면서 많은 아이들과 학부모님들을 만났다. 또한 대학원에서 특수교육 석사과정과 박사과정을 밟으면서 연구를 진행했다. 그렇게 초등학교 시기의 아이들뿐만 아니라 중·고등학생들과 그 학부모님들도 만나 자녀교육에 대한 이야기를 나눌 기회가 많이 있었다.

내가 교사로 첫 발령받았을 때에 비해 요즘은 확실히 교실에서 정서 및 행동적으로 눈에 띄는 아이들이 많이 늘어나는 추세다. ADHD를 진단받고 약물 복용을 권유받아 고민하는 사례, 분노 조절이 어려워 친구나 교사에게 공격적인 말과 행동을 보이는 사례들이 주변에 참 많다. 또한 내가 특수교육 전공이다 보니 학부모님들은 아이의 발달과 관련해서 자주 상담을 해 오신다. 그러다 보니 다양한 사례들을 많이 접하게 되었다.

나는 상담을 진행하면서 부모님들이 겪는 자녀교육에 대한 어려움을 이해하고, 깊이 공감했다.

나는 그동안의 나의 교직 경험을 살려 많은 아이들과 부모님들에게 도움을 주고 싶다는 생각이 들었다. 그리고 그 생각을 행동으로 옮기기로 결심했다. 그 첫 번째 행동은 바로 여태 만나 온 다양한 아이들의 사례, 국내외 연구들을 종합한 육아서를 내는 것이다. 나는 내 이름으로 된 책을 출간해 자녀교육에 대해 고민하시는 부모님들에게 조금이나마 도움이 될 수 있기를 소망한다.

02

비영리단체
설립해서 운영하기

나의 버킷리스트로 비영리단체 설립과 운영을 생각하게 된 계기는 작년 여름 미국에서의 경험이 바탕이 되었다. 작년 6월 말에 나는 학회에 참석하기 위해 미국 코네티컷주에 위치한 하트포트시를 방문할 기회가 있었다. 5일간의 학회 일정이 끝나고 함께 참석했던 교수님은 한국으로 귀국하셨지만 나는 코네티컷에서 시외버스를 타고 뉴욕으로 향했다. 그 당시 나는 휴직하고 대학원에 재학 중이었다. 때문에 여름방학을 맞이해 얼마간의 여행을 할 수 있는 시간적인 여유가 있었다.

하트포트시에서 버스로 약 2시간가량 달려 뉴욕의 맨해튼에 도착했다. 나에게는 약 3주간의 여유 시간이 있었다. 처음 며칠간은 맨해튼의 명소도 가 보고 유명한 맛집도 다니며 즐겁게 보냈다. 그러나 혼자 여행을 다니다 보니 말동무가 없어 심심했다. 도시의 관광지도 거기서 거기였다.

그러던 어느 날 저녁, 관광을 마치고 숙소에 돌아와서 내일 가 볼 곳을 검색하려고 노트북을 켰다. 그러다 뜬금없지만 '여기서 봉사활동을 하면 어떨까?' 하는 생각이 들었다. 나는 뉴욕에 와서도 주일에 근처 교회에 나가 예배를 드렸다. 그러다 '교회에서 진행하는 봉사활동이 있지 않을까?' 하는 생각에 이르렀다. 그래서 숙소 주변의 교회와 맨해튼의 이름 있는 교회들의 홈페이지를 살펴보았다. 대부분의 교회에서 봉사활동을 하고 있었다. 그러나 그 교회의 교인이 아니면 접근이 쉽지 않았다. 나도 영어가 능숙하지 못한 만큼 봉사 프로그램에 참여하기가 어려워 보였다.

봉사활동에 대한 마음을 어느 정도 접고 맨해튼에서 할 수 있을 만한 다른 활동을 찾아보았다. 그때 마침 맨해튼 동쪽에 위치한 작은 동네 도서관에서 운영하는 영어 교육 프로그램이 눈에 들어왔다. 무료 강의인 데다 영어도 배울 수 있는 좋은 기회였다. 나는 당장 홈페이지를 통해 예약하고 수업일인 토요일이 오길 학수고대했다.

드디어 토요일이 되었다. 나는 숙소 근처의 50번가 역에서 지하철을 타고 도서관이 있는 맨해튼 동쪽으로 향했다. 도서관에 도착한 나는 하마터면 그냥 집으로 돌아갈 뻔했다. 아주 조용한 주택단지 사이에 위치한 도서관 건물이 생각보다 너무 작았기 때문이었다. 게다가 솔직히 말하면 '여기에 누가 오기는 할까?'라는 생각이 드는 분위기였다.

입구에서 조금 망설이다가 나는 '그래도 여기까지 왔으니 들어가 보자'라고 생각하며 문을 열고 들어갔다. 들어가니 할머니, 할아버지들 몇 분 앉아 계시고 분위기가 아주 조용했다. 다시 '그냥 돌아갈까?' 하는 생각이 들었다. 그러던 차에 안내데스크의 직원이 나타나 나에게 어떻게 왔는지 물어보았다. 영어 수업에 왔다고 하니 엘리베이터로 안내해 주었다.

그렇게 해서 이젠 집에 돌아가지도 못하고 영어 수업 교실로 들어서게 되었다. 다행히 교실에는 수업을 들으러 온 사람들이 많았다. 나는 교실 뒤쪽의 테이블에 자리를 잡았다. 테이블별로 선생님이 따로 계시고 모둠별로 수업이 이루어지고 있었다. 우리 테이블에는 동양인 선생님이 계셨다. 알고 보니 한국 사람이었다.

선생님과 이야기해 보니 주말인 토요일마다 도서관에 와서 영어 수업을 하며 봉사활동을 하고 있다고 했다. 그러면서 여기 도서관의 선생님들은 모두 'New York Cares'라는 자원봉사 단체를 통해 봉사활동을 하는 거라고 얘기해 주었다.

나는 그 이야기를 듣는 순간 '아! 내가 찾던 곳이다!'라는 생각이 번뜩 들었다. 나는 수업을 마치고 집에 오자마자 New York Cares라는 단체를 검색해 보았다. New York Cares는 비영리단체로 말 그대로 뉴욕시티를 중심으로 자원봉사자가 필요한 단체와 봉사활동을 하고 싶어 하는 사람을 연결시켜 주는 역할을 하고 있었다. 거리 페인팅, 나무 심기 등 도시재건활동과 어린이 및 노인들을 위한 교육 활동, 빈민자 및 노숙자들을 위한 식사제공활동 등 다양한 봉사활동이 이루어지고 있었다.

나는 다양한 봉사활동 분야를 살펴보았다. 그러면서 이왕이면 내 전공을 살려 참여할 수 있는 활동이 있는지 검색해 보았다. 마침 며칠 뒤에 자폐 범주성 장애인과 그 가족들을 위한 음악회의 스태프를 모집하는 프로그램이 있었다. 그런데 이미 자원봉사 신청 인원이 다 차서 마감되어 있었다. 그러나 나는 별로 개의치 않았다. 잘 모르겠지만 어찌 되었건 나는 이 봉사활동을 하게 될 것 같았기 때문이다.

내 느낌이 맞았는지, 다음 날 저녁에 다시 확인해 보니 마침 자원봉사자 자리가 딱 하나 비어 있었다. 누군가 취소를 한 모양이었다. 나는 당장 신청했다. 그러곤 본격적인 봉사활동 전에 오리엔테이션에 참가하게 되었다. 맨해튼 남부의 월스트리트에 위치한 New York Cares 본사에서 이루어진 오리엔테이션에는 많은 자원봉사자들이 모였다. 기존 봉사자들의 리더로 활동하는 분께서 비영리단체로서의 New York Cares의 비전과 운영 방법, 봉사를 받는 사람들과 봉사자들에게 미치는 긍정적인 영향들을 설명해 주셨다.

New York Cares는 봉사활동이 필요한 단체와 봉사활동에 지원하려는 사람들을 홈페이지 또는 모바일로 아주 간편하고 쉽게 연결시켜 주는 시스템을 가지고 있었다. 그동안 나는 봉사활동을 하려고할 때마다 일정과 관심 분야가 일치하는 활동을 찾기가 어려웠었다. 그 때문에 New York Cares의 편리한 봉사활동 연결 시스템은 나에게 매력적으로 다가왔다. 오리엔테이션을 들으며 어느새 나도 이런 비영리단체를 만들어야겠다는 생각이 강해졌다.

몇 년 전, 나는 장애아들을 위한 봉사활동 프로그램을 계획한 적이 있었다. 내가 초등학교에서 특수교사로 근무한 지 얼마 안 되었을 때의 일이었다. 교실로 전화 한 통이 걸려 왔다. 학교 근처 복지시설에서 근무하시는 선생님의 전화였다. 시설에 거주 중인 한 아이가 초등학교에 갈 나이가 되어 입학통지서가 날아왔는데, 건강이 매우 안 좋다는 것이다. 아이는 거의 병원에서 지내고 있다고 했다. 그래서 올해는 초등학교 입학을 유예하고 싶다는 용건이었다. 전화 내용을 들어보니 중도·중복장애가 있는 아이였다. 일상의 대부분을 누워서 지내며 튜브관을 통해 유동식을 먹고 있었다.

나는 선생님과 상담하며 일반 학교 외에도 교육을 받을 수 있는 학교 시스템을 소개해 드렸다. 그러나 이 아이는 건강이 매우 좋지 않아 특수학교조차도 출석이 어려운 경우였다. 이런 경우에는 순회교육을 신청할 수 있었다. 순회교육은 교사가 직접 시설을 방문해서 매일 실시하는 특수교육이다. 시설 선생님은 기뻐하시며 그럼 순회교육을 신청해 보겠다고 하셨다. 이후 교육청에서 심사를 거쳐 아이는 순회교육 대상자로 선정되었다. 그렇게 유예를 하지 않고도 학교 교육을 받을 수 있게 된 것이다.

나는 이후에도 때때로 침대에 누워 있는 그 아이가 떠올랐다. 실제로는 한 번도 본 적 없는 아이였다. 하지만 침대에 누워 천장을 바라보고 있는 아이의 모습이 자꾸만 생각났다. 집에서 설거지를 하다가도 문득 아이의 모습이 떠오르곤 했다. 순회교육을 받는다고 하더라도 실제로 학교에 다니는 것처럼 많은 시간을 교육받기는 사실상 어렵다. 순회교육을 하시는 선생님은 여러 아이들을 방문한다. 때문에 시간을 정해 두고 주기적으로 방문해야 한다. '그렇다면 한 시간 교육을 제외한 나머지 시간에 그 아이는 무엇을 할까?'

아마 이 생각으로 아이가 계속 내 마음에 걸렸던 것 같다. 아이는 장애로 인해 대부분의 생활을 침대에 누워서 하게 된다. 그러니 순회교육 선생님이 오시는 시간이나 시설에서 실시하는 활동들 외에는 아이가 재미있어 할 별다른 활동이 없을 것 같았다.

그래서 나는 '그 아이처럼 중도·중복장애로 인해 학교에 직접 나오기 어려워 순회교육을 받는 아이들에게 책 읽어 주는 봉사활동을 하면 어떨까?'라고 생각하기 시작했다. 나의 대학 동기들과 근처 학교에서 근무하시는 선생님들이 모였다. 우리는 한 달에 한 번씩 회의도

하고 팀을 짜서 방문하는 프로그램을 계획했다. 그러나 내 생각과 달리 봉사자 모집이 잘 안 되었다. 그뿐만 아니라 내가 개인이다 보니 시설에서도 모르는 사람을 쉽사리 자원봉사자로 받아 주기 어려워했다. 자원봉사를 원하는 사람이 있어도 시설과의 일정을 맞추기도 쉽지 않았다. 그러면서 책 읽어 주기 봉사활동은 계획 단계에서 흐지부지되었다.

나는 New York Cares를 통해 소개받은 자폐 범주성 장애인과 그 가족들을 위한 음악회의 스태프로서 봉사활동을 마쳤다. 봉사활동을 마치고 나는 비영리단체를 설립하고 운영해야겠다는 생각이 더 확고해졌다. 먼저 내 전공 분야를 살려 장애아동 또는 어려운 형편의 아이들과 그 가족을 위한 봉사활동 프로그램 중심으로, 봉사가 필요한 기관과 봉사하고 싶은 사람들을 연결해 주는 비영리단체를 운영할 것이다. 그러면 기관과 자원봉사자 모두에게 윈윈이 될 수 있을 것이다.

나는 귀국 후에 우리나라의 비영리단체에서 봉사활동도 하고, 이미 비영리단체를 운영하고 있는 대학의 선배도 찾아가서 조언도 들었다. 그렇게 내 꿈을 실현시킬 기반을 다지고 있다. 이 버킷리스트 선언을 통해, 나는 비영리단체에 대한 나의 비전에 한 걸음 더 다가가고 있다.

03

TV와 강연으로 청년들에게
희망 나눠 주기

나는 대학교 2학년 때까지 자기계발서를 한 권도 읽어 본 적이 없었다. 책을 좋아해서 항상 독서를 하고 있었다. 그러나 대부분이 소설이나 에세이와 같은 문학작품이었다. 그 외엔 수업에 필요한 교재나 영어 학습 책이었다. 사실 자기계발서란 분야의 존재조차 인식하지 못했었다. 서점에 다니면서도 내가 관심 있고 알고 있는 분야의 코너에만 갔다. 그러다 보니 자기계발서 코너 쪽은 나와는 먼 거리에 있었다.

그러던 중 대학교 3학년 때, 기숙사생활을 시작하게 되었다. 강의실과 기숙사가 가깝다 보니 수업을 마치고 저녁을 먹고 나면 남는 시간이 많았다. 여유 시간이 많다 보니 생각도 많아졌다. 평소처럼 인터넷을 검색하던 중 우연히 《부자 아빠 가난한 아빠》라는 책 제목이 눈에 들어왔다. 로버트 기요사키라는 사람이 쓴 책으로 이미 전 세계적으로 베스트셀러였다.

먼저 제목이 참 묘하게 다가왔다. '부자 아빠 가난한 아빠?' 극명하게 대비되는 이미지였다. 나는 어릴 적 아버지의 실직으로 인해 매우 좋지 않은 집안 형편에 맞닥뜨린 경험이 있었다. 아버지가 재취업을 하시고 어머니도 일을 시작하셨지만 형편은 그다지 나아지지 않았다. 때문에 책 제목의 '부자'와 '가난한'이라는 단어가 내 마음에 순간 확 다가왔던 것 같다. '가난한' 것은 내가 벗어나고 싶은 우리 집안의 사정이었고 '부자'는 내가 가장 되고 싶은 존재이면서도 나와는 다른 별나라 세상의 이야기였다. 그야말로 내 안의 극과 극의 마음을 가장 잘 대변하는 책 제목이었다.

나는 호기심에 그 책을 주문했다. 책이 도착해서 기숙사의 내 침대에 걸터앉아 처음 책장을 펼치던 그날이 지금도 생생하다. 책의 내용은 그야말로 참 이상했다. 너무나 이상하고 도무지 이해가 안 되어서 처음부터 다시 읽어 나가기를 몇 차례 반복했다. 내가 지금껏 가지고 있던 돈에 대한 개념, 돈에 대한 가치관, 돈을 벌 수 있는 방법과는 너무도 달랐다. 아예 정반대였다. 나는 책을 계속 읽어 나가며 '이게 도대체 뭐지?' 하는 생각만 들었다. 살면서 나에게 이런 식으로 돈에 대해, 그리고 성공하는 방법에 대해 말해 준 사람은 아무도 없었다.

　그러나 읽으면 읽을수록 정말로 책 내용에 완전히 빠져들게 되었다. 책을 처음부터 되돌아가 읽기를 반복하며 거의 끝까지 읽어 내려갈 무렵 갑자기 눈물이 주르륵 흘렀다. '아, 이래서 가난한 사람은 계속 가난했던 거구나. 왜 아무도 이런 방법을 알려 주지 않은 거야?' 허탈감과 함께 왠지 원망도 들었다.

　그렇게 울고 난 후, 나는 책을 다시 펴 들고 끝까지 읽었다. 그러곤 로버트 기요사키 작가에 대한 정보를 찾았다. 저자는 극도로 가난한 삶을 겪으며 그 안에서 부를 축적해 성공하는 방법을 깨달았다. 그렇게 지금은 세계적으로 성공한 사람이 되었다. 그야말로 전설적인 사람이었다.

　나는 로버트 기요사키의 《부자 아빠 가난한 아빠 2》를 비롯한 관련 시리즈들을 모조리 다 구매했다. 한 권 한 권 읽으며 저자가 이야기하는 돈에 대한 가치관과 성공하는 방법에 대해 더 자세히 이해할 수 있었다. 그러면서 자기계발서라는 분야에 빠져들게 되어 다른 유명한 책들도 읽어 가기 시작했다.

　토니 로빈스의 《네 안에 잠든 거인을 깨워라》, 《거인의 힘 무한능력》을 시작으로 나폴레온 힐의 책 등 자기계발서의 스테디셀러 종류는 닥치는 대로 구입해서 읽었다. 마치 봇물 터지듯 읽어 나갔다. 그리고 점차 세상을 바라보는 나의 가치관과 부와 성공에 대한 생각도 점점 변하게 되었다. 그 이후로 나는 소설책은 거의 보지 않게 되었다. 주로 읽는 책은 자기계발서였다. 사실 자기계발서만 읽기에도 시간이 부족했다.

여러 가지 다양한 자기계발서를 읽어 나가다 점차 론다 번의 《시크릿》과 같은 의식 확장에 관련된 책들을 접하게 되었다. 우리가 생각하는 마음이 곧 현실이며 모든 것은 우리의 마음에서 시작된다는 이야기였다. 마음으로 원하고 상상하면 내가 살고 있는 바깥 현실에서 그대로 실현된다는 원리다. 양자물리학과 같은 현대과학 이론을 실생활에 적용해 성공한 사람들의 경험담을 통해서 이 원리가 우리가 사는 세상을 움직이는 근원임을 알게 되었다.

단순히 부와 성공뿐만 아니라 내가 이 세상에 태어난 이유와 비전에 대한 관점이 점차 명확해져 갔다. 나는 주변 친구들에게도 이 책들을 선물해 주거나 추천해 주었다. 더욱 많은 사람들이 이 원리를 알게 되었으면 하는 마음이 생겼기 때문이었다.

교회에서 청년부 활동을 하다 보면 1년에 두 번씩 팀원들이 바뀌어도 기도 제목은 누구나 비슷하다는 것을 알게 된다. 주로 가족들의 건강이나 일에 대한 기도다. 특히 30대이다 보니 일에 대한 기도가 많다. 주로 회사에 일이 생겼는데 잘 해결되었으면 하는 내용이다. 회사 사람 중에 자신을 괴롭히거나 짜증나게 하는 사람이 있다는 이야기, 회사 사정이 좋지 않아 조용히 눈치를 보고 있다는 이야기, 일이 너무 많아서 힘들다는 이야기들이 대부분이다. 아니면 취직이 어려워 영어공부나 취업에 필요한 공부들을 계속하고 있다는 내용도 많다.

내 또래의 사회 친구들의 고민도 이와 별반 다르지 않다. 결혼해야 한다는 압박감이나 원하는 배우자를 만나고 싶은데 잘 안 되는 현실에 속상해한다. 또한 직업이 있으면서도 일에서 점점 삶의 가치를 찾지 못하고 '과연 내 진짜 비전이 무엇일까?' 하며 항상 스스로에게 물어본다. 우리 사회는 청년들에게 특히 각박하고 참 세상 살기가 어렵다고 느껴진다. 그러면서 '소확행'이라는 유행어가 청년들의 마음을 대변하듯, 퇴근 후 좋아하는 소소한 활동을 하면서 잠깐의 휴식을 취하며 스스로를 다독인다.

그러나 우리는 정말로 '소확행'을 원하는 것일까? 자신의 마음 깊숙한 곳을 들여다본다면 나는 절대 우리의 마음은 "네"라고 대답하지 않을 것이라고 생각한다. 우리가 '소확행'을 추구하게 된 이유는 무엇일까? 힘든 세상살이에서 내가 진짜 바라는 성공한 삶을 위해 노력하는 과정보다 차라리 내 삶의 기준을 확 낮추어 버리면 노력하지 않고 이대로 살아도 괜찮다고 느껴지기 때문이 아닐까?

'소확행'을 행할수록 내 안에서 정말로 바라는 비전과 삶은 점점 그 빛을 잃고 나중에는 존재조차 희미해져 버린다. 그러나 우리가 살아 있는 한 욕구는 절대로 완전히 없어지지 않는다. 그저 억눌려 있을 뿐이다. 자신의 마음을 속이고 있다 보니 점점 내 안에 불만이 가득 차게 된다. 그리고 그 에너지는 밖으로 분출되어 자기 비하나 세상에 대한 원망 등으로 나타나게 된다.

나도 마찬가지다. 자기계발서를 많이 읽고 세상의 원리에 대해 알게 되었지만 막상 힘든 일이 다가오면 또다시 '소확행'의 덫으로 빨려 들어간다. '그래, 세상은 원래 이렇게 힘든 거야' 하면서. 하지만 나는 내 또래의 청년들에게 꼭 이야기해 주고 싶다. 취업을 위한 끝없는 공부, 직장에서의 여러 사람들과의 부딪침, 매일 계속되는 야근, 지친 체력, 부모님과의 갈등, 내 집 마련은 꿈도 못 꾸고 월세나 전세로 이사 다니는 현실, 결혼에 대한 경제적 부담감 등등. 그야말로 '흙수저'의 삶.

"당신은 '흙수저'가 아니다. 당신은 하나님의 형상을 타고난 하나님의 자녀다. 태어날 때부터, 혹은 그 이전부터 존귀하고 사랑으로 가득 찬 존재다. 마땅히 사랑받고 사랑하며 이 세상에서 풍요롭게 살아가야 할 존재다."

나는 청년들에게 이 말을 꼭 전해 주고 싶다. 그러나 우리는 너무 쉽게 자기 자신을 비하한다. 또는 그저 '이 정도면 됐어' 하고 자신의 가능성을 체념해 버린다. 힘든 세상 때문에 그렇게 내 삶을 체념할 수밖에 없다고 생각한다. 또한 그 힘든 세상이 실은 내 안에서 시작되었음을 인지하지 못한다.

나는 책을 내고 베스트셀러 작가가 되어 TV나 강연회 등을 통해 보다 많은 청년들에게 나의 성공스토리를 들려주고 싶다. 나의 성장과정과 책을 통해 세상을 보는 관점이 달라진 이야기, 그리고 그 관점을 실생활에 적용해 성공한 이야기를 청년들에게 들려주려 한다. 나의 실제 성공담을 바탕으로 한 내 강연을 들은 청년들이 '하나님의 자녀'로서 자신을 바라볼 수 있도록 하는 것이 나의 소망이자 비전이다.

04

부모님께 서초구 아크로리버파크 선물해 드리기

내 집 마련은 이 세상에 태어나 살아가면서 달성해야 할 하나의 필수 과업과도 같다. 특히 우리나라에서 내 집을 마련하지 못했다고 하면 삶이 아직 안정되지 않은 느낌이다. 일단 대출을 끼고 집을 사서 대출금을 수십 년 동안 갚아 나가게 된다.

나 역시도 마찬가지다. 언제나 내 명의의 집이 있었으면 하고 바라왔다. 그리고 이왕이면 넓고 위치도 좋은 집이었으면 한다. 내 주위의 친구들도 내 집 마련을 첫 번째 목표로 하고 있다. 30대 중반이 되어 가다 보니 만나면 집에 대한 이야기를 많이 하게 된다. 시간이 흐를수록 마음은 조급해져 간다.

나는 어릴 때부터 내 집 마련에 대한 꿈이 강했다. 초등학교 저학년 시절 아버지가 실직하셨다. 이후 부모님은 퇴직금과 저축하신 돈을 가지고 개인 사업을 시작하셨다. 그런데 회사생활만 하신 아버지는 경험도 부족하고 영업에 서툴러서 1년이 채 안 되어 일을 접으셔야 했다. 이 일을 계기로 우리 집의 형편은 급속도로 나빠졌다. 그래서 원래 살던 집을 떠나 대구에 계신 할머니 댁으로 이사를 가야 했다.

당시 할머니 댁에는 할머니 혼자 살고 계셨다. 작은 방이 2개 있는 주택이었다. 나와 오빠는 할머니와 같은 방을 써야 했다. 할머니는 언제나 저녁 7, 8시면 잠자리에 드실 준비를 했다. 나는 더 놀고 싶었지만 할머니가 불을 끄셔서 어쩔 수 없이 매일 일찍 잠자리에 들어야 했다.

대구로 이사를 왔기 때문에 학교 역시 전학하게 되었다. 초등학교 2학년에서 3학년으로 올라가려던 시점이었다. 좋은 이유로 전학을 온 게 아니었기 때문에 나는 성격이 내성적으로 바뀌었다. 그래서 조용하고 소심하게 학교를 다니고 있었다. 한 달, 두 달이 지나면서 몇몇 친구들도 사귀었다. 그러면서 학교에 적응해 나갔다. 우리 반은 매일 아침에 받아쓰기 시험을 쳤다. 선생님이 10문제 정도를 불러 주고 점수를 매기며 몇 개를 맞췄는지 확인했다. 나는 거의 매일 100점을 받았다.

그러던 어느 날. 그날도 받아쓰기를 100점을 받았다. 그런데 선생님께서 나를 교실 앞으로 부르셨다. 선생님은 아이들 앞에 나를 세우고 "지혜는 집에 자기 방이 없는데도 공부를 열심히 해서 100점을 받았어요. 여러분도 본받아서 공부를 열심히 하세요."라고 했다. 나는 순간 얼굴이 빨개졌다. 어린 마음에 너무 충격을 받았다. 그건 나를 칭찬해 주려는 게 아니었다. 선생님은 "집에 자기 방이 없는데도"라는 말을 친구들 앞에서 굳이 왜 했던 것일까? 안 그래도 할머니 댁으로 이사 오면서 위축되었던 나는 이 사건을 계기로 심리적으로 더 위축 되었다.

그 사건 때문인지는 모르겠지만 나는 초등학생 시절부터 신문을 펼쳐 놓고 아파트 광고를 보는 것을 좋아했다. 아파트 광고를 보면 집의 도면이 나온다. 나는 그 도면을 항상 유심히 살펴보았다. 도면을 보면서 거실, 방, 욕실의 구조를 살펴보고 부모님 방과 내 방을 정해 보았다. 그러고는 거실 이쪽에는 TV가 있고 여기에는 소파가 있고 하면서 상상의 나래를 펼치는 것이다. 내 방에는 침대가 있고 책상은 창문 옆에 두고 하며 구체적인 장면까지 생각하곤 했다. 나는 그렇게 매일 신문을 펼쳐 놓고 아파트 광고의 도면을 살펴보면서 시간을 보냈다.

이후 우리 집은 이사했고, 나는 어느덧 대학을 졸업하고 임용고시를 준비하게 되었다. 나의 도면 살펴보기 취미는 그때까지도 계속되고 있었다. 나는 수도권의 임용고시를 치기로 마음먹었다. 당시 나는 공부하던 책상 앞에 서울과 경기도의 지도를 붙여 두고 '시험에 합격하면 나는 어디에 발령받게 될까?' 생각하며 지냈다.

나는 그 당시 《27세, 경매의 달인》이라는 부동산 경매 관련 책을 읽고 있었다. 저자가 700만 원을 가지고 부동산 경매에 뛰어들어 결과적으로 15억 원을 만들었다는 이야기였다. 나도 나중에 취직하면 종잣돈을 모아 책의 저자처럼 부동산 경매를 통해 내 집 마련도 하고 투자도 하고 싶었다.

임용고시에 합격하고 일을 시작하면서 정신없이 하루하루를 보냈다. 그러다 보니 부동산 경매는 잠시 내 머릿속에서 잊혔다. 1학기가 끝나고 2학기가 시작될 즈음, 다시 《27세, 경매의 달인》 책이 생각나서 꺼내 보게 되었다. 인터넷으로 저자를 검색해 보았다. 그는 인터넷 카페를 운영하고 있었다. 몇몇 절차를 밟아 카페에 가입해 보니 그는 부동산 경매를 주제로 4주 단위의 교육과정을 매주 토요일마다 운영하고 있었다. 마침 수강생을 모집 중이어서 나는 신청했다. 그러곤 서울역 근처에 위치한 강의실로 향했다.

강의실에 들어서자 나처럼 20대 초·중반으로 보이는 사람들도 생각보다 꽤 있었다. 책의 저자인 신정헌 씨가 직접 강의를 진행했다. 기초 지식이 전혀 없다 보니 강의를 들어도 무슨 이야기인지 나에겐 와닿지 않았다. 물론 부동산 지식이 없어서이기도 했다. 하지만 당시 나한테 '지금 시작하기엔 투자할 돈이 별로 없다'라는 인식이 강해서 더 와닿지 않았던 것 같다.

그렇게 4주의 수업이 끝났다. 수업 중간에 부동산 경매 카페에서 활동하며 수강했던 선배가 와서 실질적인 투자 성공경험을 들려주기도 했다. 책의 저자인 신정헌 씨나 수강하고 투자한 선배들의 이야기의 공통점은 하나였다. 모두 종잣돈이 부족했지만 일단은 발로 뛰며 투자를 시작했다는 이야기였다. 지금 투자하면 좋을 물건들도 알려 주었다. 마음이 맞는 사람들은 삼삼오오 모여 물건을 보러 가기도 했다.

나는 그때까지 '나는 아직 어리니까 조금 더 종잣돈을 모으면 투자하자'라고 생각하고 있었다. 적극적으로 물건을 알아보고 싶었지만 그만큼 두려움이 컸다. 지금이라면 내 잠재의식 속 '드림킬러'가 작동한 것을 알아챘겠지만 그때는 몰랐다.

그렇게 부동산 수업만 듣고 별다른 소득 없이 시간이 지나갔다. 물론 몇 해가 지나도 내가 원하는 종잣돈은 좀처럼 모이지 않았다. 오히려 시간이 갈수록 돈이 들어갈 데는 더 많아졌다. 그만큼 저축하는 것이 더 어려워졌다.

그러나 나는 항상 마음속으로 '내 집 마련'에 대한 꿈을 가지고 있었다. 앞서 말했다시피 어릴 적 나의 취미는 '신문 광고 속 아파트 도면 보기'였다. 그래서인지 커서는 포털 사이트에서 제공하는 부동산이나 모바일 부동산 앱을 통해 아파트 도면을 자주 본다. 이사를 목적으로 보는 것이 아니다. 취미생활처럼 수시로 들어간다. 주로 내가 살고 싶은 서울 강남 지역을 중점으로 본다. 어떤 날은 방배동 쪽을 보기도 하고 어떤 날은 청담동이나 삼성동 쪽의 아파트를 살펴본다.

도면도 살펴보지만 요즘에는 부동산에서 집 안 구조를 찍어 올린 영상들도 많다. 때문에 직접 가지 않고도 구경할 수 있다. 나는 집 안 구조를 살펴보면서 이 집은 '전망이 좋고, 저 집은 수납공간이 잘되어 있고…' 하면서 즐겁게 시간을 보낸다. 여러 집을 다양하게 보다 보니 매매가격에 비해 평수나 구조가 잘 나오지 못한 집이나 실평수는 작아도 구조가 좋아서 넓어 보이는 집 등을 파악하게 되었다.

나는 단순히 집 구조뿐만 아니라 미래의 나의 집 인테리어에도 관심이 많다. 그래서 여러 인테리어 관련 업체나 잡지 등의 SNS 계정을 팔로우하고 있다. 마음에 드는 인테리어는 꼭 사진으로 저장해 두고 나중에 참고해 본다. 나는 집의 콘셉트도 정해 집 안에 둘 가구의 분위기나 느낌들도 구체적으로 다양하게 수집하고 있다. 주방의 주방 도구들도 미리 골라 둔다. 커튼이나 벽지, 바닥의 색과 재질도 여러 가지로 살펴본다. 거실에서 키울 식물들이나 베란다를 어떻게 꾸밀지 고민해 본다. 욕실 거울의 모양, 비누나 보디용품의 배치도 생각해 본다.

나는 사진을 보며 '이 소파에 앉아 TV를 보면 어떤 기분일까?', '아침에 이런 방에서 일어나면 어떤 기분일까?' 즐겁게 상상하면서 마음에 드는 인테리어 정보를 계속 수집하고 있다. 나에게는 집의 전망이 중요하므로 거실의 창 너머로 한강과 도시의 야경이 보였으면 좋겠다.

그런 의미에서 반포에 위치한 아크로리버파크는 나에게 상징적인

'집'이다. 탁 트인 한강 전망에 복층 집 구조. 이 아파트는 재개발이 될 때부터 관심을 가지고 지켜보았다. 한때 평당 1억 원을 돌파했다는 이야기도 들려왔다. 나는 '복층 구조인 만큼 천장이 높은 장점을 살려 인테리어를 어떻게 꾸밀까?' 하는 즐거운 상상을 계속하고 있다. 부모님께 집을 선물해 드리고 함께 거실의 소파에 앉아 이야기를 나누는 장면을 꿈꾼다. 상상하면 현실이 된다! 나는 오늘도 버킷리스트를 선언하며 한 발짝 더 내 꿈에 다가가고 있다.

05

가족들과
미국 서부 여행하기

몇 년 전, 평소처럼 SNS를 보다가 한 장의 사진에 눈길이 멈추었다. 거대한 아치 모양의 바위 위로 밤하늘 은하수가 펼쳐진 모습이었다. 자연이 만든 예술과 마치 CG로 별들을 합성해 놓은 듯 너무도 아름다운 풍경이었다. 나는 휴대전화에 사진을 저장해 두고 그곳의 위치를 검색했다.

절벽 위에 뒤집어 놓은 U자 모양의 아치 바위 이름은 '델리케이트 아치(Delicate Arch)'였다. 미국 서부 유타주의 명물이자 아치스 국립공원의 아주 유명한 바위 중 하나였다. 아치스 국립공원에는 말 그대로 아치 모양의 거대한 바위들이 많았다. 가장 유명한 델리케이트 아치 외에도 긴 다리처럼 생긴 랜드스케이프 아치((Landscape Arch)와 절벽과 절벽 사이에 2개의 아치가 위아래로 연결되어 있는 더블 오 아치(Double O Arch)도 있었다. 붉은 바위와 깎아지른 듯한 절벽들, 끝없이 펼쳐진 광활한 지평선들은 마치 영화 〈스타워즈〉의 배경 같았다.

그 후로 유타주의 국립공원뿐만 아니라 미국 서부의 그랜드캐니언 국립공원 등 자연경관으로 유명한 명소들을 추가로 검색했다. 사진 속 대자연의 풍경들은 보고만 있어도 경외감이 들었다. 붉은 빛을 띤 바위는 석양이 비치면 강렬하게 타오르는 것처럼 붉게 빛났다. 나는 어쩐지 그 붉은 빛이 좋았다. 마치 지구가 아니라 다른 행성, 화성의 풍경을 보는 것 같은 느낌이 들었다.

나는 어릴 때부터 붉은 흙으로 덮인 곳에 있는 꿈을 꾸곤 했다. 실제로 보았던 풍경은 아니었지만 꿈속에서는 생생하게 다가왔다. 꿈속의 장소에는 붉은 흙으로 된 지표면과 붉은 절벽들이 둘러져 있고 햇빛이 강렬하게 내리쬐고 있었다. 잊을 만하면 한 번씩 같은 장소의 꿈을 꾸곤 했다. 미국 서부의 그랜드캐니언을 비롯한 주변의 다양한 캐니언들의 모습은 내가 어릴 때부터 꾸던 꿈속의 풍경과 흡사했다. 그래서 더 직접 가 보고 싶어진 것 같다.

여태까지는 여행을 가도 언제나 도시 위주로 갔었다. 이동하기에도 편하고 쇼핑하고 구경할 만한 상점이나 맛집 등 재미있는 장소들이 많기 때문이다. 온전히 자연만을 보고 즐기러 어딘가로 떠난다는 것은 생각해 본 적이 없었다.

이전에 근무했던 학교의 보건 선생님께서 여름방학을 이용해 다녀온 그랜드캐니언에 대해 얘기해 주신 적이 있었다. 교회에서 단체로 미국 서부 투어를 다녀오셨다며 사진들을 보여 주셨다. 그러나 일반적인 투어 패키지처럼 관광버스를 타고 단체로 여행하는 모습이어서 그런지 당시에는 별다른 인상은 받지 못했었다.

나는 미국 서부 투어를 계획하고 여러 가지 여행상품을 검색하기 시작했다. 국립공원들은 서로 거리도 멀고 주로 차량으로 이동하기 때문에 자유여행을 하기에는 어려움이 있을 것 같았다. 그러던 중 캠핑카를 타고 서부의 주요 국립공원들을 여행하는 상품이 눈에 들어왔다. 라스베이거스에서 출발해 4개 주에 걸쳐 '그랜드 서클'이라고 불리는 그랜드캐니언, 브라이스캐니언, 엔텔로프캐니언, 모뉴먼트 밸리를 돌아보는 여행상품이었다. 나는 해당 상품의 여행 일정과 후기를 살펴보았다. 그러면서 이동 경로가 길고 드넓은 미국 서부 지역을 여행하기에는 캠핑카가 최적이라는 생각이 들었다.

우리나라 여행사에서 운영하고 있는 그 상품의 비용은 1인당 약 200만 원 초반대의 금액이었다. 항공권은 개인적으로 마련해야 하고 온전히 캠핑카 투어의 비용만 그랬다. 일정은 5박 6일이었다. 출발하는 날과 도착하는 날을 제외하면 실상 4일 정도였다. 그렇게 그랜드캐니언과 그 주변 지역의 핵심 관광지만 둘러보는 일정이었다.

캠핑카 투어의 장점은 무엇보다도 장대한 자연의 풍경 속에서 일출과 일몰을 볼 수 있다는 것이다. 내가 그랜드캐니언에 가고 싶은 이유도 일출과 일몰의 햇빛에 붉게 빛나는 풍경을 보고 싶기 때문이다. 그래서 나는 더욱더 캠핑 투어를 가야 했다. 또한 밤에는 공원 주위에 불빛이 없기 때문에 밤하늘의 쏟아질 듯한 별들과 은하수도 눈으로 생생하게 볼 수 있다. 검색해 보니 미국 서부 투어는 현지인들도 오래 전부터 워낙 캠핑 형태로 많이 해 왔다. 때문에 캠핑장 문화가 잘 발달해 있었다.

캠핑장 안에는 주방, 욕실, 식당 등 기본적인 편의시설뿐만 아니라 수영장과 같은, 각종 야외 활동들을 위한 시설들도 잘 갖추어져 있었다. 물론 캠핑카 안에도 기본적인 생활시설들이 모두 갖추어져 있었다. 이동하며 지내기에 부족함이 없었다. 밤에는 캠핑카 주변에 모닥불을 피워 놓고 바비큐 파티도 할 수 있었다.

일반적인 여행상품은 아침에 관광버스를 타고 호텔에서 출발한다. 그리고 도착한 관광지에서 조금 걷다가 저녁 전에 버스를 타고 식당으로 향한다. 식사를 마치면 다시 호텔로 돌아간다. 그렇게 하루 일정을 소화하는 식이다. 나는 주어진 시간 안에 자연을 제대로 감상할 수 있을지 의문이었다. 단지 다녀갔다는 인증샷만 남길 수 있을 것 같았다. 하지만 캠핑카 여행은 국립공원 안에서 낮이고 밤이고 지낼 수 있었다. 때문에 자연을 충분히 감상하고 즐길 수 있는 여유가 있었다.

나는 5박 6일의 여행상품은 기간이 짧은 것 같다는 생각이 들었다. 이왕 갈 거면 우리 가족 단위의 캠핑카를 빌려 타고 2주 정도로 일정을 잡아 더 많은 곳을 둘러보고 싶었다. 가장 유명한 그랜드 서클뿐만 아니라 더 서쪽에 위치한 요세미티 국립공원에 가서 유명한 반달 모양의 바위도 보고 싶다. 그랜드 서클의 그랜드캐니언, 브라이스캐니언, 엔텔로프캐니언, 모뉴먼트 밸리의 절벽 위에서 끝없이 펼쳐진 지평선을 바라보고 싶다. 그랜드 서클을 충분히 둘러본 다음 위쪽인 솔트레이크시티를 지나 옐로스톤에도 가 보고 싶다. 옐로스톤에서 뿜어져 나오는 뜨거운 간헐천도 구경할 것이다. 그러곤 그랜드티턴으로 이동해 마치 달력의 사진 배경과 같은 호수에서 카누를 타며 구경할 것이다.

나는 항상 미국 서부 지역의 자연경관 사진을 휴대전화에 저장해 두고 생각날 때마다 바라본다. 이미 여행을 다녀온 사람들이 작성한 후기와 블로그의 포스트와 주변 사람들의 이야기를 너무 많이 들은 터다. 그래서인지 기분은 마치 벌써 캠핑카 여행을 다녀온 것 같다. 가족들과 함께하는 캠핑카 여행은 잊지 못할 좋은 추억이 될 것이다.

나는 일이 많아 지친 날이나 여러 고민들이 있어 머리가 복잡한 날에는 미국 서부에서 캠핑카를 타고 여행하고 있는 상상을 한다. 그랜드캐니언의 국립공원에서 해 뜨기 전 이른 새벽에 일어나 캠핑카 안에서 커피를 내린다. 가족들과 함께 따뜻한 커피를 가지고 차에서 내려 해가 떠오르기를 기다린다. 해가 떠오르기 시작하면 땅과 바위, 절벽들이 점점 붉게 빛나기 시작한다. 새벽의 차가운 공기 속에서 따뜻한 커피를 한 모금씩 마시며 그 풍경을 천천히 오랫동안 감상한다. 나는 내 상상이 곧 현실에서 펼쳐질 것을 기대한다.

희망을 나누고
사랑을 전하는
세상 만들기

| 최 정 일 |

최정일 수정한의원 원장, 대한팔체질의학연구회 부회장, 〈희망나눔연구소〉 소장

수정한의원 원장으로, 대한팔체질의학연구회 부회장과 〈희망나눔연구소〉 소장으로 활동하고 있다. 24년간 난치성 만성통증질환과 자가면역질환을 전문으로 치료하는 8체질 전문 한의원을 운영하며 난치성 질환 환자들에게 희망과 건강을 주는 일을 하고 있다. 저서로는 《죽기 전에 꼭 하고 싶은 것들》이 있으며, 현재 '8체질과 음식을 주제로 개인저서를 집필 중이다.

〈희망나눔연구소〉
만들기

"Hope is only the love of life(희망만이 인생의 유일한 사랑이다)."

스위스의 철학자이자 문학가인 앙리 프레더릭 아미엘의 일기에
나오는 명언이다. 희망이 없는 삶은 얼마나 의미가 없고 불행할까. 희
망은 삶의 원동력이고 살아가는 이유다. 힘들고 지쳐 있을 때 누군가
옆에서 따뜻하게 손잡아 준다면 희망이 생기지 않을까? 아미엘은 희
망만이 인생의 유일한 사랑이라고 말한다.

내가 여섯 살 때 아버지는 간암으로 돌아가셨다. 아버지의 오랜
투병생활로 인해 집안 경제가 많이 힘들어졌다. 홀로 되신 어머니는

온갖 힘든 일을 마다하지 않으셨다. 그렇게 4남매를 키우시느라 고생을 많이 하셨다. 어렵고 힘든 상황에서도 공부는 때가 있다고 하셨다. 그러시면서 학업에 지장이 없도록 물심양면으로 도와주셨다. 그러나 어려운 가정형편 때문에 마음은 있지만 항상 부족하고 모자라게 해주는 것을 미안해하셨다. 큰누님과 형님은 학생 신분으로 알바도 하면서 학업을 게을리하지 않았다. 이런 상황에 나는 척추에 염증이 생겼다. 척추가 녹아내리고 복부에 고름주머니가 크게 생겼다. 그러다 결국 병원에 가게 되었다. 나는 갈비뼈를 잘라 척추를 만들어 세우고 고름주머니를 없애는 대수술을 받았다.

워낙 큰 수술이었기 때문에 수술비가 턱없이 부족했다. 어머니는 아파하는 나를 보며 수술비를 걱정하셨다. 이때 수술을 해 주신 원장 선생님께서 수술비는 너무 걱정하지 말라며 도움을 주셨다. 원장 선생님은 희망이고 사랑이었다. 수술 후에 나는 내 인생의 진로를 결정했다. 많은 사람들에게 도움을 주는 의사가 되겠다는 다짐을 한 것이다.

중학교에 들어가서 학비를 내는 날이 다가오면 마음이 불안했다. 집안 형편을 잘 아는 나는 어머니께 돈을 달라고 독촉할 수 없었다. 쉽게 말을 꺼내지 못했다. 빨리 학비를 내지 못해서 눈치가 보이고 자존심도 상했다. 그럴 때는 정말 학교에 가기 싫었다. 언제까지 상황이 이래야 되나, 희망이 없어 보였다. 다행히 공무원인 큰누나의 추천으로 국가공공기관의 장학금을 받는 행운을 얻었다. 그 후 나는 마음 편하게 공부할 수 있었다.

공부를 아주 잘했던 큰누나는 학교에 다니면서 알바를 하며 억척같이 살았다. 고등학교를 졸업하자마자 공무원 시험에 합격해 교육공무원이 되었다. 사실 큰누나에겐 간호대학교에 가서 간호장교가 되고 싶은 꿈이 있었다. 그러나 어려운 가정형편에 도움이 되고자 꿈을 포기한 것이다. 나는 그런 큰누나의 추천과 기관의 도움으로 학비 걱정 없이 무사히 고등학교를 졸업할 수 있었다.

나는 어려운 환경 속에서 병원 원장님의 도움으로 건강을 되찾았다. 장학금을 주었던 기관의 도움으로 걱정 없이 공부할 수 있게 되었다. 학창 시절 나에게 이것은 커다란 희망이었다. 절망적이고 힘들때 누군가의 따스한 도움의 손길은 살아가는 희망이 될 수 있다. 그런 도움을 계기로 나는 나처럼 어렵게 공부하는 학생들에게 꿈과 희망을 나누어 주고 싶다고 생각하게 되었다.

누구보다도 치열하게 공부해서 한의대를 졸업하고 한의사가 되었다. 1995년에 서울 노원구에서 한의원을 개원했다. 그리고 쌍문동에 하숙집을 얻어 생활했다. 나는 어릴 때 유아세례를 받은 천주교 신자다. 성당 활동을 열심히 하지는 않았지만 일요일 미사에는 꼭 참석했다. 주일 미사에는 꼭 참석해야 한다는 어머니의 말씀이 있으셨기 때문이었다. 그래서 나는 매주 일요일에는 수유리 광산뷔페 앞에 있는 수유동 성당에 갔다.

그러던 1996년 봄날이었다. 저녁 미사 참례를 가던 중에 전봇대에 붙어 있는 가톨릭농아선교회 수화교육 광고 전단지를 봤다. 나는 왠지 마음이 끌렸다. 다음 날 바로 가톨릭농아선교회 수화교육반에 등록했다. 수화를 배워서 청각장애인들에게 내가 배운 의술로 도움을 줘야겠다는 생각을 한 것이다.

그때 당시 청각장애인들은 병원을 가고 싶어도 항상 수화통역사를 동반해야 했다. 때문에 여간 불편한 것이 아니었다. 그나마 수화통역사 제도도 없었다. 수화할 수 있는 봉사자를 찾아서 부탁해야 하는 실정이었다. 아마 그다음 해인 1997년에 처음 수화통역사 자격시험이 있었던 것으로 기억한다.

나도 1년간 수화 봉사활동을 했기 때문에 시험을 볼 수 있었다. 그러나 수화 통역을 하러 봉사를 다닌 것이 아니었다. 한의원에서 진료하는 데 필요했기 때문이었다. 그래서 나는 시험에 응시하지 않았다.

처음 수화를 배울 때였다. 새끼손가락을 구부려 3이라는 숫자를 만들어야 했다. 그런데 구부러지지 않아서 너무나 고생했다. 지금도 새끼손가락을 구부리면 넷째 손가락이 함께 구부러져 모양새가 예쁘지 않다.

수화를 배우고 봉사활동을 하면서 청각장애인들과 여름캠프도 갔다. 한의원 여름 휴가기간에 캠프에 가서 의료봉사도 하고 즐겁게 보냈다. 일일 찻집, 바자회, 장애인의 날 행사 등 청각장애인들과 여러 가지 추억을 많이 쌓았다. 1998년에는 농아선교회에서 인생의 동반자인 아내를 만났다. 우린 3개월 만에 결혼했다. 이때 많은 봉사자들과 청각장애인들이 대전까지 내려왔다. 그러곤 수화 노래로 결혼 축하공연까지 해 주었다. 정말 감사했다. 그러면서 청각장애인들이 내가 도와줘야만 하는 사람들이 아니라는 생각을 하게 되었다. 함께 살아가며 서로 도움을 주는 사람들이라는 생각을 하게 되었다.

봉사활동을 하면서 그들의 생활도 조금 더 알게 되었다. 장애를 가지고 있기 때문에 겪는 부당한 대우가 많았다. 우리와 같은 사람이지만 듣지 못하고 말을 할 수 없기 때문에 가해지는 제약이 많았다. 젊은 나이에 할 일이 없어서 빈둥빈둥 노는 친구들도 있었다. 일한다고 하더라도 아주 적은 임금에 허드렛일을 하는 경우가 많았다. 기술을 가지고 있지만 일반인에 비해 형편없는 대우를 받으며 일하는 경우도 많았다.

내가 치료한 환자 중에 금강제화 납품업체에 근무하면서 구두를 만드는 분이 있었다. 나는 한의사로서 치료를 해주었을 뿐인데, 치료가 끝나자 그분은 자신이 만든 구두라며 구두 한 켤레를 선물로 주었다. 맵시 있게 잘 빠진 멋진 구두였다. 그 구두를 나는 참 좋아했다. 아주 낡아 못 신게 될 때까지 신었다. 그분도 실력이 대단했다. 그런데도 일반인에 비해 형편없는 대우를 받으며 일하고 있었다.

나는 청각장애인의 건강은 물론 장애 때문에 받는 부당한 대우를 개선하고 싶었다. 그들에게 건강뿐만 아니라 꿈과 희망을 주는 일을 하면 좋겠다는 생각을 했다.

한의원을 개원한 지 24년이 지났다. 나는 난치성 통증질환과 암을 비롯한 자가면역질환을 치료하는 8체질 전문 한의원을 운영하고 있다. 일반적이고 획일화된 치료가 아니다. 똑같은 병이라도 여덟 가지로 체질을 구분한다. 그렇게 체질에 맞는 개인 맞춤치료를 하는 것이다.

처음 한의원을 개원했을 때다. 나는 누구보다도 최고의 진료를 하겠다는 열정으로 가득 차 있었다. 여러 가지 새로운 치료법을 배우고 싶었다. 그래서 진료가 끝나고 저녁 늦게까지 세미나에 참석했다. 그러나 표준화된 치료법은 어떤 때는 좋아지고 어떤 때는 효과가 없었다. 그러다 정확한 이론체계를 가진 8체질의학으로 치료를 하게 되었다. 그러면서부터 난치성질환 환자들을 치료하는 것이 가능해졌다. 8체질의학은 오장 오부의 강약을 명확히 밝혀 변하지 않는 체질 생리를 기본으로 한다. 때문에 정확한 처방과 식이요법을 제시할 수 있다.

현대의학은 첨단과학의 힘으로 눈부신 발전을 이루었다. 그러나 수술이나 약물만으로 치료되지 않는 환자들이 많다. 평생 약을 써야 하는 만성 난치성통증질환 환자들도 점점 많아지고 있다. 자가면역질환 환자들은 왜 이런 몹쓸 병에 걸렸는지 이유도 모른 채 절망 속에서 살고 있다. 아군인 줄 알았던 내 몸의 면역세포가 나를 공격하는 황당한 일을 당한다. 평생 동안 면역을 억제하는 약물에 의존해야 한다. 그러면서 엄청난 고통을 겪고 살아가는 실정이다.

암환자도 수술과 항암, 방사선 치료를 할 때 면역이 떨어져서 부작용이 생기게 된다. 하지만 환자는 이에 대한 대책 없이 고통을 감내해야 한다. 나는 이런 환자들에게 체질적으로 자신에게 맞는 음식, 생활 태도, 마음가짐 등을 알려 주고 싶었다. 병원치료 이외에 환자 자신이 실천할 수 있는 정확한 건강 정보와 희망을 제공하고 싶었다. 환자와 가족들이 희망을 잃지 않고 질병을 이겨 나가는 데 도움이 되고 싶었다. 또한 아프기 전에 자신의 체질을 알고 그에 맞는 음식을 가려 먹게 하고 싶다. 그렇게 병을 예방하고 건강을 지키는 8체질 건강 정보를 알리고 싶다.

24년간 한의원을 운영하면서 정신없이 앞만 보고 달려왔다. 이제 더 늦기 전에 희망을 나누고 사랑을 전하는 〈희망나눔연구소〉를 설립하고 싶다. 희망이 없는 삶은 얼마나 의미가 없고 불행한가. 희망은 삶의 원동력이고 살아가는 이유다. 〈희망나눔연구소〉를 만들어 힘들고 지쳐 있는 사람들에게 따뜻한 손길을 내밀고 싶다. 그렇게 희망을 나누는 일을 하고 싶다. 가정형편이 어려워 힘들게 공부하는 청소년들에게 꿈과 희망과 사랑을 나누어 주는 연구소. 부당한 대우와 사회의 차가운 시선에 상처받는 청각장애인들에게 꿈과 희망과 사랑을 나누어 주는 연구소. 난치병으로 힘들고 지친 이들에게 꿈과 희망과 사랑을 나누어 주는 연구소를 만들 것이다. 이 세상을 희망과 사랑이 가득한, 살 만한 세상으로 만들고 싶다.

02

매년 1권 이상
책 출간하기

내 이름으로 책을 낸다는 것은 참으로 설레는 일이다. 나의 생각과 경험과 지혜를 나 혼자서만 간직하지 않고 세상에 내놓는다. 그렇게 그 누군가에게 도움을 줄 수 있다면 이 또한 삶의 큰 기쁨이라고 생각한다.

주위의 많은 사람들이 책을 쓰고 싶어 한다. 하지만 실행에 옮기는 사람은 많지 않다. 나도 그런 부류의 한 사람이었다. 하지만 용기를 내어 책을 쓰기로 했다. 매년 환자를 진료하면서 느꼈던 생각과 경험, 8체질의학에 최신 의학을 접목해 연구하고 치료하면서 알게 된 내용을 정리할 것이다. 그리고 그것을 한 권의 책으로 출간하겠다는 결심을 했다.

하지만 아직까지도 나에게는 글을 쓴다는 것이 익숙하지 않고 어렵다. 어렸을 때 나는 글쓰기를 정말 싫어했던 사람이다. 초등학교에 다닐 때 학교에서는 독후감 숙제를 내 주곤 했다. 그러면 나는 책 맨 앞에 나오는 서문의 내용과 목차를 그대로 베껴서 내기도 했다. 일기를 숙제로 내 주면 의무감으로 일기를 쓰곤 했다. 어떤 때는 숙제 검사를 받기 위해서 며칠치의 일기를 몰아서 쓰기도 했다.

그 당시 어린 나이임에도 나는 선생님께 숨기고 싶은 사생활이나 생각을 공개하기 싫었다. 그래서 그저 평범한 내용을 일기에 담았다. 그럼에도 불구하고 교내 글짓기 대회에서 상을 타는 행운을 얻기도 했다. 참으로 기쁘고도 신기한 일이었다. 하지만 결코 내가 글을 잘 써서 상을 받았다는 생각은 하지 않았다.

중학교에 올라가서는 누구에게 보여 주는 글이 아닌 나만의 일기를 쓰기 시작했다. 공부가 잘 안 될 때가 있었다. 그럴 때는 의사가 되겠다는 나의 꿈을 스스로 독려하면서 일기를 쓰며 결의를 다졌다. 어렵고 힘든 생활 속에서 홀로 4남매를 키우신 나의 어머님. 항상 따뜻하게 챙겨 주고 아껴 주었던 형과 누나들. 그들에 대한 고마움을 일기에 표현하기도 했다.

때로는 학교와 성당 친구들 사이에 있었던 사소한 일과 진실한 우정에 대해 고민하면서 일기를 썼다. 어떤 때는 누구에게도 말 못하는 감정과 사춘기 고민을 하느님께 편지 쓰듯이 일기에 썼다. 조용한 밤에 촛불을 켜 놓고 라디오를 들으면서.

그때 당시 고무나무 잎새를 말려서 윤동주의 〈서시〉를 적고 코팅해 책갈피 사이에 끼워 놓는 것이 유행이었다. 지금도 윤동주의 〈서시〉가 적혀 있는 고무나무 잎새와 빛바랜 일기장을 보면 옛날 생각이 새록새록 난다. 중·고등학교 시절에 일기를 쓴 것이 내 나름대로 혼자만의 글쓰기를 한 것의 전부다.

이렇게 글쓰기를 어렵게 생각했던 내가 책을 써야겠다고 생각한 계기가 있다. 힘들고 어렵게 학업을 마치고 어릴 때부터의 꿈이었던 한의사가 되었다. 그러곤 서울 노원구에서 한의원을 개원해 8체질 전문 진료를 하기 시작했다.

개원하면서부터 많은 환자를 봤다. 그리고 매주 한두 번은 저녁 늦게까지 세미나에 참석해 공부하고 연구했다. 개원한 지 10년이 지났을 때는 좀 더 깊이 있는 공부를 하고 싶었다. 그래서 일주일에 한 번씩 새벽에 일어나 대학원에 다녔다. 그렇게 2년 동안 열심히 노력했다. 그 결과 본초학 석사학위 논문을 쓰고 학위를 취득했다.

이때 자료를 찾고 연구하며 논문을 썼다. 형식이 있는 글이었지만 오랜만에 글을 쓰는 것이 정말 힘들었던 기억이 있다. 그렇게 힘들게 논문을 썼지만 실질적으로는 학위를 취득하고 학술 논문 하나 집필하는 데 그쳤다. 그것 말고는 실질적으로 환자를 진료하는 데 큰 도움이 되지 않았다는 생각이 들었다. 그래서 박사과정은 밟지 않기로 결정했다. 그러곤 환자를 볼 때 곧바로 사용할 수 있는 임상공부에 매진하면서 진료에 집중했다.

열심히 환자를 치료하면서 세월이 흘렀다. 8체질 진료를 한 지도 20년이 지났다. 그렇게 많은 환자를 보면서 한의원도 안정되고 치료율도 높아졌다. 그러면서 한의원을 좀 더 키우고 싶었다. 최종적으로는 8체질 통합의학 전문병원을 만들어야겠다는 꿈을 꾸게 되었다. 그러기 위해서는 좀 더 자기계발을 하고 나만의 브랜드를 만들어야겠다고 생각했다.

그래서 전에 받으려다 그만둔 박사학위를 다시 취득하기 위해 대학원을 다녀야 할까도 생각했다. 그렇게 이것저것 여러 가지를 구상했다. 하지만 실행에 옮기지 못하고 시간은 계속 흘러갔다. 그러다가 학술세미나 때문에 외국에 나갈 일이 생겼다. 일주일 동안 한의원을 비워야 했다. 그래서 나 대신 혼자 한의원에서 진료할 대리 진료 한의사가 필요했다. 그동안 진료했던 환자들이 내가 없는 사이에 치료받을 수 있도록 하기 위해서였다.

나는 내가 없는 동안에 대리 한의사가 혼자 진료 보는 것이 힘들지 않도록 해 주고 싶었다. 그래서 그동안 환자를 보면서 쌓아 온 나의 경험과 효율적인 치료법을 알려 주었다. 젊은 한의사는 고마워하며 좀 더 많이 배우기를 원했다. 그때 나는 다른 사람에게 내 지식을 가르쳐 주는 기쁨을 느낄 수 있었다.

나는 나의 경험과 지혜를 어떻게 전하는 게 좋을까 고민하다 책을 써야겠다고 결심했다. 내가 아는 것을 체계적으로 정리하고 책으로 쓰면 더 많은 사람들이 읽고 도움을 받으리라 생각했다. 내 이름으로 된 책을 쓰면 박사학위를 취득하는 것보다 훨씬 가치가 있을 것 같았다. 그때부터 여러 가지 체질에 관련된 책과 의학 서적을 읽어 보면서 고민하게 되었다. 하지만 막막했다. 어떻게 써야 할지 엄두가 나지 않았다. 책을 쓰고 싶어서 글을 쓰려고 하는데 뜻대로 되지 않았다. 예전의 독후감 쓰기와 숙제로 일기를 쓸 때와는 또 다른 어려움이었다. 전공 서적을 읽고 누군가에게 알려 주려 짧은 글을 쓰는 것과 책을 쓴다는 것은 차원이 다르다는 것을 뼈저리게 느끼게 되었다.

나는 책 쓰는 방법을 이리저리 알아보기 시작했다. 그러다가 책 쓰기에 관한 책을 하나 발견하고 구입해서 읽어 보았다. 이때 읽은 책이 김태광 작가의 《이젠 책쓰기가 답이다》라는 책이었다. 책에는 책을 써야 하는 이유와 책을 쓰는 실전 노하우가 자세히 나와 있었다.

김태광 작가는 "지금은 브랜드 시대다. 자신의 콘텐츠에 대한 브랜드 가치를 높이기 위해 노력해야 한다"고 주장한다. 그리고 "책은 자신의 퍼스널 브랜드를 높이는 최고의 마케팅이다. 책을 쓰는 것보다 더 수익이 높은 자기계발이나 투자는 없다. 책 쓰기는 작가와 강연가로서 제2의 인생을 살 수 있게 해 준다. 그러니 운명을 바꾸는 자기혁명이다"라고 한다.

나는 이 부분에 대해서는 전적으로 공감했다. '박사학위를 받는 대신 환자나 후학들에게 도움을 주는, 8체질에 대한 실질적인 내용과 경험을 책으로 써야겠다. 그래서 나의 퍼스널 브랜드를 만들고 가치를 높여야겠다'고 생각했다.

나는 책 한 권을 쓰는 데 3개월밖에 안 걸린다는 내용에 혹했다. 그러면서도 '그럴 수 있을까?' 하는 의구심이 들었다. 사실 그때 그가 운영하는 카페에도 가입했다. 여러 사람들이 책을 단시일 내에 냈다는 내용이 있었다. 그러나 나는 믿지 못했다. 아마도 나 같은 사람이 아닐 거라 생각했다. 원래 책도 많이 읽고 평소에 글도 많이 썼던 사람일 것이라고 생각한 것이다.

이런 생각 때문이었는지, 한의원이 너무 바빠서였는지 모르겠다. 책을 쓰겠다는 나의 결심은 시간이 흐르면서 다시 희미해져 갔다. 책을 써야겠다는 생각은 그렇게 잊히는 듯했다.

책 쓰기에 대한 생각이 잊힐 무렵, 둘째 아들 진호와 함께 집 근처 불암산으로 야간 산행을 갔다. 그러나 산에 올라가는 도중에 비가 내리기 시작했다. 다행히 비를 피할 수 있는 정자를 발견했다. 거기에 앉아서 아들과 나는 하산할 것인지, 계속 올라갈 것인지 의논했다. 의논 결과, 헤드라이트와 우비가 준비되어 있으니 여기서 멈추지 말고 좀 더 올라가자고 결정했다. 산을 오르는 도중 서서히 비가 그쳤다. 그때 불어 왔던 바람이 시원했고, 공기는 무척 상쾌했다.

그렇게 잘 가다가 잘못된 길에 들어섰다. 길을 헤매다가 결국 미끄러져 손가락을 다쳤다. 다음 날 병원에 갔더니 인대가 끊어졌다고 했다. 수술을 해야 한다고 해서 1박 2일간 입원해야 했다. 나는 심심할 것 같아 책을 한 권 들고 갔다. 그때 가져갔던 책이 전에 읽었던 김태광 작가의 《이젠 책쓰기가 답이다》라는 책이었다.

병원에서 이 책을 정독하면서 나의 책 쓰기 열정이 다시 불타올랐다. 퇴원해서 그가 하는 특강을 들었다. 그리고 자신감을 갖게 되었다. 그렇게 지금 이 순간에도 글을 쓰고 있다. "인간만사 새옹지마"라고 했던가. 등산하다가 다친 것을 계기로 나의 꿈을 되찾을 수 있게 되었다.

나는 앞으로 매년 꾸준히 1권 이상의 책을 쓸 것이다. 환자를 진료하면서 느꼈던 생각과 경험, 그리고 8체질의학에 최신 의학을 접목해 연구한 내용을 정리해서 한 권의 책으로 출간할 것이다.

요즘 TV를 보면 건강에 대한 프로그램이 많다. 거리를 다니면서 봐도 한의원, 병의원들이 한 건물에 몇 개씩 들어서 있다. 건강 정보의 홍수 속에 일반 대중들과 난치질환 환자들은 어떤 건강 정보를 취하고, 어떤 병원을 선택할 것인지 고민하지 않을 수 없다.

나는 25년간 정통 8체질 한의원을 운영해 왔다. 그런 만큼 환자들에게 좀 더 올바른 건강 정보를 주고 싶다. 난치질환 환자들이 최고의 치료를 받을 수 있도록 도움을 주고 싶다. 최종적으로는 8체질의학에 여러 가지 통합 의학적인 방법을 접목할 것이다. 그럼으로써 난치병 환자를 치료하는 대한민국 최고의 8체질 통합의학 전문병원인 로사병원(어머니의 세례명을 딴 병원 이름)을 만들 것이다.

그러기 위해서는 지속적으로 8체질에 대한 정확한 정보와 임상 경험을 책으로 써야 할 것이다. 그렇게 대한민국 최고의 8체질 전문 한의사라는 퍼스널 브랜드를 만들고 가치를 높여야 할 것이다. 매년 한 권 이상 책을 쓰는 것이 쉽지는 않을 것이다. 하지만 나는 많은 사람들에게 건강하게 살 수 있는 8체질 건강법을 알려 주는 책을 쓸 것이다. 난치질환 환자들에게 건강과 희망을 주는 책을 쓸 것이다. 매년 쓰는 한 권의 책이 내 삶의 흔적이 되길 바란다. 그리고 난치질환 환자들을 비롯한, 건강에 목말라하는 일반 국민들과 8체질을 연구하는 후학들에게 도움이 되길 바라는 마음이다.

03

8체질 전문
로사병원 설립하기

나는 대전에서 4남매 중 막내로 태어났다. 내가 여섯 살 때 아버지는 간암으로 돌아가셨다. 아버지의 오랜 투병생활로 인해 집안은 모든 재산이 바닥났다. 홀로 남으신 어머니께서는 희생과 사랑으로 지독한 가난을 극복하며 어린 4남매를 돌보셨다.

초등학교 3학년 때 나는 큰 수술을 받았다. 오래 서 있거나 걷다 보면 허리가 힘없이 구부러지면서 배가 조금씩 아파 오기 시작했다. 운동을 워낙 좋아했던 나는 철봉에서 떨어져서 조금 아픈 것이라고 생각했다. '조금 있으면 낫겠지' 하고 참았다. 하지만 오랜 시간이 지나도 낫지 않아 병원에 갔다. 병원에서는 입원해서 수술을 받아야 한다는 진단을 내렸다. 결핵으로 척추가 녹아내리고 복부에 고름주머니가 크게 생겼다는 것이었다. 결국 갈비뼈를 잘라 척추를 만들어 세우고 고름주머니를 없애는 대수술을 받았다.

가난했던 시절인지라 어머니는 수술비가 부족해 걱정하셨다. 그런 어머니에게 손승헌 정형외과 원장 선생님은 너무 걱정 말라며 도움을 주셨다. 나는 무사히 수술을 마치게 되었다. 이때부터 나는 내 인생의 진로를 정하게 되었다. 의사가 되어 많은 사람들에게 도움을 주는 사람이 되겠다는 다짐을 한 것이다.

의사가 되겠다는 꿈과 힘들게 4남매를 키우시는 어머니를 기쁘게 해 드리겠다는 생각으로 열심히 공부했다. 장학금도 받아 가며 학창 시절을 보냈다. 고등학교를 졸업할 때까지 매년 새 학기에 제출하는 자기소개서의 장래희망 직업란에는 어김없이 의사라고 적혀 있었다. 의대를 가기 위해 두 번이나 낙방의 쓴맛을 보았다. 의대가 아닌 다른 대학의 장학생으로 가라는 유혹도 있었다. 그러나 의대가 아닌 다른 학과의 진학은 상상조차 할 수 없었다.

재수와 삼수를 하는 동안 철저히 고뇌하고 치열하게 공부해 마침내 대전대학교 한의대를 가게 되었다. 그때 당시 이번에도 떨어지면 집안에 부담 주지 말고 집을 나가 혼자 주경야독하리라 생각했었다. 하지만 다행히도 합격했다. 너무나 간절히 원했기 때문에 하느님이 소원을 들어주신 것 같다.

한의대에 입학한 후 예과 때는 학비를 벌기 위해 학기 중에 과외를 했다. 방학 때도 겨울방학에는 군고구마 장사를, 여름방학에는 공사장 막노동을 했다. 어렵고 힘든 일이었지만 힘들게 일하는 사람들의 마음을 이해하고 그들을 배려하는 마음을 배울 수 있는 계기가 되었다. 본과에 들어가서는 오로지 학업에만 전념했다. 또한 전국의 여러 유명한 분들을 찾아다니며 공부했다.

공부하면 할수록 한의학에 깊이 빠지게 되었다. 한의학을 공부한 것이 참 잘한 일이라고 생각했다. 더욱이 온갖 힘든 일로 화병이 생긴 어머니를 치료해 줄 수 있어서 기쁘고 감사한 마음이 들었다. 1995년에 학업을 마치고 고향인 대전을 떠나 큰 꿈을 품고 서울 노원구에서 개원했다. 개원 후 1년이 지난 1996년에 서울가톨릭농아선교회에서 수화를 배우고 봉사활동을 하기 시작했다. 이때 배운 수화를 통해 지금도 수화통역사 없이 청각장애인을 진료한다. 그리고 한 달에 한 번 정기적으로 의료봉사를 하고 있다.

개원하면서부터 최고의 진료를 위해 매주 1~2회는 저녁 11~12시까지 하는 세미나에 참석했다. 이렇게 열정을 가지고 공부하고 환자를 봤음에도 나는 점점 자신감을 잃어 가고 있었다. 똑같은 병증을 가진 환자들을 똑같은 치료법으로 치료하는데 어떤 환자는 좋아지고 어떤 환자는 좋아지지 않는 일이 종종 일어나는 것이었다. 그동안 내가 알고 있는 일반적이고 획일화된 표준 치료에서는 도저히 해답을 찾을 수 없었다.

이렇게 암흑 속을 헤매던 내게 한 줄기 빛으로 다가온 것이 8체질 의학이다. 8체질의학의 창시자이신 동호 권도원 박사님과 권우준 선생님을 통해 정밀하고 체계화된 8체질의학의 원리를 배웠다. 또한 전국의 8체질 진료 한의사들의 연구 모임인 신기회 활동을 하게 되었다. 그러면서 8체질의학의 체질 감별법과 체질별, 질환별로 분류된 치료법, 각 체질에 유익한 음식과 해로운 음식을 상세하게 분류한 새로운 식이 요법 등 특수한 이론체계의 새로운 의학인 8체질의학을 배우고 연구했다. 8체질의학으로 환자를 치료하면서 정말 감탄을 금치 못했다.

나는 동료 한의사들과 대한팔체질의학연구회를 만들어 지금까지도 8체질의학을 연구하고 있다. 최근에는 대한통합암학회의 전문가 과정을 연수하고 면역학과 영양학, 척추자율신경계 요법, 파동의학, 유전체 생명공학 등 최신 첨단의학을 공부하고 있다. 8체질의학을 바탕으로 한, 통합의학적인 방법에 따른 난치병 환자의 치료와 연구에 매진하고 있다.

오늘도 나는 진료실에서 하루 종일 이런 질문을 받는다.

"원장님, 이건 먹어도 되나요?"

"내 병이 나을 수 있나요?"

그러면 나는 이렇게 말한다.

"당신에게 맞는 음식, 생활 태도, 마음가짐 등 당신에게 꼭 맞는 맞춤재단의학인 8체질의학과 통합치료로 해결해 줄 수 있습니다. 고치지 못할 병은 없습니다. 다만 체질과 근본 원인을 모르고 고치지 못하는 습관이 있을 뿐입니다."

현대의학은 첨단과학의 힘으로 눈부신 발전을 이루었다. 그럼에도 불구하고 많은 사람들이 수술이나 약물만으로 치료되지 않는 만성 난치성통증질환에 시달리고 있다. 특히 자가면역질환 환자들은 왜 이런 몹쓸 병에 걸렸는지 이유도 모른 채 절망 속에서 살고 있다. 아군인 줄 알았던 내 몸의 면역 세포가 나를 공격하는 황당한 일이 벌어진다. 그 결과 평생 면역을 억제하는 약물에 의존하면서 엄청난 고통을 겪으며 살아가는 실정이다.

암은 어떤가? 죽을 날을 받아 놓고 돈을 쏟아부어 가며 희망 없이 죽을 날을 기다린다. 말기암 환자는 수술, 항암 방사선치료를 하면서 사망하기 전 1년 동안에 전체 치료비의 70%를 사용한다. 그중 사망하기 전 두 달 동안 50%를 사용한다고 한다. 이때 환자들은 지푸라기라도 잡는 심정으로 검증되지 않은 민간요법과 암 치료의 비법을 가지고 있다는 유사 의료행위에 매달린다. 하지만 그러한 행위는 돈도 잃고 몸 또한 망가지는 참담한 결과만을 낳는다. 이러한 환자분들에게 정확한 정보를 알려 주고 알맞은 치료를 제공해야겠다는 사명감이 들었다.

환자들은 소문을 듣고 전국에서 나를 찾아온다. 그러곤 자신의 체질을 알고 자신에게 맞는 음식을 가려 먹고 치료를 받으면서 희망과 건강을 찾는다. 멀리서 오는 환자들은 언제나 이렇게 말한다. "입원해서 치료받을 수 있으면 너무 좋을 것 같아요." 나 또한 이런 말을 들을 때마다 어떻게 도움을 줄까 생각하게 되었다.

그래서 인생의 후반기에 편하게 살 수 있는 길을 버리고 모험을 하기로 결정했다. 난치질환 환자들이 각자의 체질에 맞는 집중치료와 식사를 제공받으며 체질에 맞는 운동과 생활 태도, 마음가짐을 배울 수 있는 병원을 만드는 것이다. 앞으로 만들어질 병원 이름도 이미 정했다.

나의 어머니는 아버지가 돌아가신 후 일찍 홀로 되셨다. 그렇게 가난하고 힘든 생활 속에서도 4남매를 올바르게 키우기 위해 헌신하신 분이다. 또한 항상 자신보다 더 가난하고 불쌍한 사람들을 도와주셨다. 우리 형제들에게도 그런 삶을 가르치셨다. 그런 어머니의 세례명이 로사(Rosa)다. 그 뜻을 받들어 힘없고 돈 없는 사람들도 최상의 치료를 받을 수 있는 로사병원을 만들 것이다.

인간을 귀하게 여기고 뛰어난 의술과 바른 진료로 인류의 건강한 삶에 기여하고 싶다. 그런 신념으로 환자들에게 희망과 건강과 사랑을 주는 8체질 전문 통합의학 병원인 로사병원을 설립하는 것이 내 인생에서 꼭 이루고 싶은 꿈이다. 이 꿈이 이루어지는 상상을 하며 오늘도 설레는 마음으로 환자를 본다.

《죽기 전에 꼭 하고 싶은 것들》에 실렸던 글임을 밝힙니다.

04

매년 가족과
여행 가기

아우구스티누스는 "세계는 한 권의 책이다. 여행하지 않은 사람은 세상이라는 책을 한 페이지만 읽은 셈이다."라는 말을 남겼다. 그리고 세네카도 "여행과 장소의 변화는 우리 마음에 활력을 선사한다."라는 말을 남겼다. 이처럼 여행은 삶에 지혜를 주는, 행복하고 가슴 설레는 일일 것이다.

여행의 어원은 라틴어 'Travail'에서 유래한다. Travail은 '고통, 고생' 등의 뜻이 담겨 있는 단어다. 과거에는 길이 험난하고 교통수단도 제대로 없었다. 도처에 야생동물이나 강도의 위험도 있었다. 그래서 여행이 고통, 고난의 뜻을 갖게 된 것이다. 문명이 발달한 현재도 여행이 마냥 행복하고 설레는 일만은 아닌 것 같다. 여행하는 동안 힘든 일도 있고 고통도 있을 수 있다. 하지만 여러 가지 새로운 경험을 통해서 소중한 추억과 삶의 지혜를 얻을 수 있다.

학창 시절, 나는 수학여행을 제외하고는 여행을 간 기억이 없다. 대학교를 다닐 때도 개인적인 여행을 한 적이 없다. 경제적 문제로 아르바이트를 하느라 여행은 엄두가 나지 않았다. 아쉽게도 나의 청춘은 여행의 추억 없이 그렇게 지나갔다.

요즘은 워킹홀리데이라는 제도가 있다. 그래서 대학생들은 해외여행을 하면서 합법적으로 일해 부족한 경비를 충당할 수 있다. 나의 자식들도 대학생이 되면 다양하게 여행을 다니며 인생을 경험했으면 하는 바람이다.

'국내여행' 하면 누구라도 첫 번째로 떠올리는 곳이 있다. 바로 제주도다. 나에겐 제주도에 관한 몇 가지 여행담이 있다. 대학을 졸업하고 서울에서 한의원을 운영했다. 그러곤 첫 여름휴가 때 처음으로 제주도에 갔다. 제주도가 집인 대학 동기 덕분에 3명이서 처음으로 비행기를 타고 여행을 간 것이다.

나는 이국적인 제주도 여행의 즐거움보다 난생처음 비행기를 타 본지라 불안감과 흥분과 설렘을 느꼈다. 그 기억이 아직도 생생하다. '어떻게 수백 톤이 넘는 큰 물체가 하늘을 날까? 혹시라도 떨어지면 어쩌지?' 하는 걱정이 이만저만 아니었다. 그렇게 이륙하고 한참 동안 불안해했다. 물론 창피해서 내색은 안 했다. 인간이 하늘을 나는 것은 기적이다. 날개가 없는 인간이 하늘을 날 수 있게 지혜를 주신 하느님께 감사한다.

신혼여행도 제주도로 갔다. 하지만 일반적인 신혼여행 패키지 상품으로 가지 않았다. 둘만의 개인적인 여행을 했다. 나는 편하게 쉬는 여행보다 움직이는 여행을 좋아하는 것 같다.

우리 부부는 대전에서 결혼식을 올렸다. 식이 끝나고 나는 하객으로 온 부산 선배 한의사에게 내 차를 부산에 갖다 놔 달라고 부탁했다. 그러곤 아내와 나는 곧장 청주공항에 가서 비행기를 타고 제주도로 여행을 갔다.

올 때는 비행기를 타고 부산으로 왔다. 그리고 거기에 맡겨 놓은 내 차를 가지고 진주에 들러 대전에 갔다가 서울로 올라오는 일정을 잡았다. 가는 곳마다 지인들이 맛있는 음식을 대접하고 축하해 줬다. 제주도에서는 호텔과 렌터카를 예약했다. 그러곤 제주도 곳곳을 시간의 제약 없이 누비고 다녔다.

낯선 제주도에서 둘만의 시간을 갖는 것이 참 행복했다. 성산일출봉 해변가에서 해녀가 직접 잡아 썰어 준 해삼을 먹었다. 오독오독 씹히던 해삼의 식감과 특유의 짙은 향은 지금도 잊을 수가 없다. 해삼(海蔘)은 바다의 인삼이다. 울퉁불퉁 못생긴 겉모양과 달리 영양이 풍부하다. 중국요리에 많이 사용하는 해삼은 스태미나식이다. 오죽하면 남자는 해삼, 여자는 전복이 좋단 뜻의 남삼여포(男蔘女鮑)라는 말이 있을까. 아무튼 허니문(honeymoon)에 도움이 되었던 음식이다.

우리 가족은 큰아이가 초등학교 5학년, 둘째가 2학년 일 때, 특별한 제주도 여행 계획을 세웠다. 자전거로 제주도를 일주하는 프로젝트였다. 아이들에게 특별한 추억을 만들어 주고 싶었다. 내가 운영하는 한의원의 휴가기간을 이용해서 가야 했기 때문에 짧은 기간을 최대한 활용해야 했다. 수요일부터 일요일까지 5일 동안 제주도를 한 바퀴 돌아야 하는 것이다.

수요일 아침 6시 15분 김포공항 출발, 다음 주 월요일 아침 8시 서울 도착 비행기로 예약했다. 수요일에는 새벽 4시부터 준비해서 공항에 갔다. 월요일에는 정상 진료를 해야 했다. 때문에 피곤함을 무릅쓰고 월요일 아침에 일찍 서울로 돌아와야 했다. 일요일 날 제주도에서 떠나면 일요일 하루를 여행 일정에서 빼야 했다. 그것이 아까워서 월요일 새벽 비행기를 탔다. 따라서 6박 7일간 제주도 여행을 한 셈이다. 지금 생각해 보면 좀 더 휴가기간을 늘려서 편하게 다녀올 걸 그랬다는 생각이 든다.

우리 가족은 5일 동안 자전거를 타고 제주도를 한 바퀴 돌아야 하기 때문에 준비를 철저히 해야만 했다. 먼저 한여름 불볕더위에 하루 종일 자전거를 타고 다닐 수 없어서 4대의 자전거와 자전거를 싣고 다닐 봉고차를 렌트했다. 숙박은 이동해야 하는 일정이어서 바뀔 수 있었다. 때문에 그때그때 알아보고 정하기로 했다.

아내와 나, 둘 중에 한 명은 운전을 했다. 그리고 3명은 자전거를 타고 갔다. 어떤 때는 차를 세워 놓고 4명이 자전거를 타기도 했다. 살이 익는 듯한 불볕더위에 모두 다 자전거를 안 타려고 했다. 에어컨을 틀어 놓은 봉고차 안에서 아이스크림을 먹는 것이 천국이었기 때문이다. 그래도 아이들 둘 다 태릉에서 스케이트를 배우고 있었기 때문에 체력은 좋았다. 특히 큰애는 전국대회에서 2등을 할 정도로 실력이 좋았다. 그래서 자전거는 나와 큰애가 주로 탔다. 아내와 막내는 차로 이동하는 경우가 많았다.

첫날 애월읍 곽지해수욕장에서 신나게 물놀이를 했다. 그리고 텐트에서 자려고 했는데 비바람이 몰아치기 시작했다. 텐트를 걷느라 힘들었지만 우리는 비바람이 너무 고마웠다. 에어컨이 나오는 모텔에서 잘 수 있다는 생각 때문이었다. 하지만 막상 모텔에 가니 시원하지 않은 바람만 나오는 에어컨 때문에 실망했다.

다음 날에도 해안가를 따라 이동하다가 분수대 놀이터에서 신나게 놀았다. 이때 둘째가 귓속에 물이 들어가서 귀가 아프다고 했다. 우리는 급하게 한림읍에 있는 이비인후과에 갔다. 그곳에서 치료받은 둘째는 약을 먹으면서 따로 침을 맞아 빨리 완쾌했다. 이후 우리 가족은 협재해수욕장에서 또다시 물놀이를 했다. 거기서 소라를 잡아서 라면에 넣어 끓여 먹었다.

그때 가랑비가 오락가락하더니 그 너른 하늘에 무지개가 멋지게 만들어졌다. 오랜만에 보는 초대형 무지개였다. 모두들 감탄했다. 그러고는 해 질 녘 늦게까지 모래 속에 숨어 있는 조개를 잡았다. 한밤에는 폭죽을 터뜨렸다. 그렇게 시간 가는 줄 모르게 추억을 만들었다.

3일째에는 유리의 정원, 소인국 테마파크 등 제주에 있는 주요 테마파크를 찾아다니며 구경했다. 특히 제주도 조랑말을 타고 달릴 때는 무섭기까지 했다. 아이들은 무서움도 타지 않고 잘 탔다. 온 하늘을 불태우던 산방산의 아름다운 노을은 지금도 생생하다.

4일째에는 천지연폭포와 정방폭포를 봤다. 그 웅장함에 놀랐다. 아쉽게도 제주도 3대 폭포 중의 하나인 천제연폭포는 시간이 부족해 보지 못했다. 정방폭포는 국내에선 유일하게 뭍에서 바다로 직접 떨어지는 폭포다. 폭포 양쪽으로 주상절리가 잘 발달한 수직 암벽도 볼 만 했다.

폭포물이 바다로 나가기 전, 폭포가 떨어지는 아래쪽 넓은 연못에 사람들이 시원한 물보라를 맞으며 있었다. 그 사람들을 한창 구경하고 있는데, 갑자기 둘째아이가 그곳으로 달려갔다. 그리고 첨벙첨벙 물놀이를 하기 시작했다. 아이는 워낙 찌는 더위에 폭포를 보고 이성을 잃었던 것이다. 시원하게 물놀이하는 둘째의 모습을 보고 한편으론 동심이 부러웠다.

마지막 날 한라산을 올라갈까 고민했다. 오랜 고민 끝에 너무 시간이 걸리고 무리일 것 같아서 다음 기회에 가기로 했다. "다음에 올

때는 한라산 백록담을 우선 목표로 잡고 오자!" 그렇게 아이들과 약속하고 성산일출봉으로 향했다. 올라가는 내내 주위에는 대부분 중국 사람들뿐이었다. 신혼여행 때 먹었던, 그 오독오독 씹히던 해삼과 해녀가 생각났다. 12년이 지나서인지 그곳은 깨끗하게 단장되어 있었다. 어디에서 먹었는지 기억도 안 났다.

마지막으로 만장굴을 보고 오리엔탈호텔 스위트룸에 짐을 풀었다. 호텔에 근무하는 사촌 동생이 특별히 잡아 준 방이었다. 여행 처음엔 에어컨이 안 나오는 방에서, 마지막에는 최고급 방에서 자게 되었다. 날이 갈수록 자는 방이 좋아지고 추억의 덩어리도 커졌다. 그럴 무렵 우리의 여행은 끝맺을 시간이 되었다.

그렇게 제주도를 한 바퀴 다 돌고 유명한 곳은 거의 다 가 보았다. 아내와 어린 두 아들과 함께한 잊을 수 없는 여행이었다. 우리가 여행한 그해 여름은 밖에 나가는 것이 미친 짓이라는 불볕더위였다. 그 더위에 우리는 아스팔트 위를 자전거로 달렸다. 힘들었지만 행복한 추억이 가득한 여행이었다. 이후에도 해외를 비롯한 여러 군데에 여행을 갔다. 하지만 아이들은 아직도 그때의 제주도 자전거 일주에 대해 말한다.

이제 둘째가 고등학생이 되어 가족이 다 같이 여행하는 일은 없어졌다. 아이가 공부하는 중이지만 나는 매년 짧게라도 한 번씩 가족 여행을 하고 싶다. 둘째가 고등학교를 졸업하면 가족이 함께 해외여행을 제주도 여행처럼 특별하게 했으면 좋겠다. 가고 싶은 곳은 많다. 그중에서도 산티아고 순례길, 호주의 태즈메이니아 섬, 아프리카의 킬리만자로는 꼭 가고 싶다. 여행을 통해 삶의 지혜와 행복한 추억을 우리 가족과 함께 얻고 싶다.

05

서예 개인전 하기

보통 사람들은 한 가지 이상 취미를 가지고 있는 것 같다. 누군가 나에게 취미가 뭐냐고 묻는다면 나는 "서예!"라고 말한다. 초등학교 때 수업 과목으로 서예를 배웠던 기억이 있다. 당시 나는 글씨를 잘 쓴다는 칭찬을 들었다. 그리고 나서부터 어린 마음에 남들보다 더 열심히 노력했다. 덕분에 대전시 학생서예대회에서 상을 받기도 했다.

중학교에 다닐 때까지도 특별활동 시간에 서예부 활동을 했다. 고등학교에 올라가면서 무슨 이유에서인지 서예를 안 하게 되었다. 서예는 서서히 내게서 잊혔다. 서예와 더불어 그동안 즐겼던 나의 취미활동은 다양하다.

중학생 때 나는 형의 어깨너머로 기타를 배워서 치기 시작했다. 중·고등학교 때는 성당활동을 했다. 그때 실력이 좋지 않았음에도 기타를 치는 것이 부러움의 대상이 되었다. 기타를 치면서 노래도 제법 하게 되었다. 해마다 연말이면 '문학의 밤' 행사가 있었다. 당시 나는 중창단을 만들어 기타를 치며 노래하곤 했다. 그때는 주로 대학가요제 곡을 연습해서 불렀다.

일요일이면 성당에 갔다. 그러곤 미사가 끝나면 지하 휴게실에서 기타를 쳤다. 시간 가는 줄도 모르게 팝송과 포크송을 연습했다. 아마도 공부하기 바쁜 요즘 학생들은 상상도 못할 것이다.

친하게 지내던 같은 학년 성당 친구들은 여자 3명, 남자 5명이었다. 우리는 '여덟 친구'라는 이름을 붙여 선후배들에게 우리의 우정을 과시했다.

고등학교에 올라오자 우리가 주도적으로 '문학의 밤' 행사를 진행했다. 우리는 중창단과 만담, 연극 등 다양하게 행사를 준비했다. 그러곤 성공적으로 잘 마쳤다. 공연 준비를 하는 동안 남자들은 연습이 끝나면 여자아이들을 집까지 바래다주는 매너를 발휘했다.

여덟 친구 중에 한 친구는 수녀님이 되었다. 나머지는 다들 결혼해서 잘 살고 있다. 요즘에도 가끔 연락한다. 그리고 1년에 한 번은 정기적으로 모임을 갖고 있다. 만나기만 하면 어릴 때의 추억 속으로 빠져든다. 수다를 떠느라고 정신이 없다. 중·고등학교 시절의 기타 취미는 어려운 생활 속에서도 기분전환과 활력이 되어 주었던 것 같다.

대학에 들어가서도 간간이 낡은 기타를 치곤 했다. 그것 이외에 특별한 취미생활은 없었다. 학비를 벌기 위해 과외하고 알바하기에도 바빴다. 학년이 올라가면서 공부의 양도 많이 늘어났다. 때문에 취미생활은 나에게 사치였다.

한의사가 된 후 결혼하고 아들이 태어났다. 방실방실 웃는 예쁜 모습을 사진으로 남기고 싶었다. 나는 어릴 때의 사진이 거의 없다. 때문에 아들의 사진은 많이 찍어서 남겨 주고 싶었다. 그때 당시 한의원에서 사진작가가 치료를 받았다. 치료가 잘되어 감사하다고 했다. 그러면서 자신이 찍은 작품을 선물해 주었다.

나는 용기를 내어 그에게 사진을 가르쳐 줄 수 있느냐고 물어보았다. 사진작가는 흔쾌히 가르쳐 주겠다고 약속했다. 나는 먼저 니콘 F4 필름카메라와 망원렌즈를 마련했다. 그것들을 비롯해 기본 렌즈와 삼각대 등 웬만한 것을 다 갖추었다. 일주일에 한 번씩 사진작가의 집에 가서 교육을 받았다. 사진작가의 집에는 암실도 있었다. 사진작가는 거기에서 직접 필름을 현상했다. 이때 기본적인 사진 기술을 모두 익혔다. 사진작가는 밤늦게까지 열정을 가지고 가르쳐 주었다. 지금도 감사한 마음이 든다.

나는 보통 아내와 아기 사진들을 찍곤 했다. 해맑게 웃는 모습을 찍으려고 필름 한 통을 다 써 버리곤 했다. 그러면서도 하나도 힘들지 않았다. 참 예쁘고 사랑스럽다는 생각을 했다. 아이들이 성장하는 모습을 놓치지 않고 찍었다.

아이들이 성장하면서 태릉선수촌에서 스케이트를 배우게 되었다. 스케이트 시합이 있는 날이면 나는 어김없이 카메라를 들고 사진을 찍었다. 주위에서는 사진작가가 아니냐고 물어보기도 했다. 괜히 쑥스러웠다.

겨울에 강원도 화천에서 1박 2일간의 스케이트 시합이 있던 때였다. 살을 에는 듯한 추위였다. 그 추위에 손가락이 얼어버릴 정도였다. 그러면서도 나는 하나라도 놓치지 않으려고 계속해서 셔터를 눌러댔다. 그런 내 열정에 보답이라도 하듯이 두 아들 모두 1등을 했다. 시합이 끝나고 선수 부모들과 먹은 야들야들한 산천어구이는 별미였다. 나는 남들처럼 사진동호회에 가입하지는 않았다. 그렇게 출사(출장가서 사진을 찍는 일)를 다니거나 예술작품을 찍기 위해 노력하지는 않았다. 하지만 아이들이 성장할 때의 많은 추억을 사진으로 남겨 놓아 뿌듯하다.

나는 어렸을 때부터 운동을 좋아했다. 그래서 꼭 해 보고 싶은 운동이 있었다. 나는 검도를 하고 싶었다. 대학교 때도 검도가 하고 싶었다. 하지만 돈이 없었기 때문에 도장에 등록을 못했다. 대신 죽도와 목검을 사서 혼자 스텝을 밟는 연습을 했다. 혼자서 검도를 배운다는 것이 말도 안 되는 일인 줄 알고 있었다. 그러나 나는 그렇게라도 갈증을 해소해야 했다.

결혼해서는 혼자서 두 아이를 돌보는 아내를 모른 척할 수 없었다. 나 혼자 운동하는 것이 마음이 편하지 않았다. 그래서 운동을 포기했다. 그렇게 시간이 지나고 아이들이 초등학교 5학년, 2학년이 되었다. 그때부터 아이들과 함께 검도를 배우기 시작했다. 한의원 진료를 끝내고 두 아들과 함께 저녁마다 검도장에 갔다. 처음에는 힘들었다. 하지만 수련을 하면서 건강도 좋아지고 정신력도 강해지는 것을 느꼈다.

기초운동 중에는 줄넘기 '쌩쌩이'가 있었다. 처음엔 한두 개 하는 데에 그쳤다. 그러나 나중에는 50개씩 하게 되었다. 그만큼 몸이 가벼워지고 날렵해졌다. 일요일이면 진검 수련을 하면서 대나무 베기도 했다. 그렇게 일주일에 세 번씩 4년 넘게 검도장에 다녔다. 그동안 나는 대나무 베기 대회에서 우수상을 따내는 쾌거를 이루기도 했다. 나중에 큰아들과 나는 공인 2단, 둘째는 공인 1단을 땄다.

아이들도 검도 수련을 통해 신체적, 정신적으로 많이 성장했다. 효와 예절을 아는 아이들로 컸다. 큰아들은 고등학교에 올라가면서 공부 때문에 검도를 그만두었다. 나와 둘째 아들은 계속해서 검도장을 다녔다. 그러나 3명이 다니다가 2명이 다니자 뭔가 허전한 느낌이 들었다. 그러면서 점점 검도에 소홀해지게 되었다. 그러다 결국은 그만두게 되었다. 하지만 지금도 가끔씩 옥상에서 진검으로 검법을 수련한다.

요즘 취미로 하는 서예를 본격적으로 한 계기가 있다. 수화를 하는 만큼 나의 한의원에는 청각장애인 환자들이 자주 온다. 그중에 청각장애인 신부님도 있다. 이분은 미국에서 신학교를 다녔다. 한국에 와서 다시 혜화동 가톨릭신학대학교에서 과정을 마쳤다. 그렇게 사제 서품을 받고 신부가 되었다.

어느 날 그 신부님이 서예도구를 보여 주며 요즘 서예를 배운다고 했다. 나는 나도 옛날에 서예를 했다고 말했다. 그러곤 기회가 되면 서예를 배우고 싶다고 했다. 이날이 나의 운명의 날이었다. 신부님이 서예의 대가이신 강포 김상용 선생님과 통화할 수 있게 연결을 해 준 것이다. 원래 일반인들은 잘 가르치지 않는데 나는 특별히 가르쳐 주기로 하신 것이다. 강포 선생님은 여초 김응현 선생님에게서 사사하셨다. 그리고 한국미술협회 서예분과 위원장을 역임하시면서 한국미술협회 고문으로 계셨다. 모든 서체를 아우르시는 분이다. 그중 특히 예서체의 대가로 알려져 있다.

평일에는 진료 때문에 너무 늦어서 수업을 할 수 없었다. 선생님은 토요일 중 특별히 수업 시간을 내 주셨다. 인사동에 서실이 있었다. 때문에 4시에 진료를 마치고 전철을 타고 가면 5시쯤에 도착했다. 선생님은 항상 조용한 음악을 틀어 놓고 차를 준비하셨다. 서둘러 오느라 힘들어하는 나에게 차를 따라 주셨다. 그러면서 한 주 동안 있었던 일과 여러 가지 좋은 말씀을 해 주셨다.

서예를 배우기 전에 선생님과 차를 마시면 마음이 편안해지는 기분이 들었다. 선생님은 한의사로서 환자와 모든 사물의 이치를 정확하게 보라는 의미로 중관(中觀)이라는 호(號)도 만들어 주셨다. 서예는 인간성의 발로다. 때문에 개성에 따라 그 표현이 달라지는 필연성이 있다고 말씀하셨다. 타고난 천성이 다르고 학문적 소양과 인격의 수양에 따라 다르기 때문이다. 그러니만큼 서예로 표현되는 것은 그 사람을 표현하는 것이라고 했다.

당나라 유공권(柳公權)의 "용필재심 심정즉필정(用筆在心 心正卽筆正), 글을 쓰는 것은 마음에 있으니 마음이 바르면 글도 바르게 쓰인다."라는 글귀를 자주 말씀하셨다. 그러면서 글을 잘 쓰려고 하지 말라고 하셨다. 올바른 마음으로 수양을 게을리하지 말라고 강조하셨다.

2013년 가을에는 제자들의 모임인 낙원서회에서 함께 단체전시회를 했다. 나의 작품도 전시되었다. 정말 뿌듯했다. 요즘도 한의원 진료실 한쪽에 서실을 꾸며 놓고 틈틈이 글을 쓴다. 나중에 어느 정도 나자신이 수양이 되고 글로써 표현하는 것에 부끄러움이 없을 때가 올 것이다. 그때 나는 꼭 개인전을 해 보고 싶다.

롤모델을 본보기로
꿈 이루기

| 강 대 현 |

강대현 연천중학교 2학년

세계적인 유튜버와 10대 작가라는 꿈을 향해 힘차게 도전하는 열매다. 현재 자신의 꿈을 멋지게 준비하고 있다.

01

책 쓰는
작가 되기

나는 이지현 코치님을 만나기 전까지 사는 게 힘들었다. 학원 다니기도 싫었고, 내 인생을 그만두고 싶었다. 부모님이 맞벌이를 하신 탓에 나와 동생은 유치원 다닐 때부터 밤 10시~11시까지 집에 남아 있어야 했다.

유치원 다닐 때의 나는 친구들과 같이 논 기억이 거의 없다. 초등학생 때에는 태권도학원과 공부방을 다니기 시작했다. 나는 태권도 배우는 것을 그렇게 나쁘지 않다고 생각했다. 하지만 1년 뒤에 엄마에 의해서 태권도학원을 그만두게 되었다. 엄마한테 태권도학원을 그만두게 한 이유를 물어봤다. 엄마의 대답은 "태권도를 너무 산만하게 가르친다."였다. 나는 태권도 보다 공부방이 더 싫었다. 왜냐하면 공부방은 체육과 도덕을 제외한 전 과목을 가르치고 목표한 양을 다 소화하지 못하면 집에 갈 수 없었기 때문이었다. 나는 몇 시간 동안 그 자리에 앉아 공부하기가 너무 싫었고 스트레스 받았다.

겨울방학 동안 쉬던 학원은 학기가 시작되면서 다시 다니기 시작했다. 이번에는 영어학원이었다. 그중에서도 제일 힘들다는 GNB영어학원이었다. 나는 파닉스부터 시작했다. 내 영어 수준이 학년 수준에 안 되었기 때문이다. 그리고 몇 달 지나자 반이 바뀌고 처음으로 단어장을 받았다. 나는 단어장을 받으면 신나고 재밌을 줄 알았다. 하지만 전혀 아니었다. 영어단어 5개를 암기해서 본 시험에서 한 개 빼고 다 틀렸기 때문이다. 나는 좌절하고 말았다. 그때 나는 '열심히 단어를 외워야겠다'고 생각했다. 그렇게 나는 영어단어를 열심히 외웠다. 그리고 STEP 1에서 STEP 2로 한 단계 심화된 수준의 단어장을 받을 수 있었다.

STEP 2로 바뀌어서 좋은 것도 잠시였다. 처음에는 쉽다가 점점 어려워졌다. 시험을 볼 때마다 많이 틀려서 나는 매일 학원에서 남아야 했다. 밤 9시~11시까지 남은 적도 있었다. 나중에는 단어 시험에 너무 스트레스를 받아 재끼기도 했었다. 그 때문에 원장 선생님, 부모님께 혼나기도 했다. 그렇게 GNB영어학원도 몇 개월 뒤 끊게 되었다. 이후, 여러 수학학원과 영어학원을 다니게 되었다. 하지만 하나같이 나에게는 부담만이 되었다.

그러던 어느 날, 아빠가 나한테 이번 주말은 시간을 비워두라고 하셨다. 그러고는 상담 받으러 갈 거라고 하셨다. 나는 무슨 상담인지 궁금했다. 그리고 그날 아침 일찍 일어나 차를 타고 분당으로 갔다. 거기서 처음으로 이지현 코치님을 만났다. 부모님이 먼저 상담을 하시고, 내가 그다음으로 했다. 사실 분당에 오기 3일 전, 나는 적성검사를 했다. 검사를 통해서 나는 내가 잘하는 것과 흥미 있는 것 등을 알 수 있었다. 내가 잘하는 것은 언어와 수학이었다. 그리고 리더십 점수가 높게 나왔다. 나는 검사 결과에 깜짝 놀랐다. 내가 제일 싫어하고, 못하는 과목이 수학과 언어였기 때문이었다. 그리고 내가 리더십이 있다는 것도 의외의 결과였다.

나는 코치님께 "이거 제가 잘하는 게 맞아요?"라고 물어보았다. 코치님은 "네가 잘하는 게 맞아"라고 하셨다. 그리고 "네가 수학을 못하면 수학을 안 해서 못 하는 거"라고도 하셨다. 코치님과 상담을 마치고 집으로 돌아오는 길에 아빠는 나에게 "오늘 상담 어땠어?"라고 물어보셨다. 나는 나에 대해서 많은 것을 알게 되어서 좋았다고 얘기했다. 그리고 아빠도 내 말에 동의하셨다. 앞으로 나는 상담 받으러 분당에 6번 더 가야했다. 나는 주말마다 일찍 일어나 분당으로 갔다. 그렇게 5번의 상담을 받고, 여름방학이 되었다. 방학동안에는 상담을 잠시 중지해야 했다. 내가 북유럽 여행을 가게 되었기 때문이었다.

북유럽 여행을 갔다 오자 깜짝 놀랄만한 상황이 일어났다. 아빠가 나에게 책을 쓰라고 하신 것이다. 정말 깜짝 놀랐다. 내가 책을 쓰고 싶다고 말한 적이 없었고, 아빠가 나에게 책에 대한 어떠한 말도 하신 적이 없었기 때문이다. 그렇게 나는 이지현 코치님의 권유로 책 쓰기에 관심을 갖게 되었다. 그리고 이후 진행되었던 상담시간에 코치님에게 책 쓰는 방법에 대한 기본적인 것을 배울 수 있었다. 나는 그동안에 생각해 보지 못한 나의 버킷리스트를 생각해보게 되었다. 이제 나는 작가가 되는 첫 시작점에 섰다.

요즘 나는 '이거 꿈 아니지?'라는 생각을 갖고 지내고 있다. 책 쓰는 것에 대해 진지하게 생각해보고, 잘 써야겠다고 다짐했다. 그리고 미래의 작가가 되어있는 나를 상상했다.

앞으로 나는 책 10권을 쓰고 싶다. 나중에 본격적으로 작가가 되면 강연과 사인회도 해보고 싶다. 독자들에게 내 책을 읽고 나서 무슨 생각이 들었고, 어떤 느낌을 받았는지 직접 물어보고 싶다. 또한 나는 내 책으로 벌어들인 돈의 절반을 기부하고 싶다. 내가 쓴 책으로 벌어들인 돈을 기부하는 것은 나의 또 다른 버킷리스트이기도 하다. 앞으로 나는 열심히 책 쓰는 작가 강대현이 될 것이다!

02

스페인 월드컵
개최되면 보러 가기

나는 축구를 좋아하는 15세 청소년이다. 실제 축구장에 가서 관람한 것은 기본이고, 축구 게임도 꾸준히 하고 있다. 국내보다는 해외 축구를 더 좋아하는 나는 나중에 나의 롤모델인 축구선수와 그 경기를 직접 직관하고 싶다.

나는 해외 축구 경기 중에도 특히 '엘 클라시코' 경기를 보고 싶다. '엘 클라시코'는 'FC 바르셀로나와 레알 마드리드의 경기'를 뜻한다. 내가 좋아하는 해외 축구팀은 바로 FC 바르셀로나다.

내가 좋아하는 축구선수를 공격수, 미드필더, 수비수, 골키퍼로 나누어봤다. 먼저 공격수 중에서 가장 좋아하는 선수는 FC 바르셀로나의 리오넬 메시다. 나의 롤모델이기도 하다. 메시는 스페인 라리가리그 FC 바르셀로나의 공격수로 뛰면서 아르헨티나 국가대표 주장 완장을 차고 있다. 메시는 화려한 드리블과 골 결정력까지 있어 세계적으로 아주 유명한 축구선수 중의 하나다. 주로 메시와 함께 언급되는 선수는 이탈리아 세리에 A리그 유벤투스 FC의 공격수로 뛰고 있는 크리스티아누 호날두다. 호날두 역시 내가 좋아하는 두 번째 축구선수다. 호날두는 메시처럼 드리블을 잘하고 골 결정력이 있다. 특히, 프리킥을 잘 넣어서 무척 좋아한다. 그리고 내가 세 번째로 좋아하는 공격수는 손흥민이다. 손흥민은 잉글랜드 프리미어리그 토트넘 홋스퍼 FC에서 뛰며, 대한민국 국가대표 주장이다. 멋진 플레이가 재밌어서 좋아한다.

다음은 내가 좋아하는 미드필더다. 첫 번째로 좋아하는 미드필더는 포그바다. 포그바는 프리미어리그 맨체스터 유나이티드에서 뛰고 있다. 포그바는 슛이 멋지고 골 패스를 잘해서 좋아한다. 그리고 두 번째로 좋아하는 미드필더 선수는 이스코다. 이스코는 라리가리그 레알 마드리드에서 뛰고 있다. 이스코는 2012년 투토스포르트 유러피언 골든보이 상을 수상했다. 이스코는 멋진 돌파를 통해 도움을 줘서 좋다. 세 번째로 좋아하는 미드필더 선수는 모드리치다. 모드리치는 라리가리그 레알 마드리드에서 뛰고, 크로아티아 국가대표 주장이다. 모드리치는 2018년 제21회 러시아 월드컵 골든볼을 받은 이력이 있다.

내가 수비수 중 가장 좋아하는 선수는 라모스다. 라모스는 라리가리그 레알 마드리드에서 뛰고, 스페인 국가대표 주장이다. 라모스는 2014 국제축구연맹 국제축구선수협회 세계 베스트 일레븐을 받은적 있다. 두 번째로 좋아하는 수비수는 디에고 고딘이다. 고딘은 라리가리그 아틀레티코 마드리드에서 뛴다. 고딘은 멋진 수비와 멋진 선방, 공을 잘 뺏어서 좋다.

내가 가장 좋아하는 골키퍼는 조현우다. 조현우는 지금 대한민국 K리그 대구 FC에서 뛰고 있다. 조현우는 2018년 러시아 월드컵에서 멋진 활약을 해줘서 좋다. 두 번째로 좋아하는 골키퍼는 요리스다. 요리스는 프리미어리그 토트넘 홋스터 FC에서 뛰며 프랑스 국가대표 주장이다. 요리스는 2009년 프랑스 올해의 골키퍼 상을 받았다. 멋진 선방과 예리한 예측을 잘해서 좋다. 그리고 세 번째로 좋아하는 골키퍼는 잔루이지 부폰이다. 부폰은 프랑스 리그 파리 생제르맹 FC에서 뛰며 이탈리아 국가대표 주장이다. 부폰은 2011년 국제축구역사통계재단 선정 21세기 최고의 골키퍼 1위라는 상을 받았다.

나는 나중에 월드컵을 꼭 보러 가고 싶다. 실제 보러갈 기회가 오면, 스페인에서 월드컵을 개최했으면 좋겠다. 스페인에 좋아하는 축구 클럽이 있고, 롤모델인 선수도 있기 때문이다. 또한 엘 클라시코도 볼 수도 있고, 스페인의 문화와 역사를 배우고 싶다.

스페인에서 월드컵이 개최되면, 경기를 보러 가기 전에 먼저 가고 싶은 데가 있다. 그곳은 맛집들이다. 그 첫 번째는 바르셀로나 빠에야 맛집이다. 스페인 바르셀로나에 가면 '빠에야'라는 음식이 유명하다고 해서 꼭 먹어 보고 싶다. 그리고 두 번째 맛집은 당근케이크가 맛있는 카페 'SPICE'다. 스페인 바르셀로나에서 당근케이크가 맛있다고 소문났다고 해서 꼭 한번 먹어 보고 싶다. 세 번째 맛집은 브런치가 맛있는 카페 'The Juice House'이다. 분위기가 좋고 생과일주스가 맛있다고 해서 한번 가 보고 싶다. 그리고 마드리드 왕궁에 꼭 방문하고 싶다. 스페인 박물관 중 제일 가보고 싶은 곳이다. 마드리드 왕궁 안에는 멋지고 유명한 조각상을 비롯한 많은 예술작품이 있다고 해서 꼭 한번 가 보고 싶다.

03

유명 유튜브
크리에이터 되기

내 꿈은 유튜브 크리에이터다. 유튜브 크리에이터란 동영상 플랫폼인 유튜브에서 동영상으로 리뷰, 개인 방송 등을 올리는 사람들을 일컫는 말이다. 나는 예전부터 게임을 좋아해서 유튜브에서 게임 동영상을 많이 봤었다. 유튜브 크리에이터가 쓴 책을 읽기도 했다.

유튜브 크리에이터들은 다양한 경험과 자신감, 자기 목표가 제일 중요하다. 그리고 무엇보다 콘텐츠가 가장 중요하다. 콘텐츠란 인터넷이나 컴퓨터 통신 등을 통하여 제공되는 각종 정보나 그 내용물 또는 유·무선 전기 통신망에서 사용하기 위하여 영상 디지털 방식으로 제작해 처리, 유통하는 각종 정보와 그 내용물을 통틀어 말한다.

자기 목표는 장기적으로 발전하는 것에 있어서 중요하다. 만약 자기 목표가 '오늘 시청자 200명, 구독자 3만 명 찍기'라면 꾸준히 콘텐츠를 생각하고 영상을 찍으며 자기 목표를 위해 열심히 할 것이다. 여기에 크리에이터의 다양한 경험도 중요하다. 방송 찍는 경험이 늘어야 내가 실수한 게 있으면 다시는 똑같은 실수를 하지 않을 것이다.

중학교 1학년일 때의 나는 〈클래시 로얄〉이라는 게임을 하고 있었다. 그때 당시에는 〈클래시 로얄〉에서 희귀한 상자를 모으는 게 유행이었다. 나는 꾸준히 게임을 해서 그 희귀한 것을 다 모았는데, 혼자 상자를 열면 뭔가가 아쉬웠다. 그래서 내 지인 중에 게임 영상을 찍어 유튜브에 올리는 친한 친구에게 부탁했다. 내가 상자 여는 영상 찍어서 유튜브에 올리는 게 어떻겠냐고 말이다. 친구는 흔쾌히 허락했다. 여름방학이 끝나고 학교 근처 놀이터에서 그 친구와 만났다. 영상을 찍기 위해서였다. 처음 영상을 찍는 거라 무척 떨리고 기대도 되었다. 그렇게 영상을 찍기 시작해서 서서히 재미를 느낄 수 있었다. 친구는 완성된 영상을 자신의 유튜브 채널에 올렸다. 그때의 경험은 아주 재밌게 촬영했던 좋은 추억이 되었다. 좋은 추억을 만들어 준 그 친구에게도 무척 고마운 마음이다.

나에겐 유튜브 크리에이터 롤모델이 있다. 내가 존경하는 첫 번째 크리에이터는 '도티'다. 도티는 게임 유튜브 크리에이터이고 〈마인 크레프트〉, 모바일 게임을 주로 한다. 현재 도티의 유튜브 채널 구독자

수는 237만 명이다. 우리나라 최초로 게임 유튜브 크리에이터 중 구독자 수 200만 명을 달성했다. 나는 도티가 만드는 콘텐츠처럼 좋은 콘텐츠를 만들고 싶다.

두 번째 크리에이터는 '대도서관'이다. 대도서관도 게임 유튜브 크리에이터인데, 공포게임을 주로 한다. 유튜브 채널 구독자 수는 184만 명이다. 유튜브 크리에이터로만 1년에 17억 원을 벌어들이는 그는 기발한 콘텐츠를 만들어 닮고 싶은 크리에이터 중에 한 명이다.

그리고 세 번째 크리에이터는 '감스트'다. 감스트 역시 게임 유튜브 크리에이터다. 축구게임을 주로 하는 그의 채널은 현재 구독자 수가 93만 명이다. 감스트는 공영방송 MBC랑 공식 계약을 통해 아프리카TV에서 2018 러시아 월드컵 축구해설을 했다.

네 번째로 존경하는 유튜브 크리에이터는 '밴쯔'다. 밴쯔는 먹방 유튜브 크리에이터다. 현재 구독자 수는 280만 명이다. 밴쯔는 유튜브 방송으로만 10억 원을 벌었고, 하루 평균 8시간 운동하며 꾸준히 건강관리를 해 존경스럽고, 닮고 싶은 크리에이터다.

다섯 번째로 존경하는 유튜브 크리에이터는 '정재영'이다. 그는 게임 크리에이터이자 프로게이머다. 현재 유튜브 구독자 수는 15만 명이다. 정재영은 프로게이머로서 2017년 피파 온라인3 챔피언십 시즌2와 2017년 피파 온라인3 SOC 개인전에서 우승을 차지했다.

여섯 번째로 존경하는 유튜브 크리에이터는 '제이플라'다. 제이플라는 노래를 영상으로 찍어 올리는 유튜브 크리에이터다. 현재 구독자 수가 1,000만 명을 바라보고 있다. 우리나라 유튜브 크리에이터 중에서 구독자 수로 1등이다. 그는 해외노래를 remix해서 음원을 내기도 한다. 제이플라는 노래도 잘 부른다.

그리고 일곱 번째 존경하는 유튜브 크리에이터는 '보겸'이다. 보겸은 전 프로게이머고, 게임, 먹방 크리에이터다. 현재 유튜브 구독자 수는 250만 명. 보겸은 내 또래 친구들과 초등학생들에게 특히 인기가 많아서 부럽고 존경한다.

제가 좋아하는 여덟 번째 유튜브 크리에이터는 '악어'다. 악어는 도티처럼 컴퓨터 게임, 모바일 게임, 먹방, 자신의 사생활을 찍는 크리에이터다. 현재 유뷰브 구독자 수는 132만 명이다. 어린 아이들에게 인기가 많은 그는 2018년 아시아 모델 어워즈 올해의 크리에이터 상을 도티, 보겸과 함께 받았다.

내가 아홉 번째로 존경하는 유튜브 크리에이터는 '얼간김준호'다. 얼간김준호는 개그맨 김준호로, 그는 게임, 사생활, 먹방을 한다. 현재 구독자 수는 42만 명으로, 내가 얼간김준호 크리에이터를 존경하는 이유는 TV방송과 유튜브 방송을 겸하는 게 대단하다고 생각하기 때문이다.

내가 열 번째로 존경하는 유튜브 크리에이터는 '재넌'이다. 재넌은 게임, 먹방을 하는 유튜브 크리에이터다. 현재 유튜브 구독자 수는 138만 명이다. 재밌는 콘텐츠를 잘 만드는 재넌은 최근 '작비' 유튜브 크리에이터랑 함께 〈봄이오든말든〉이란 제목으로 음원을 냈다.

앞으로 내가 유튜브 크리에이터가 된다면, 매일 영상을 찍으면서 부지런히 활동할 것이다. 녹화 방송뿐 아니라 생방송도 할 것이다. 콘텐츠의 장르는 게임 말고도 먹방, 이벤트, 사생활 등 다양하게 소화할 것이다. 또한 구독자들과 소통을 하며 이끌어 갈 것이다. 그래서 내 또래의 아이들뿐 아니라 성인들한테도 인기 있는 유명한 유튜브 크리에이터가 될 것이다!

사람들을 돕는
특별한 교육 시스템
구축하기

| 임 성 빈 |

임성빈 직장인, 자기계발 작가

전자공학박사로서 한국항공우주연구원 책임연구원으로 재직 중이다. 몸과 마음의 평형을 유지하면서 건강하고 행복한 삶을 위하여 명상을 공부해 왔다. 자신의 배움을 누군가에게 나누어 주는 메신저가 되고자 한다.

가족과
이탈리아 여행하기

나는 결혼하기 전까지도 혼자 생활하는 데 익숙했다. 때문에 여럿이 모여서 시끄럽게 떠들거나 북적거리는 곳을 좋아하지 않았다. 아무리 볼거리가 많아도 길이 막히거나 주변이 시끌벅적하면 미련 없이 포기하고 말았다. 그러한 탓에 어디를 가더라도 시즌이 끝나는 아주 한가한 때에 한가한 곳에서 시간 보내는 것을 좋아했다.

결혼하고 나서도 마찬가지였다. 가족여행을 하더라도 단출하게 내 가족만이 있는 한적한 곳에서 여가를 즐기기를 원했다. 그러한 가족여행이라면 언제라도 마다할 이유가 없었다.

아내의 입장에서는 내 방식의 여행에 절대 동의할 수 없었을 것이다. 무미건조하고 지루했기 때문이다. 아내의 입장에서는 아이들이 다양한 경험을 할 수 있도록 배려하고 싶었을 것이다. 어떠한 여행을 하더라도 아이들에게 초점을 맞춘 콘텐츠를 선택하고 싶었을 것이다.

그러다 보니 자연스럽게 나는 가족과 함께하지 못했다. 나만의 취미에 빠져 복잡한 현실 문제를 잊고 싶어 했다. 그렇게 아이들이 크면서 아빠를 필요로 하는 중요한 시간을 다 흘려보내게 되었다. 그러고 나서야 내가 현실에 적응하지 못했었다는 사실을 깨닫게 되었다.

막내가 네 살 정도였을까? 나는 세 아이를 데리고 자주 산에 다녔다. 어쩌면 내가 아이들을 위해서 유일하게 할 수 있는 일이라 생각했다. 나의 바람은 오직 아이들이 건강하게 컸으면 하는 것이었다. 그런데 언제부터인가 아이들은 내게서 자연스럽게 멀어졌다. 유치원과 학원과 학교를 다니면서 그랬던 것 같다. 그렇게 한집에서 살면서 서로 다른 생활을 하기 시작했다.

내가 가족을 돌아보기 시작한 것은 불과 몇 년이 되지 않는다. 그 사이 가족은 이미 나와 다르게 살고 있다는 것을 알았다. 단지 그러한 상황 속에서 서로가 추구하는 것을 존중했을 뿐이다. 서로 깊이 관여하지 못하고 겉핥기 정도의 역할을 할 뿐이었다. 그러다 보니 내 마음속에는 아이들이 커 가는 동안에 내 역할을 제대로 하지 못했다는 아쉬움이 남아 있었다. 때로는 아이들을 생각하며 촉촉하게 눈시울을 적실 때도 있었다. 이제 와서 생각해 보면 나를 믿고 나와 함께하고 있는 사랑스러운 내 가족에게 미안할 뿐이다.

그러고 보면 나는 직장생활에 너무 충실했나 보다. 주어진 일뿐만 아니라 일을 찾아내서까지 하는 편이었다. 내 곁엔 아무도 없다는 생각에서 비롯된 생존 본능이었는지도 모르겠다. 누구도 날 지켜 주지 않는다고 생각했었다. 나는 그렇게 스트레스를 온몸으로 받으면서도 해소할 수 있는 방법을 제대로 찾아내지 못했다. 몸의 상태가 그리 좋은 편이 아닌 것은 당연했다.

나는 그러한 환경을 극복하기 위해 열심히 노력했다. 일이 있으면 딴생각은 전혀 하지 않았다. 오직 그 일에 집중하는 것 외에는. 어떠한 것도 받아들일 수 있는 여유가 없었다. 그랬기 때문에 가족을 돌보지 못한 아픔을 뒤늦게 느끼고 있는지도 모른다.

나는 얼마나 착각하고 있었던가. 그렇게 일을 통해 나를 지키는 것만이 가족을 지킬 수 있는 유일한 방법이라고 생각했으니. 마치 수면 위에 평온하게 떠 있는 오리처럼. 하지만 물속에서는 얼마나 치열하게 다리를 저으며 스스로를 위로하고 있었는지 모른다.

이제 다 커 버린 아이들은 가족과 함께 여행하는 것을 어떻게 생각할까? 아이들과 가끔 해외여행에 대해 이야기할 때가 있다. 물론 그 이야기는 아이들이 처해 있는 나름의 입장 때문에 곧 묻히고 만다. 대학생과 대입을 준비하는 고등학생이다 보니 이해는 할 법하다.

예전에 아내에게 몇 가지 정도는 가족이 같이했으면 좋겠다고 이야기한 적이 있었다. 그때 나는 프로젝트를 마치고 약간의 여유가 생겨 인생을 뒤돌아볼 수 있었다. 적어도 내 가족과 내 주변에서 일어나는 일에 무척 민감해져 있었다. 시골에 계시는 부모님 일이며, 지금의 내 가족 관계까지. 그런데 뭔가 아주 복잡하게 얽혀 있어 풀어낼 수 없을 것 같았다. 그때 책을 읽어 가면서 가족이 뭔가를 같이했으면 좋겠다는 생각을 많이 했다. 나 역시 스스로에게서 벗어나 가족과 어울릴 수 있는 시간을 좀 더 가져 보고 싶었다. 그렇게 하는 것이 너무 좋아 보였고, 그렇게 하는 것이 가족이라 생각했었다. 나 자신에게서 벗어나기 위해 책에 있는 대로 한번은 해 보고 싶었던 것이다.

일주일에 한 번은 가족이 함께 외식하기, 적어도 아침은 같이 먹기, 세 달에 한 번은 가족이 함께 여행하기 등. 아주 평범한 일상이었다. 하지만 아이들의 일정에 맞게 움직여야 하는 입장인지라 이 제안은 더 이상 꺼내지 못했다. 나는 많이 아쉬웠다. 아이들과 산에 자주 가지 못하게 된 것부터 이러한 제안이 아이들의 일정 때문에 그대로 묻힐 수밖에 없다는 것. "아이들이 행복하게 자랐으면 좋겠다"라는 말은 늘 어색한 말이 되었다.

같은 집에 살면서도 서로 다른 길로 향하고 있다는 생각이 들 때도 있었다. 아이들이 커 가는 동안 의무적으로 해야 할 일 빼고는 아이들을 위해 내가 한 일은 거의 없는 것 같다. 대부분 아내가 도맡아서 했다. 당연히 아내는 몸도 정신적으로도 힘들었을 것이다. 그럼에도 불구하고 내가 아내의 입장을 깨달은 것은 결혼하고 20년이 넘어서다.

시간은 되돌릴 수 없다. 가족은 이미 성숙할 대로 성숙했다. 그 가족과 함께하지 못한, 지나간 과거를 후회하기보다 지금 이 순간부터 할 수 있는 일을 찾아 가는 것이 현명하리라 생각했다. 그래서 가족과의 여행을 생각한 것이다. 어쩌면 아이들도 가족여행을 갈망하고 있지 않을까?

적어도 방해받지 않는 시간과 공간에서 방해받지 않으며 가족만의 여유를 느끼게 해 주고 싶다. 같이 여행하면서 일상에서 보여 주지 못한 가족으로서의 감성을 느끼게 해 주고 싶다.

그러한 여유와 감성을 마음껏 느낄 수 있는 곳으로 어쩌면 이탈리아가 딱 어울릴 것이라 생각했다. 그래서 가족여행을 생각했을 때 언뜻 이탈리아가 떠올랐는지도 모르겠다. 또한 로마는 내가 여기저기 혼자 늦은 밤까지 돌아다닌 기억이 있는 곳이기도 하다. 해가 떨어지면서 어둑해졌을 때 로마 곳곳을 걸어 다니며 발품을 팔았던 기억이 있다. 비가 쏟아지던 날 이층 버스로 로마를 투어하면서 추위에 떨었던 기억조차 나쁘지 않다.

나는 로마와 바티칸 정도만 찾아다녔었다. 그럼에도 불구하고 이탈리아는 참으로 아름다운 곳이었다. 그러한 경험 때문인지 가족이 여행할 곳으로 이탈리아를 그려 보게 된다. 이탈리아는 도시 하나하나가 특유의 아름다움을 간직하고 있다고 한다. 어쩌면 가족여행이면서 감성여행을 하기에 가장 적합한 곳이 될 것 같다. 일정은 한 달이 적당할 것 같다. 한가로이 이탈리아의 여러 도시를 돌아다니면서 이국적이면서도 감성적인 공간에서의 여유를 가족과 함께 누려 보고 싶다.

　이름만 들어도 가슴이 뭉클해지는 트레비 분수, 스페인 계단, 콜로세움. 그리고 바티칸이 있는 로마. 강물을 따라 형형색색의 집들이 즐비해 있는 베네치아에서 수상 택시를 타고 아름다운 섬들을 둘러보는 여정. 석양이 물들어 갈 무렵에 이탈리아 음식을 즐겨 보기도 할 것이다. 피렌체의 아름다운 야경을 볼 수 있는 미켈란젤로 언덕에서 이탈리아의 전통 음식인 파스타와 피자, 그 유명한 젤라또까지 맛볼 것이다. 아름다운 이탈리아에서 가족이 함께 감성여행을 즐길 것이다.

명상센터
만들기

불과 5~6년 전까지만 해도 나는 왜 부자가 되어야 하는지, 왜 봉사나 기부를 해야 하는지 몰랐다. 그것들에 대해 그리 열린 마음이 아니었다. 그러다 우연히 작은 기부를 실천할 수 있게 되었다. 그 후 기회가 되어 봉사도 경험할 수 있었다. 이러한 경험을 하면서 더 관심을 갖게 된 것이 있다.

내가 명상공부를 시작한 것은 막내가 두세 살 정도 되었을 때다. 막내가 태어난 후에 아내의 얼굴은 밝아 보였다. 그런데 어느 날 갑자기 물 한 모금조차도 넘길 수 없다고 했다. 먹은 것은 다 토한다고 했다. 난 그것을 표정이 밝게 바뀐 것으로 착각했던 것이다. 그렇게 될 때까지 아내는 내게 말조차 하지 않았던 것이다. 난 그 순간 눈물을 머금었다. 그러곤 마음속으로 아내의 병을 고쳐 주겠다고 다짐했다. 그럴 수 없는 상황이라면 가족이 함께 산속으로 들어가 아내의 병을 고쳐 주겠다고, 다시는 도시로 나오지 않는 한이 있더라도. 그렇게 마음먹었다. 의학이 발달해서 치료할 수 있는 기회는 얼마든지 많았다. 그럼에도 불구하고 다른 생각을 할 겨를도 없이 순간 그렇게 다짐했었다. 왜 그 순간 그렇게 다짐했는지는 알 수 없다. 어쩌면 무책임했던 나에 대한 자조였을 것이다.

다행히 선인을 만나 별 탈 없이 어려움을 넘길 수 있었다. 지금은 별문제 없이 건강하게 잘 지내고 있다. 그것이 인연이 되어 나는 명상공부를 하기 시작했다. 그리고 금세 명상공부에 빠지기 시작했다. 이제 이 이야기는 14년 전의 일이 되었다.

점점 명상공부에 깊이 빠지면서 사회와의 공존뿐만 아니라 몸과 마음이 늘 현실과 갈등했다. 당시 사회를 떠나야겠다는 생각을 많이 했었다. 그러한 갈등 속에서 '사랑과 연민'이 무엇인지 알게 되었다. '사랑과 연민'을 잊지 않고 늘 되새겨 온 탓이다. 그 덕분에 가정에서의 역할에는 충실하지 못했어도 직장생활은 계속하면서 행복하게 살아왔다. 당시 나는 아픔 속에 살고 있는 많은 사람들에게 도움이 되지 못하는 것에 안타까운 마음을 갖고 있었다.

이제 직장생활을 시작한 지 25년이 넘었다. 지금 나는 변화를 갈망하면서 내 안의 가능성을 모두 찾아본다. 지금까지는 변화를 갈망하면서도 자신이 없어 매번 제자리로 돌아올 수밖에 없었다. 가용할 수 있는 능력을 가지고 있으면서도 스스로 인정하지 않았던 것이다. 예전에 그랬듯이 가능성을 하나도 찾아낼 수 없으리라 생각했었다.

그런데 가능성을 하나씩 찾아내면서 할 수 있는 일이 많다는 것을 알았다. 대부분이 지금의 직장과 관련된다. 그중의 하나가 바로 명상이었다. 오랫동안 그토록 힘겹게 공부해 오면서도 이제야 지금까지 공부한 것이 명상이라는 것을 알게 된 것이다. 그 정도로 나는 음지에서 폐쇄적으로 살아왔었다.

그러한 습성은 어려서부터 집안의 분위기에 영향을 받았기 때문인 것 같다. 나는 어머님을 많이 가엾게 생각했다. 어머님이 외롭게 생활하시는 모습을 무척 안타까워했다. 어릴 적에도 힘이 닿는 한은 고사리손으로 돕기 위해 애썼던 기억이 있다. 그러한 환경에서 나도 모르게 가슴속에 모든 것을 담아 놓았던 것이다.

어머님도 그 아픔과 외로움을 가슴에 묻어 두셨다. 최근에 어머님과 대화하면서 그것을 알게 되었다. 그러다 보니 내면에서 나오는 나의 빛은 밝지 못하고 어둡고 누렇게 떠 있는 떡잎 같았을 것이다. 과거에 내 모습이 그랬었다. 지금은 명상을 통해 허약했던 몸도 회복시켜 놓았다. 멘탈도 비교적 강하게 만들어 놓았다.

그때나 지금이나 나는 사회에 적응하는 데 불편한 점이 많다. 일을 열심히 하는 것과 잘하는 것은 별개의 문제다. 그만큼 보호받기가 쉽지 않다는 뜻이다. 언젠가 프로젝트를 마치고 큰 공황을 경험한 적이 있었다. 그것을 극복하기 위해 나는 책을 읽기 시작했다. 지금의 내 현실에서 벗어나는 방법을 찾고 있었던 것이다. 그때 읽었던 책들이 브라이언 트레이시의 《백만불짜리 습관》, 제시 워렌 티블로우의 《성공 커넥션 4단계 알고리듬》, 지그 지글러의 《정상에서 만납시다》, 마셜 골드스미스와 마크 라이터의 《트리거》 등이었다. 참으로 좋은 책들이다. 어쩌면 나는 이 책들 덕분에 지금 여기까지 와 있는지도 모른다. 그렇게 변화를 갈망하면서도 그때는 완전하게 이어가지 못했다. 현실을 극복하기 위해 나름 노력은 해 왔다. 하지만 몸과 마음이 건강해지는 것과는 다른 영역의 문제라고 생각했다.

나 같은 경우엔 부자가 되는 것, 무난하게 승진하면서 사회생활을 하는 것, 원만한 대인관계를 유지하면서 사는 것은 항상 예외적이었다. 누군가 특단의 조치를 취해 주지 않는 한 보통 사람들이 누리는 여유, 부유함, 친밀감 등을 누릴 수 없었다는 뜻이다. 나는 이러한 삶의 요소와 자연스럽게 만날 수 없었던 이유를 뒤늦게 알게 되었다. 어쩌면 나는 손에 보석을 쥐고도 그것이 보석임을 모른 채 엉뚱한 곳에서 보석을 찾고 있었던 것이다.

우리의 삶과 함께하는 것은 즐거움과 행복이다. 그리고 삶을 불편하게 하는 것은 병, 가난, 방황, 고민이다. 나는 혹시라도 내가 가난하고, 병들고, 방황하고, 고민하지는 않는지 진지하게 생각해 보았어야 했다.

어려서부터 불편함을 경험하느라 내 삶은 참으로 힘겨웠는지도 모른다. 하지만 어디 나뿐이겠는가. 아직도 무수히 많은 이들이 기회조차 얻지 못한 채 힘겹게 살고 있을 것이다. 그런 만큼 내가 경험한 모든 것이 누군가에게 도움이 되었으면 좋겠다고 생각했다. 그래서 명상센터를 상상해 보았다.

사색이나 명상은 고요함이나 평온함을 얻을 수 있는 도구다. 일상에서 단풍이 아름답게 드리워진 산책로를 따라 걷기도 한다. 그러면 마음이 고요하고 차분해진다. 그러는 사이에 자연스럽게 힐링이 된다. 이렇게 단풍이 짙은 산책로를 걷는 것도 사색이나 명상이다. 산책로를 걸음으로써 고요함과 평온함을 느낄 수 있기 때문이다.

이제 현실로 돌아오면 우리는 무수한 생각과 부딪침 속에서 살게 된다. 산책로와는 달리 거칠고 무겁고 굳은 존재도 있다. 이때 사색이나 명상을 통해 고요함과 평온함을 얻을 수 있다. 고요함과 평온함속에서 몸과 마음이 건강해질 수 있다. 이렇듯이 사색과 명상은 어려운 대상이 아니다. 누구나가 아주 쉽게 성취할 수 있다. 평소 우리의 습관적인 행동에 색을 입히면 된다.

걷기와 산행과 호흡을 잘 맞추어 가면 된다. 명상의 꽃은 우주와의 소통이다. 명상의 꽃인 우주와의 소통을 경험한다는 것은 최고의 행복을 얻는 일이다. 누구나가 사색이나 명상을 통해 최고의 행복을 경험할 수 있다. 나는 명상에서 나를 찾았다. 나만의 명상 프로그램을 만들어 낼 수 있게 되었다. 이것이 내가 명상을 통해 사람들을 도울 수 있는 시스템을 만들고 싶은 이유다.

나는 명상센터를 만드는 것을 상상하고 있다. 명상센터를 만든다면 많은 이들이 행복해질 수 있다. 아무 이유도 모른 채, 기회조차 얻지 못한 채 나처럼 자신 안에 갇혀 사는 사람들이 많다. 그들이 좀더 좋은 시스템 속에서 배우고 어려움에서 벗어날 수 있는 힘을 주고 싶다. 명상센터에는 명상 기반의 특별한 교육 시스템을 만들어 놓을 것이다. 그곳에서는 더 이상 가난이나 부, 나고 못나고 등은 의미가 없다. 누구나가 올바른 방법과 절차에 따라 배울 수 있는 곳이다.

아내에게
람보르기니 선물하기

나는 학창 시절을 거의 친구도 없이 혼자 보내다시피 했다. 직장에 다니면서도 기숙사에서 혼자 생활했다. 나의 굳은 표정에 누군가 내게 말을 걸기조차 어려웠을 것이다. 내가 먼저 말을 거는 주변머리도 없었다. 직장에서는 퇴근 후 가끔 축구를 하거나 동료와 같이 저녁 시간을 보내는 것이 유일한 여가생활이었다. 많이 외로웠다.

어느 날 나와 같은 층으로 그녀가 사무실을 옮겨 왔다. 그녀가 나타나면서부터 내 마음은 한곳으로 향하고 있었다. 그때부터 매일 아침, 멀리 창밖을 지켜보면서 그녀가 나타나길 기다렸다. 그녀의 일거수일투족을 마음으로 쫓았던 것이다. 하지만 말을 건넬 용기는 없었다. 막상 부딪치면 할 말을 제대로 못하고 멀어졌다. 그래도 계속 부딪쳐 보고 말을 걸어 볼 기회를 만들기 위해 노력했다.

팀 회식이 있던 어느 날이었다. 그때만 해도 회사 주변에는 먹거리가 없어 멀리 가야 했다. 저녁식사를 겸한 자리에서 술을 거나하게 마셨다. 회식 분위기가 무르익자 나는 조용히 밖으로 나왔다. 겉옷을 걸치지 않은 채 공중전화 박스로 갔다. 약간 추운 날씨였다.

취한 상태에서 그녀에게 전화를 걸었다. 전화하면서 다짜고짜 결혼하자고 말했다. 기억은 정확하지 않으나 10분 이상 통화했다. 그날은 그렇게 시작한 것으로 만족했다. 지나치면서 얼굴만 아는 정도였는데 황당했을 법도 하다. 전화를 끊고 자리로 돌아왔다. 이미 동료들은 연락처도 남겨 놓지 않고 모두 떠난 상태였다. 그 탓에 기숙사까지 한 시간 이상을 떨면서 걸어 들어와야 했다.

그 후 조금씩 그녀와 만나는 날이 늘어났다. 어느 날은 그녀의 집 앞에서 결혼 후의 청사진을 펼쳐 보이기도 했다. 그때 나는 그녀를 공주처럼 모시고 살겠다고 약속했다. 받는 월급은 뻔했다. 그래도 행복할 수 있다고 말했다. 두어 시간 이야기를 나누었다. 그녀의 입장에서 보면 일장춘몽이었을 것이다.

그때 우리는 우리의 만남을 철저하게 보안했다. 나도 그렇지만 그녀도 누군가에게 노출되는 것을 좋아하지 않았다. 그렇기 때문에 데이트 장소는 주로 도시 밖이었다. 결혼은 자연스럽게 진행되었다. 부모님은 한마디의 논평도 없었다. 평소 결혼에 관심이 없는 것처럼 보인 나였기 때문에 오히려 더 조급하셨을 것이다. 상황이 그렇다 보니 결혼하려 마음먹은 것만으로도 만족해하셨던 것 같다.

지금 생각하면 내가 그때 그 상태로 결혼한 것은 기적이다. 준비된 것이 하나도 없었다. 정신적으로도 성숙하지 않은 상태였다. 어쩌면 독신으로 살겠다는 생각을 하기도 했었다. 누구와도 어울리기 힘든 성격 때문이 아니었나 싶다.

나는 어려서부터 사치라는 것을 잘 몰랐다. 돈에 대한 생각 자체가 없었다. 부족하면 부족한 대로, 있으면 있는 대로, 배고프면 배고픈 대로, 힘들면 힘든 대로 불평 없이 살았다. 오랫동안 그러한 생활에 익숙해져 있었다. 그러다 보니 결혼 후에 결혼기념일이나 아내의 생일에 선물을 준비한 적이 거의 없는 것 같다. 하기야 내 생일조차 기억하지 못할 정도였으니. 선물을 주고 싶지 않아서가 아니었다. 어려서부터 뭔가 주고받는 일에 익숙하지 않았다. 관심을 보이는 법을 몰랐을 수도 있다. 아내는 그런 나에게 얼마나 실망했을까?

이러한 조건 속에서도 내 아내는 참으로 무던하게 잘 살아왔다. 아내 역시 사치스럽지 않다. 작은 것에 만족하는 편이다. 그런 아내에게 나는 언제나 작은 것조차도 제대로 챙겨 주지 못했다.

결혼하기 전에 나는 프라이드를 탔다. 아내 차는 아벨라였다. 결혼하자마자 미국에 1년 정도 파견을 나가 있었다. 그곳에서는 미국산

빨간색 쉐보레를 탔다. 지금 아내는 그랜저, 나는 포드 2.0을 타고 있다.

미국에서 타던 차는 10년 정도 된 중고였다. 미국인 차주가 제어 장치 리콜 대상인 차를 시한을 넘겨 수리하지 않고 나에게 판 것이다.

미국은 드라이브할 수 있는 도로가 많다. 쉐보레를 타고 어디에 가더라도 목적지까지 가는 데는 문제없다. 단지 돌아올 때가 문제였다. 한적한 곳에서 시동이 켜지지 않으면 그나마 나은 편이었다. 간혹 꽉 막힌 오르막길에서 시동이 꺼질 때도 있었다. 그럴 때는 뒤에 따라오는 차 운전자들이 내려서 밀어 주기도 했다. 카센터에서도 무엇이 문제인지 정확하게 확진할 수 없었기 때문에 수리를 하지 못한 것이다.

한번은 동료 가족과 함께 멕시코로 드라이브를 간 적이 있었다. 네다섯 시간 걸려서 여유롭게 간 것까지는 좋았다. 그런데 막상 돌아오려니 시동이 걸리지 않았다. 말도 통하지 않는 도시였다. 여기저기 알아보다가 간신히 견인해 정비소로 갈 수 있었다. 정비소에서는 다행히 말이 통해 수리하기로 했다. 그러나 수리공은 수리는 하지 않고 시간만 보내고 있었다. 왜 수리하지 않느냐고 몇 번을 물어봐도 동문서답이었다. 교민이라도 있나 찾아보았다. 그러나 찾을 수 있는 형편이 되지 못했다. 그렇게 시간을 보내면서 해가 저물기 시작했다. 어둑해지자 그제야 수리공은 부품을 가져다 수리를 마쳤다.

우리는 감사의 표시로 가져갔던 캔 음료 한 꾸러미를 주었다. 그랬더니 그 가격만큼 비용을 깎아 주었다. 라면까지 끓여 먹을 수 있게 배려도 해 주었다. 고맙기도 하고 한편으로는 참으로 묘한 느낌이었다. 밤은 늦었으나 우리는 무사히 돌아올 수 있었다. 시간적인 여유가 없어 그대로 돌아오기는 했어도 그런대로 재미있었다.

가끔은 지금 타는 차가 아내에게 어울리지 않는다는 생각을 하곤 했다. 그러다가 문득 이러한 생각이 들었다. '이런저런 선물을 준비하기 위해 애쓰기보다 아내에게 가장 잘 어울릴 것 같은, 폼 나는 선물을 주면 어떨까? 람보르기니를 선물로 주는 것은 어떨까?'

람보르기니 운전석에 앉아 있는 아내를 상상해 보았다. 구석구석을 신나게 달리는 모습을 상상해 보았다. 행복해하는 아내의 모습을 그려 보고 있다.

지금까지 아내에게 고마운 마음조차, 사랑하면서도 사랑한다는 말조차 한 적이 없다. 게다가 제대로 된 선물조차도 준 적이 없다. 아내는 누구보다도 어려운 환경에서 노력해 균형을 잘 유지해 왔다. 아내로서, 아이들의 어머니로서.

람보르기니는 내가 그동안 아내에게 못 해 준 것에 대한 보상이나 고생의 대가가 아니다. 진정으로 사랑하는 마음을 전해 주기 위한 것이다.

04

1,000억 원대
빌딩 소유하기

내가 1,000억 원대의 빌딩을 소유할 수 있을까? 대부분의 사람들은 터무니없는 말이라고 할 것이다. 평범한 사람이 그 정도의 빌딩을 소유하는 것은 쉽지 않기 때문이다.

5년 전에 나는 불편한 일들을 많이 겪었다. 정신이 하나도 없었다. 당연히 나의 꿈과 이상을 생각할 겨를조차 없었다. 직장에서의 업무도 집중이 필요한 때였다. 그동안 신경 쓰지 않았던 고향집 일까지 더해져 나는 마음이 더 심란했었다. 그렇지 않아도 혼자 기거할 수 있는 조용한 공간을 찾아보기도 한 때였다.

오랫동안 생각했던 것이었다. 나 혼자 조용한 공간에서 산다면 몸

338 | 버킷리스트 18

도 마음도 편할 수 있을 것 같았다. 그러나 그 생각을 접었다. 그때 나는 분위기 전환이 절실했다. 그래서 자기계발과 관련한 책을 찾아 읽었다. 그리고 책에서 제시하는 대로 실천했다. 그러면서 내 운명을 바꾸어 보기로 마음먹었다.

나는 나 자신을 바꿀 수 있는 방법을 책에서 만났다. 그때 나는 깨달았다. '내가 아닌 타인을 바꾸는 것은 불가능하다'라고. 내가 할 수 있는 일은 오직 내가 바뀌는 것뿐이다. 책의 내용을 나의 현실과 대조해 보았다. 대부분이 내 생각과 일치하지 않았다. 내가 정말 다르게 살고 있었다는 뜻이다.

그리고 책에서는 꼭 빼놓지 않고 언급하는 것이 있었다. 바로 기부와 봉사였다. 성공한 이들은 기부와 봉사에 상당한 가치를 부여하고 있었다. 어쩌면 그들의 문화적 배경일 수 있다. 나는 책에서 제시하는 모든 것을 따라 하지는 못하리라 생각했다. 단지 누군가를 위해 아주 작은 일이라도 실천해 보는 것뿐이었다.

그렇게라도 하면 내 인생을 나아지게 할 수 있으리라 믿었던 것이다. 책에 있는 대로 쪽지를 만들어 한 달 정도는 따라 해 보았다. 하지만 내가 하던 일이 바빠지면서 일에 집중해야 했다. 그 순간 나를 바꾸어 보겠다는 생각은 일에 의해서 묻혔다. 나는 자연스럽게 현실에 안주하게 되었다. 장애는 늘 나를 기다리고 있는 것 같았다.

나는 한번 일에 빠지면 다른 일은 거의 신경 쓰지 못한다. 아침 일찍 출근해서 점심시간 때, 저녁 퇴근 후에도 일을 생각했다. 그렇게 일을 정리하는 습관이 있었다. 그런 습관이 나를 강하게 이끌었던 것 같다. 나는 내가 하는 일들이 무척 즐겁고 행복했었다. 그 즐거움과 행복에 빠져 나 자신을 바꾸어 보자는 생각을 잊게 된 것이다.

어쩌면 빈자의 사고였다. 부에 대한 부정도 긍정도 아닌 생각. 이전에 숱한 어려움의 갈림길에서 힘겨워했었다. 그런데도 부자가 되겠다는 생각조차 하지 않았다. 내가 처한 현실에서 벗어날 생각조차 하지 않았다. '나를 바꾸어 보겠다고 마음먹는다. 그리고 도전한다. 그래 봐야 또 일에 파묻힌다.' 그렇게 장애가 나를 강하게 끌고 가는 것이었다.

그럼에도 불구하고 나는 마음의 끈은 놓지 않고 있었다. 아주 가늘게라도 이어 가고 있었다. 그러자 생각이 조금씩 커지는 느낌이었다. 내 생각이 바뀌면서 내가 만들어 놓은 지금의 작은 환경에 아쉬움을 느꼈다. 그래서 할 수 있는 범위 내에서 조금씩 더 키워 나가기로 했다.

많은 이들이 경제적인 여유를 갈망한다. 많은 이들이 병이 낫기를 원한다. 많은 이들이 정신적인 문제에서 벗어나기를 원한다. 이렇게 많은 이들이 원하는 것을 성취하기 위해 기도하는 것을 보았다. 나는 그들의 모습에 나 자신을 비추어 보았다. 나도 별반 더 나을 것이 없었다.

그래도 내가 누군가를 위해 할 수 있는 일이 있다는 것이 좋았다. 그래서 나는 목표를 세우기로 했다. 10억 원은 너무 적다고 생각했다. 100억 원도 적어서 마음에 들지 않았다. 그래도 1,000억 원은 되어야 한다고 생각했다. 그렇게 나는 1,000억 원을 버는 것을 목표로 세웠었다.

그렇게 지내 오다가 몇 달 전에 마음의 변화가 생겼다. 처음에 나는 그 변화를 부정했었다. 그러나 변화를 선택할 수밖에 없었다. 그것이 내게 어떠한 아픔을 줄지 알면서도 변화를 선택했던 것이다. 나는 그 결정이 많이 아쉬웠다. 시간이 지나면서 아쉬움이 고요한 성냄으로 다가왔다. 성냄은 다시 고요한 분노로 변해 갔다. 그리고 분노가 가라앉으면서 평온해졌다.

그러한 변화 덕분에 나는 1인 창업에 관심을 갖게 되었다. 그러면서 읽은 책이 최정훈 저자의 《1인 지식 창업의 정석》이었다. 그 책을 통해 나는 〈한책협〉을 알게 되었다. 나는 바로 〈한책협〉 카페에 들어가서 〈1일 특강〉을 신청했다. 〈1일 특강〉을 신청하면서 김태광 저자의 《나는 직장에 다니면서 1인 창업을 시작했다》 외 다수의 책을 접하게 되었다.

〈한책협〉을 만나기 전까지는 나 자신을 아주 정확하게 들여다본 적이 없었다. 나는 내가 할 수 있는 일이 하나도 없다고 생각했다. 하지만 〈한책협〉의 〈1일 특강〉을 들으면서 중요한 것을 깨달았다. 바로 '퍼스널 브랜딩'이었다. 그때 나의 마음이 요동쳤다. 비로소 나는 나 자신을 믿을 수 있다고 생각했다.

중요한 키워드는 '퍼스널 브랜딩'이었다. 지금까지 내가 경험해 온 직장생활의 여정이 이 한마디에 압축되어 있었던 것이다. 자신의 가치를 보여 줘야 한다. 내가 누군가에게 나의 가치를 보여 주지 않으면 누구도 나를 봐주지 않는다. 그러므로 자신의 브랜드 가치는 절대적이었다. 그래서 나는 나를 브랜딩할 수 있는 능력을 꺼내 보았다.

나는 직장에서 어떠한 일이 맡겨진다 해도 다 해낼 수 있는 능력을 가지고 있음을 알았다. 그중에 사회가 배워야 할 지식도 있었다. 지식이라기보다 지혜에 가까운 시스템이었다. 하지만 아쉽게도 그것은 우리 현실에서 브랜딩한다 해도 가치가 없을 것이다. 그리고 나머지 하나는 오랫동안 힘겹게 배워 왔던 명상이었다.

그동안 내가 공부해 오던 것이 명상이라는 것을 이때 분명하게 알게 되었다. 이전에는 자신이 없었다. 때문에 명상을 어둠 속에 묻어 놓고 있었던 것이다. 명상은 내가 할 수 있는 일이었다. 내가 잘할 수 있는 일이었다. 내가 좋아하고 열정을 쏟을 수 있는 일이었다. 그런데 왜 지금까지 꺼내 놓지 못하고 어둠 속에 묻어 놓아야 했는지….

아마도 내가 더 성숙해질 때를 기다렸는지도 모른다. 또는 기회가 올 때까지 기다렸는지도 모른다. 그제야 '퍼스널 브랜딩'이란 키워드에 감탄했다. 그동안 나는 퍼스널 브랜딩에 실패했던 것이었다. 내가 완벽해질 때까지 기다리고 있었는지는 모른다. 하지만 세월은 결코 나를 기다려 주지 않을 것이다.

나는 내 가치를 브랜딩하는 것에 마음이 가기 시작했다. 그리고 명상 프로그램을 만들 수 있다고 생각했다. 프로그램을 잘만 만들면 누구에게나 도움이 되리라 생각했다. 나는 목표를 새로이 적어 보았다. 첫째는 명상 지도사가 되는 것이다. 둘째는 1,000억 원을 버는 것이다. 셋째는 나만의 봉사 시스템을 만들어 놓는 것이다.

'목표는 크게 잡고 시작은 작게 하라.' 이 작은 세 가지 목표를 하나로 통합해서 1,000억 원대의 빌딩을 구입할 것이다. 빌딩 안은 나만의 봉사 시스템으로 코딩할 것이다. 봉사 시스템은 사색과 명상을 기반으로 한다. 바로 1,000억 원의 가치 있는 프로그램을 빌딩에 심어 놓는 것이다. 그렇게 해서 나는 1,000억 원대의 빌딩을 소유하는 것이다. 나는 믿는다. 믿는 대로 행하고, 행하는 대로 이루어질 것이다.

05

미국에서
명상 특강하기

어릴 때의 나는 저녁만 먹으면 밖에 나와서 친구들과 놀았다. 개똥벌레가 날아올라 하늘을 가득 메울 때도 있었다. 반짝이는 개똥벌레를 정신없이 쫓아다녔던 기억이 있다. 개똥벌레가 푸른 하늘에서 반짝이던 모습은 지금은 도저히 재현할 수 없는 장관이었다. 집 마당에는 멍석이 깔려 있어 누워서 하늘을 볼 수 있었다.

나는 멍석에 누워 푸른 하늘을 보았다. 반짝이는 별도 보았다. 밝게 비추는 달도 보았다. 그렇게 아름다운 밤하늘을 멍석에 누워 바라보며 평온함을 느꼈다. 달빛만큼이나 고운 평온함이었다. 그때는 참으로 순수하고 맑은 때였다. 나뿐만이 아니라 그 시대를 사는 누구라도 그러한 행복을 느꼈을 것이다.

어렸을 때 나는 미국에 가서 조용히 살고 싶어 한 적이 있었다. 당연히 미국이 어떠한 나라라는 것을 알 리가 없었다. 나의 막연한 생각일 뿐이었다. 그러나 어릴 때의 기대와는 달리 미국에서의 짧은 생활은 별로 기억하고 싶지 않다.

나는 직장생활을 하면서 1년 정도 미국에서 파견 근무한 적이 있었다. 당시 미국의 문화가 간섭받기 싫어하는 내 성격에 어울리는 면도 있었다. 하지만 다시 돌아가야 하는 입장에서 말하고 생각하고 행동하는 것이 너무 부자연스러운 공간이었다. 나는 그러한 미국 땅에 더 이상 머무르고 싶지 않았다.

그럼에도 불구하고 나는 이렇게 생각했다. 부자가 되고 싶으면 미국은 기회의 땅이 될 수 있다. 개인의 가치를 평가하는 기준도 우리와 많이 다르다. 개인의 가치를 높이 사는 문화다. 때문에 능력이 있으면 부자로 잘살 수 있다. 그것은 그들의 교육제도, 사회와 문화가 그렇게 만들어져 있기 때문이라 생각했다.

나는 미국에서 명상 특강을 하고 싶어졌다. 명상은 미국에서 더 오래전부터 보편화되었다. 우리나라는 최근에서야 미국이나 미얀마 등에서 공부한 분들이 수입해 오는 상황이었다. 유튜브에 들어가 보면 미국의 명상 강의나 수행은 훨씬 더 논리적이고 체계적이다.

과연 미국에서 나의 명상 특강이 통할까? 우리에게는 잘 알려지지 않은 우리 특유의 명상 문화가 있다. 그것은 소수에 의해서 전해

질 뿐이었다. 대중화에 신경 쓰지 않았기 때문이다. 요즘은 대중화에 관심을 가지면서 명상 인구가 많이 늘어났다. 대중화되면서 외국에서 들여온 명상법과 융합되는 측면도 있는 것 같다.

내가 미국에서 명상 특강을 하기 위해서는 세 가지 조건을 성취해야 한다. 첫째는 미국에서 특강할 수 있는 나만의 명상 능력을 갖추는 것이다. 둘째는 명상 전문가로서 브랜딩이 되어야 한다. 셋째는 어릴 때부터 고치지 못한 나의 고질적인 결함을 극복해야 한다.

첫째는 가능할 것 같다. 미국은 개인의 가치를 크게 인정하는 나라다. 노력해서 그 능력을 가질 수 있을 것이다. 그들은 누군가의 흥미 있는 능력을 가치 있게 받아들이는 문화를 갖추고 있다.

둘째는 책 쓰기를 통해 성취해야 한다. 나만의 가치를 브랜딩 해야 한다. 책 쓰기가 쉽지 않다는 것은 안다. 그러나 열심히 노력하다 보면 성취할 수 있으리라 믿는다.

셋째는 어릴 때부터 지금까지 나를 따라다니며 괴롭히던 나의 결함을 극복하는 것이다. 학교를 마칠 때까지는 이러한 결함이 그리 큰 문제가 되지 않았다. 항상 보호받고 있었기 때문이다. 이와 같은 문제를 안고 불편하게 사는 이들이 생각보다 많을 수 있다. 그러나 아쉽게도 극복할 수 있는 프로그램은 그 당시에 없었던 것 같다.

나는 어려서부터 이상한 정신적 결함을 갖고 있었다. 그것은 대중 앞에서 말을 제대로 하지 못하는 것이었다. 내가 대중 앞에서 말해야 한다고 인식하는 순간부터 머릿속이 잠겼기 때문이다. 그러한 일이 있을 때 내가 무슨 말을 해야 할지 충분히 연습해야 했다. 그러나 그러지 못하고 언제나 가까스로 위기만 넘길 뿐이었다.

내 생각에 어려서부터 내 몸에 영양이 부족했었던 탓도 있는 것 같다. 그러한 몸 상태에서도 나는 집안일을 힘겹게 도와주었다. 그렇게 커 가면서 친구들과 어울리며 사회를 배워야 했다. 그러나 제대로 어울리지 못하고 혼자가 되는 편이었다. 어쩌면 그렇게 성장하는 과정에서 자연스럽게 결함을 안게 되었던 것 같다.

이러한 내 모습을 발견한 것은 중학교 때였다. 도덕 시간이었다. 선생님이 난데없이 우리에게 5분 동안 앞에 나와서 '좋은 일을 하는 사람들'에 대해 생각나는 대로 발표하라고 말했다. 모두 나와서 발표했으나 나는 끝내 두 번의 기회를 넘겼다. 이런 결함이 실제로 문제가 된 것은 직장생활을 하면서부터다. 나는 대인관계에서 어려움을 겪을 수밖에 없었다.

누가 봐도 잘 아는 것과 표현하는 것은 다르다. 나는 누군가가 내게 질문하는 것을 두려워했다. 그래서 그러한 자리 자체를 피하곤 했었다. 그러니 누군가에게 나를 보여 주는 것을 항상 주저할 수밖에 없었다. 나는 주로 위기만 모면할 정도로 처신했다. 반면 나는 남에게 드러내지 않아도 되는 일은 자신이 있었다.

나는 이렇게 위안 삼았다. '이러한 결함은 분명 나에게 시련을 주었다. 하지만 나에게 어떠한 불이익을 준 것이 아니다. 나를 성장시키는 방편이 되었다. 어쩌면 하늘에서 내게 준 최고의 선물이다.' 나는 이런 결함을 통해 인생을 살면서 더 많은 것을 배울 수 있었다. 때문에 더없이 값진 선물인 셈이었다.

그러한 나 자신을 극복하기 위해 막다른 길에서 명상공부를 시작했는지도 모르겠다. 나는 명상공부를 편안한 곳에서 편안하게 하지는 않았다. 조용한 공간을 찾아서 간절하게 했다. 매일 업무를 마치고 늦은 시간에 한적한 작은 공간을 찾았다. 그렇게 자연의 눈치를 보면서 명상했다.

나는 새벽에 집에 들어가 두어 시간 쪽잠을 자고 다시 출근하기도 했었다. 그래도 나는 그때가 지금보다 더 행복했었던 것 같다. 명상을 시작하고 4~5년 정도는 그렇게 보냈다. 그 후부터는 평일에 집에 왔다. 대신에 나는 금요일 저녁에 나의 공간을 찾아가서 밤을 보내고 아침에 산행을 시작했다.

겨울에는 추위를 견디기 어려웠다. 그래서 땀을 내기 위해 이른 아침부터 산행을 하기도 했다. 산에 갈 때 나는 먹을 것을 거의 가져가지 않았다. 가지고 갔다 해도 거의 먹지 않았다. 한 걸음에 한 번 쉬어 갈 정도로 지쳤어도 나는 먹지 않았다. 땡볕에서도 지치면 지치는 대로 산행을 즐겼을 뿐이었다. 이렇게라도 산행을 해야 한다고 생각했었다.

나는 세 가지 조건을 모두 성취할 수 있으리라 믿는다. 그렇게 성취해 가면서 자연스럽게 기회의 땅까지 나의 영역을 확장할 수 있으리라 믿는다. 내가 미국을 선택한 이유는 두 가지다. 하나는 내가 생각하고 있는 미국과의 관계에서 이기고 싶어서다. 또 하나는 그들의 경제 규모 때문이다. 내가 세워 놓은 목표를 성취하기에 유리할 수 있다고 생각해서다.

평온함과
감사함으로 가득한
명상센터 설립하기

| 오 정 민 |

•

오정민 심리상담사, 의식 성장 코치, 부모교육 강사, 〈더 공감코칭 교육센터〉 대표

상담과 세미나로 상처받은 마음을 치유하고 의식 성장 코치로 활동하고 있다. 대학 외래강사, 상담 연구원, 놀이학교 원장으로 근무하면서 1,000회가 넘는 부모교육 강연을 했다. 자존감이 낮은 많은 사람들에게 힘이 되고자 '무너진 자존감을 일으켜 세우는 수업'이라는 주제로 개인저서를 집필 중이다.

베스트셀러 작가 되어
북 콘서트 열기

어린 시절 다복한 가족 숫자에도 난 외로웠던 아이였다. 혼자서 선생님 놀이를 유독 많이 했다. 선생님이 되어서 아이들과 이야기를 나누기도 하고 뭔가를 가르쳐 주기 위해 설명도 하면서.

이후 스물 살이 넘어 성인이 되고 나서는 혼자서 책을 읽었다. 다른 사람들과 이야기를 나누는 것이 편치 않았다. 아무도 나의 외로움과 고통과 갈등을 이해해 주지 않는 것만 같았다. 모두들 예쁜 나이라고 하는 스물 살. 그때에도 난 예쁘게 화장하고 예쁜 옷을 입고 가방을 들고 놀러 다니는 게 아니라 방구석에서 혼자 책을 읽었다.

책을 읽으면 재미가 있었다. 아마 책은 나의 아픔을 견디게 해 주는 유일한 친구였었나 보다. 책 속엔 나보다 더 외로운 사람이 있었다. 책 속엔 나보다 더 힘든 사람이 있었다. 그리고 그들이 그것들을 헤쳐 나가는 이야기들이 담겨 있었다. 난 일찍 마음의 아픔을 겪고 있었던 아이였던 것 같다. 친구들 사이에서보다는 혼자 책을 읽으면서 보내는 시간이 더 좋았고, 더 많았다.

그래서였을까? 또래 친구들과의 대화는 재미도 없고 시시했다. 또래 이성친구들 역시 마찬가지였다. 《아프니까 청춘이다》라는 책이 유행한 것을 보면 내 청춘만 그렇게 아팠던 것은 아닌 것 같다. 그렇지만 나에겐 청춘이 꽤나 아프고 힘들었다. 그 아픔을 위로받는 유일한 통로는 책이었다.

나는 용돈을 받으면 책을 샀다. 그래서 엄마는 늘 나에게 꾸중을 주었다. 별 도움이 안 되는 '책'들만 사들인다고. 지금 생각하면 웃음이 난다. 요즘 우리 세대들은 아이들에게 "책 좀 읽어라. 왜 이렇게 책을 안 읽느냐?"라고 꾸중한다는데 오히려 난 책을 읽는다고 꾸중을 들었다.

젊은 그 시절에 읽었던 책 중에 아직도 생각나는 책은 무라카미 하루키의 《상실의 시대》다. 청춘, 혼란, 고통, 자살로 이어지는 어둡지만 또 다른 대안을 제시한 책이었다. 이 책은 나의 젊의 시절에 큰 반향을 불러일으켰다. 더불어 비틀스의 노래도 함께 회자되어 많이 들었던 기억이 난다. 1990년 전후, 시대도 혼란스러웠고 나 자신도 혼란스러웠다.

그 와중에도 나는 계속적으로 독서했다. 그렇게 진정한 삶의 의미, 사랑의 의미를 찾기 위해 에리히 프롬의 《사랑의 기술》, 모건 스콧 펙의 《아직도 가야 할 길》, 조지 베일런트의 《행복의 조건》, 전경린의 《그리고 삶은 나의 것이 되었다》, 펄벅의 《딸아, 너는 인생을 이렇게 살아라》, 시몬 드 보부아르의 《제2의 성》, 도종환의 《접시꽃 당신》, 김형경의 《성에》 등의 작품들을 읽으면서 점점 어른이 되어 갔다.

책 속에는 혼란스런 청춘에게 주는 따뜻한 위로가 있었다. 현명한 지혜가 있었다. 용기가 있었다. 재미와 흥미로움도 있었다. 외로운 나에게 책은 항상 나를 지켜 주고 내 편이 되어 주는 유일한 친구 같았다.

그러면서 이토록 삶의 이야기를 아름답게 담아내는 작가라는 사람이 점차 궁금해졌다. 이 작가는 어떤 삶을 살기에 이런 글을 쓸 수 있을까? 저 작가는 어떤 사랑을 했기에 저런 글을 쓸 수 있을까? 작가의 머릿속엔 뭐가 있기에 저런 멋진 스토리들이 춤을 추듯이 흘러나오는 걸까? 도대체 어떻게 하면 저토록 사람을 글로 따뜻하게 안아 주고 위로하는 게 가능할까? 작가라는 사람들이 대단해 보였고 궁금해졌다. 그러다 급기야는 만나 보고 싶다는 작은 열망들이 피어올랐다.

멋진 책을 쓴 작가를 직접 만나 보고 싶다는 열망은 30대 후반, 작가 김형경의 책들을 읽기 시작하면서 더 강렬해졌다. 《사랑을 선택하는 특별한 기준 1,2》를 읽었던 어느 날, 인간에 대한 그녀의 깊은 통찰에 매료되었다. 그러곤 심리학적으로 연구 가치까지 있는 소재를 소설로 꾸려 낸 그 작가가 너무나 궁금했다. 그래서 그 작가의 책을 몇 권 더 구입해 읽었다.

김형경 작가의 책들은 한결같이 무겁고 어둡고 깊고 아팠다. 나는 그녀가 정신분석 치료를 받고 그 내용들을 엮어 낸 책들을 모두 사서 읽었다. 나 역시 상담을 전공하고 인간의 치유와 성장에 관심이 많았다. 그랬던 터라 그 작가의 책은 또 다른 텍스트같이 소중했다.

그녀는 정신분석에 경험이 있거나 인간의 마음을 다루는 전문가는 아니었다. 그런데도 너무나 섬세하게 그리고 따뜻한 눈길로 내용을 담아낸 책을 읽으면서 나 자신 또한 한결 치유가 되었다. 난 책을 읽을 때마다 여러 번 그 작가를 만나고 싶었다. 궁금한 걸 묻고 싶었고, 그녀의 삶을 알고 싶었다. 그래서 메일을 써서 만나고 싶다고 연락을 취할 뻔했다.

외롭고 소극적이었던 내가 낯선 이를 만나고 싶어 하는 것은 예사롭지 않은 마음이었다. 여태껏 그 작가를 직접 만나지는 못하고 세월이 흘렀다. 하지만 요즘 단어로 계속 팔로잉을 하고 있다. 신문으로, TV로, 라디오로, 신간으로.

나는 작가가 되고 싶었다. 내가 배운, 마음에 대한 이야기들을 다른 사람들과 나누고 싶었다. 그리고 김형경 작가처럼 독자들과 독서 모임도 하고 싶었다. 그렇게 그녀가 후배 독자들에게 삶의 통찰과 지혜를 나누어 주면서 그들의 성장에 도움이 되는 작업을 하듯이 나도 그렇게 살고 싶었다. 그녀는 나의 롤모델이 되었다. 나는 그녀처럼 작가가 되겠다는 꿈을 가졌다.

작가가 되려면 일단은 많은 책을 읽어야 할 것 같았다. 나의 책 읽기는 계속 되었다. 책 속에 길이 있고 삶이 있고 지혜가 있었다. 책에서 만난 작가들이 나에겐 선배처럼, 친구처럼 느껴졌다. 한 작가의 책을 여러 번 읽거나 여러 권 읽으면 그 사람의 가치관이 내 속에 조금씩 쌓였다. 내가 그 작가가 되는 경험들을 하며 나는 기뻤다.

또 한 가지. 작가가 되기 위해 하는 나만의 즐거운 노력이 있다. 그 작가처럼 상상하는 상상놀이가 그것이다. 예를 들자면《신과 나눈 이야기 1,2,3》을 읽고는 내가 마치 그 작가처럼 신에게 묻고 답하며 대화를 나누는 상상을 한다. 나름 신의 대답을 들은 것처럼 느껴지면 흐뭇하고 기분이 업 된다. 혜민 스님의《멈추면, 비로소 보이는 것들》을 읽고는 내가 스님이 되어 신도들의 질문에 답하는 상상을 한다. 자기계발서를 읽으면서 내가 최고의 코치가 되어 성공하고자 하는 사람들을 트레이닝 시키는 상상을 하는 것도 재미있다.

이제는 작가라는 꿈을 실현하고자 우리나라의 최고 작가에게서 글쓰기 트레이닝을 받고 있다. 책을 쓰는 과정에 대해서도 공부를 시작했다.

꿈은 이루어진다고 했으니, 곧 내 이름으로 된 책이 나올 것이다. 그 책이 베스트셀러가 되었으면 좋겠다. 그래야 많은 사람들이 저자인 나와 내 삶을 궁금해하고 나를 만나고 싶어 할 테니까. 나를 만나고 싶어 하는 사람이 있어야 나도 북 콘서트를 열어 독자와 소통할 수 있을 테니까.

나는 나만의 북 콘서트를 계획 중이다. 책을 통해 마음과 마음이 만나기 위해서는 특별한 이벤트들이 준비되어 있어야 한다. 마음은 쉽게 자신을 드러내 보이지 않기 때문이다.

나는 나만의 북 콘서트를 상상한다. 독자들과의 만남을 통해 세상을 사랑하고 긍정하는 마음과 자신을 사랑하는 마음이 커지는 행복한 순간을 경험하고 싶다. 함께해서 행복한 순간, 하나가 되어서 행복한 순간은 인간만이 가질 수 있는 최고의 기쁨임을 알기 때문에.

난 행복을 전하는 작가가 되고 싶다. 그래서 내 책으로 마음이 시린 사람들의 손을 잡아 주고 싶다. 힘든 사람들의 등을 토닥거려 주고 싶다. 할 수 있다고 위로도 해 주고 싶다. 포기하지 말라고 격려도 하고 싶다. 살아 보니까 그렇게 힘든 일만 있는 게 아니라고, 기쁜 일도 있다고 말해 주고 싶다.

난 오늘도 작가가 되기 위해 원고를 쓴다. 베스트셀러 작가가 되기 위해 백지 위에 활자를 남긴다. 북 콘서트를 통해 사랑과 행복을 나눌 독자들을 상상하면서!

02

TV, 라디오에
출연하기

17년 전, 나는 KBS1 TV프로그램 〈아침마당〉에 출연해 '행복한 아이 양육하기'라는 주제로 강연을 할 뻔했다. 내가 조금만 더 자신감이 있었다면 가능했을 일이었다. 그런데 그 당시 나는 공중파에서 강의한다는 것을 생각해 본 적이 없었다. 때문에 제안을 받는 순간, 손사래를 치면서 바로 사양했다. 공중파는 내게 너무 컸다. 지방대 출신에 경상도 사투리를 쓰는 젊은 여자가 서울 공중파에서 강연한다고 생각하자 오금이 저리고 말도 안 되는 것만 같았다. 게다가 나는 특별한 스펙도, 크게 내세울 것도 없었다. 나이도 어렸다. 외모도 자신이 없었다. 카메라 앞에서 그리 예쁘지 않은 내가 사투리를 쓰면서 쩔쩔매며 강의하는 모습이 떠올랐다. 나는 그 제안을 두 번 생각지도 않고 강하게 거부했다. 많이 두려웠던 것으로 기억한다. 그렇게 그 사건은 나에게 굵고 짧은 해프닝이었다.

그러나 그 사건은 내 마음속에 큰 균열을 내었다. 그날 이후 〈아침마당〉을 볼 때마다 거기에 출연하는 강연자와 나를 비교하기 시작했다. 나는 내가 사용하는 억센 경상도 사투리가 마음에 들지 않았다. 초라하기만 한 나의 스펙 또한 마음에 들지 않았다. 촌스러운 외모도, 낮은 목소리 톤도 마음에 들지 않았다. 평범하기만 한 남편의 위치도, 자랑할 만한 직업을 가진 가족들이 없는 것도 마음에 들지 않았다. 그럴듯한 것이 하나도 없었다. 이것저것 모든 것이 부족하고 초라해 보였다. 속상했다. 그 사건 이후 나는 나를 심하게 구박하면서 보냈다.

나는 우리나라에 상담이라는 개념이 막 소개되는 시기에 심리상담을 배운 행운아였다. 젊은 나이에 행복, 마음, 소통, 대화법, 부모교육, 자기계발 등을 강의하는 상담사이자 강연가였다. 강의는 흥미 있고 보람되었다. 하지만 결혼도 하기 전인데 부모교육을 하는 것은 때때로 힘들긴 했다. 아이를 낳고 키워 본 적이 없는데 아이 마음과 엄마 마음을 이야기해야 했으니 말이다. 그래서 그 당시 미용실에 가면 늘 나이 들어 보이게 파마를 했던 기억도 있다. 그때 헤어디자이너가 "도대체 뭐 하시는 분이냐?"라고 묻던 게 떠오른다.

마음에 대해서 궁금해하는 사람들에게 상담과 강연을 해 주면서 칭찬도 많이 들었다. 사람들 앞에 선 나는 유익한 강의를 유창하게 그리고 재미있게 열정적으로 한다는 평가를 많이 들었다. 인정도 많이 받았다. 월급도 많아졌다.

나는 5년 정도 상담소에서 근무하다가 결혼하고 아이를 낳았다. 그러면서 먼 곳까지 강의를 가거나 밤늦게까지 강의해야 하는 조건이 아이 양육에 적합하지 않다는 판단을 내렸다. 그래서 5년 동안 몸담았던 상담소를 그만두었다. 그러곤 대학에서 전공한 유아교육을 살렸다. 전국 체인망이 구축된 '놀이학교'를 내가 살고 있는 지역에서 오픈한 것이다.

그러다 전국의 '놀이학교' 원장님들을 대상으로 강의하게 되었다. 원장님들은 내 강의에 아주 만족해하셨다. 그런 만큼 원장모임이 있을 때마다 지속적으로 강의하게 되었다. 그러던 중 서울에 계시는 한 원장님이 〈아침마당〉 PD를 소개시켜 주겠다고 했다. 나는 바로 그 자리에서 더 이상 말도 못 꺼내게 했었다. 그런 말을 꺼낸 원장님이 무안해 할 정도로. 내가 조금만 더 자신감이 있었으면 PD도 만나고 강연 섭외도 받아들였을 것이다. 그렇게 공중파에서 강연을 해 보았을 것이다. 그랬다면 내 인생은 어떻게 달라졌을까?

나는 수년 동안 상담소에서 그리고 놀이학교에서 수많은 사람들의 칭찬과 인정을 받았다. 그럼에도 불구하고 나는 자신감이 없었다. 나를 드러낼 자신이 없었다. 진작 사투리를 표준어로 바꾸지 못한 나 자신도 원망스러웠다. 성과와 상관없이 자존감은 바닥을 치고 있었다.

한 사람의 성격이 성장 배경과 밀접한 관계가 있다는 사실은 익히 알려진 사실이다. 나의 성격 역시 나의 성장 배경에서 기인한다. 전쟁을 겪은 나의 아버지는 아들만 둘 낳기를 원하셨다고 한다. 그런데 안타깝게도 딸만 셋을 줄줄이 얻으셨다. 그리고 10년 후에 아들을 하나 얻고는 아주 기뻐하셨다. 나는 그중 셋째 딸이다.

첫째 딸은 아쉬워도 살림 밑천이라 생각했다고 들었다. 둘째도 딸을 낳고는 너무 안타까워하셨다. 하지만 그 당시에는 아이를 셋 내지 넷까지 낳았다. 때문에 셋째가 아들이기를 기대했다고 한다. 그런데 셋째인 나마저 딸이었으니 집안에 좌절과 슬픔과 비애가 가득했을 것 같다.

부모님 입장에서 나는 정말 원하지 않은 딸이었다. 아들을 갖고 싶어 하는 마음에 좌절을 안겨 준 딸이었다. 나의 입장에서는 남자로 태어나지 못한 것이 내 잘못은 아니다. 그런데도 왠지 미안하고 죄스럽고 고통스러웠다. 난 평생을 남자가 아니어서 받은 아픔이 많았다. 남자가 아닌 나 자신을 부끄러워하고 수치스러워했다. '어쩌면 그 환경에서는 당연한 것이 아니었나'라는 생각도 든다. 누구든 그런 환경에서 태어났다면 자신을 당당하게 생각할 수는 없었을 것이다. 그렇게 위로도 해 보지만 난 평생 죄지은 사람처럼 괴로웠다.

그런 성장환경에서 자란 나는 성인이 되어 많은 칭찬과 인정을 받았다. 하지만 마음속 깊은 곳에서 메울 수 없는 부족감과 수치심에 시달렸다. 나 역시 부모님처럼 오랫동안 나를 인정하지 못했다.

나는 마음이 복잡했다. 후회감이 밀려들기도 했고 이유 없이 화가 나기도 했다. 그러면서 내가 큰 기회를 놓쳐서가 아니라 나 자신이 나를 수치스럽게 느낀다는 사실이 속상했다. 부모님은 우리를 딸이라고 부끄러워했다. 아들이 아니라 딸만 줄줄이 낳았다는 사실을 창피해했다. 그리고 나 스스로도 내가 딸이라는 사실에 창피해하면서 여태껏 살아왔다.

하지만 한편으로 나는 나를 이해하게 되었다. 그리고 변하고 싶었다. 나를 더 이상 창피해하고 싶지 않았다. 부족하게 평가하고 싶지도 않았다. 그렇지만 머릿속에서는 계속 내가 나를 한계 짓고 못 한다고 미리 선을 그어 놓았던 많은 일들이 생각났다.

"럭셔리한 여행은 안 돼.", "책 쓰고 저자가 되는 것도 안 돼.", "여자가 사업은 무슨 사업이야.", "그냥 하던 일이나 열심히 해.", "큰 사업은 안 돼.", "안 돼!" 소리가 메아리쳤다.

아기 코끼리를 나무 기둥에 묶어 두면 나무 주위만 빙빙 돌며 지낸다고 한다. 그러다가 어른 코끼리가 되어 그 묶은 밧줄을 풀어 줘도 나무 기둥 주위에만 서성인다고 한다. 그런 우화를 읽은 적이 있다. 나는 생각했다. '내가 바로 그 코끼리구나.', '난 나를 묶은 밧줄이 없는데도 밧줄에 묶였을 때처럼 행동하는구나.' 나는 변하고 싶고 변해야만 했다.

나는 나를 사랑하고 인정하는 연습을 해야 했다. 부모님이 나를 대하던 태도에서 벗어나야겠다고 생각했다. 나를 귀하게 여기고 누구보다 아끼고 사랑해야겠다고 다짐했다. 그러면서 마음속으로 나에게 약속했다. 예전에 엄두도 못 내었던 공중파 TV 출연을 하기 위해 기회를 만들자고 말이다. 17년 전에 두려워했던 그 자리에 자신감으로 무장한 나를 꼭 세워 주겠다고 스스로에게 약속했다.

나는 베스트셀러 작가가 될 것이다. 그리고 내 책을 읽은 담당 PD에게서 섭외를 받을 것이다. 그러면 이번에는 당당히 출연할 것이다.

당당하다는 것은 나를 있는 그대로 인정한다는 것이다. 나이가 들었으면 든 대로, 사투리를 쓰면 쓰는 대로, 허당이면 허당인 채로 나의 매력을 감추지 않고 드러낼 것이다. 두렵지 않은 것은 아니다. 하지만 더 이상 나를 부끄러워하지 않을 것이다. 그것은 나에게 몹쓸 짓이라는 것을 이제는 안다. 다른 사람들이 나를 인정해 주고 아껴 준다고 내 자존감이 높아지지는 않는다는 것을 잘 알고 있다. 내가 나를 인정해 주고 아껴 주고 좋은 곳에 두고자 하는 내 마음이 우선인 것을 안다.

이제 나는 창피함을 벗어던진다. 그리고 당당함의 새 옷을 입는다. 그리고 TV뿐만 아니라 라디오에도 출연해 마음의 이야기들을 나누는 방송을 하고 싶다. "향기가 진하면 벌들이 모여든다."고 했다. 나는 나를 찾는 사람들이 많아질 것임을 믿는다.

피어 보지도 못하고 시들 뻔했던 내 인생을 위해 오늘도 나는 책을 쓴다. 그리고 꿈꾼다. 〈아침마당〉에서 강연하는 당당하고 아름다운 내 모습을.

03

조화와 균형을
맞춘 삶 살기

조안 앤더슨의 《오십에 길을 나선 여자》라는 책을 읽었다. 그러면서도 나는 오십 살이라는 나이를 경험할 거라고는 생각하지 못했다. 최영미 시인의 《서른, 잔치는 끝났다》라는 시집을 읽으면서 젊음과 작별하고도 스무 해나 더 살았다. 젊음과 작별하면 세상이 다 끝날 정도로 큰 변화가 있을 것 같았다. 하지만 인생은 그냥 비슷하게 흘러갔다.

그때도 지금도 나이를 먹는 것은 당연하다. 그런데도 나이 앞에서는 늘 나이 들지 않을 것만 같은 착각이 든다. 죽음도 누구나 당면해야 하는 일이다. 그런데도 나에게는 오지 않을 것 같은 착각이 든다. 왜 그런지는 모르지만 말이다. 어느새 난 쉰 살이 되었다. "인생의 속도가 20대에는 20킬로미터, 30대에는 30킬로미터, 40대에는 40킬로미터, 50대에는 50킬로미터"라고 하는 말이 정말 실감난다. 젊었을 때는 항상 젊을 줄만 알았다. 그런데 벌써 반백년을 살았다.

반백년 사이에 나는 참으로 많은 일들을 겪었다. 남들이 대단하다고 생각하는 일들도 해냈다. 젊었을 때는 어린 자식을 키우면서 대학원 공부를 해냈다. 이후에는 큰 학원을 운영하기도 했다. 그러고는 전국 단위의 교육사업도 했다. 높은 자리에도 올라 보고 많은 직원들과도 함께했다. 하지만 단 하나 안타까운 일이 있다. 그건 바로 평생 행복을 모르고 살았다는 것이다. 남들의 눈에 대단한 삶을 살긴 했지만 행복하고 즐거운 삶은 아니었다. 매일 지치고, 바쁜 세월들이었다. 웃고 떠들고 여유로운 시절보다는 늘 앞으로 전진하는 시절들이었다. 산책을 한다든지, 마음 편히 여행을 즐긴다든지, 오롯이 나만의 시간을 가진다든지, 작은 꽃밭을 가꾸어 본다든지, 잠시라도 여유시간을 가져본 적이 없었다. 마치 쉼표 없이 음표만 있는 악보처럼 음표로만 가득 차 있었다. 때문에 소란스럽고 부산스러웠다. 조화롭거나 아름답거나 감동적이지 못했다.

쉼표가 없는 내 삶은 무리에 무리를 거듭했다. 그러다가 40대 중반에 도저히 몸이 견디지 못하고서야 멈추게 되었다. 그러면서 멈춤, 쉼, 조용한 시간, 해야 할 일이 없는 막막함, 몰려드는 불안감, 상실감, 나이 듦을 자각했다. 여태껏 느껴 보지 못했던 공포감까지도 느낀 시간들이었다.

많은 것들을 가지고 있다고 생각했지만 아무것도 가진 것이 없었다. 강하다고 생각했지만 공포감을 느낄 정도로 나는 나약했다. 승리자였다고 생각했는데 패잔병처럼 느껴졌다. 가해자도 없는데 피해의식만 자꾸 늘어 갔다. 어디에도 내가 생각했던 나는 없었다. 어디에도 내가 원했던 나는 없었다.

삶에서 잃어버린 나를 찾아야 하는 순간들이었다. 조용히 내 마음속의 이야기들을 들어야 하는 시간들이었다. 천천히, 욕심내지 않았다. 나는 잃어버린 나를 찾아야 한다는 것만 감각적으로 알고 있었다. 아마 젊은 시절에 심리상담을 공부했기 때문이었을 것이다.

나는 나에게 3년이라는 휴식시간을 주기로 했다. 3년 동안은 그어떠한 생산적인 일도 하지 않기로 했다. 처음에는 그 휴식이 그리 반갑지만은 않았다. 패잔병처럼 느껴지는 감정들을 받아들여야 했다. 그리고 또 하나. 생산적인 일을 하지 못하면서 나는 나의 존재를 의심하기 시작했다. '나는 무엇을 위해 존재하는가?', '나는 왜 존재하는가?', '일하지 않는 나는 존재의 가치가 없는가?' 사춘기 아이처럼 마음속에서 계속 질문이 일었다.

우리 부모님은 공부를 잘하면 성공한다고 했다. 부모님의 말만 따르면 나는 성공은 했는데 왜 행복하지 않은 걸까? 또한 돈이 많으면 행복하다고 했다. 하지만 나는 돈을 쓸 줄 몰랐기 때문에 돈이 부담스럽기만 했다. 남들이 달라고 하면 거절하기가 너무나 힘들었다. 사람은 인생을 즐길 줄 알아야 한다는데, 왜 나는 인생을 즐길 줄 모를까? 즐기는 것도 배워야 하는 건가? 여행을 해도 즐겁지 않은 나는 이상한 사람인가? 나는 집 나가면 고생이라는데 여행이 왜 그렇게 즐거운지 이해가 안 되었다. 그러면서 처음으로 내가 비정상처럼 느껴졌다.

'나는 무엇을 하면 즐거울까?', '나는 언제 즐겁지?', '재미있는 일이 뭘까?', '내가 행복을 느낄 때는 언제이지?', '오늘 하루 즐겁고 행복한 일이 있었나?' 처음에는 이 질문들 앞에서 답을 할 수가 없었다. 한 번도 물어봐 준 사람이 없었기 때문이다. 나 스스로도 물어보지 못했던 질문들이었기 때문이다. 나에게 '행복, 즐거움, 재미' 이런 단어들은 생각하는 것조차 어색하고 낯설었다.

요즘은 소소하지만 확실한 행복이라는 뜻의 소확행을 중요하게 생각하는 시대다. 참으로 반가운 일이다. 요즘 젊은이들은 이렇게 외친다. "세상에는 이렇게 하고 싶은 일이 많아!", "그냥 도전해 보는 거야!"라고. 나는 나의 소확행을 생각하며 하고 싶은 일을 적어 보았다.

- 가볍게 뒷산 산책하기
- 바다가 보이는 곳에서 차 한 잔 마시기
- 가족들과 고기 구워 먹으면서 수다 떨기
- 감동 주는 영화 보기

- 아침에 혼자 핸드드립 커피 마시기

- 마음에 관한 책 읽기

- 명상하는 시간 갖기

- 차 안에서 빗소리 듣기

- 잔디밭에서 맨발로 춤추기

- 남태평양의 해변에서 선탠하기

- 산속 오두막에 앉아 눈 구경하기

- 읽고 싶은 책 쌓아 두고 읽기

- 음악을 크게 틀어 놓고 마음껏 춤추기

- 노래방에 가서 실컷 노래 부르기

- 거품 목욕하면서 와인 마시기 등….

생각만 해도 가벼운 웃음이 지어졌다. 다 적고 보니 그렇게 많은 노력이 필요한 것들은 아니었다. 그렇게 많은 돈이 드는 것도 아니었다. 적은 목록들은 오직 나만을 위한 것이었다. 나는 이제껏 타인의 시선에서 대단하다고 하는 것, 중요하다고 하는 것만 열심히 해 왔다. 내 삶에서 나는 쏙 빠졌다. 내가 해야 할 일들이 내 삶을 차지하고 있었다. '그래서 내가 행복하거나 즐겁지 않았구나! 그래서 내가 아팠구나!' 그날 나는 깨달았다. 내가 나를 소외시키는 삶을 반백년이나 살아왔다는 것을.

내게 주어진 3년이라는 휴식시간을 이제 나를 위해 사용할 것이다. 위에 적은 목록들을 하나하나 해 보기로 마음먹고 실천했다. 작은 일들에서 즐거움이 느껴졌다. 살아 있음이 행복하다는 것을 느꼈다. 내 안에서 열 살짜리 발랄한 소녀가 살아 움직이는 느낌이 들었다. 그 소녀는 잔디밭에서 두 팔을 벌리고 춤추고 하늘을 보고 환하게 웃었다.

나는 고등학생 그리고 대학생인 우리 아이들과도 서너 시간씩 담소를 나눈다. 이 시간이 아주 즐겁다. 마치 내 안의 스무 살 여학생이 돌아와 대화를 나누는 것처럼 이야기가 끊이질 않는다.

대단한 것도, 사소한 것도, 중요한 것도, 하찮은 것도, 전진도, 후퇴도, 음표도, 쉼표도, 타인도, 나 자신도 인생에서는 다 필요하고 소중하다는 것을 이 나이가 되어서야 알게 되었다. '진작 알았으면 좋았을 텐데'라는 아쉬움이 남는다. 하지만 이제라도 알게 된 것만도 감사하다. 인생은 여러 가지의 사건과 감정과 여러 사람들이 어우러져서 만들어 내는 하나의 작품이다. 한쪽으로 편향된 삶이 아니라 조화와 균형을 맞추어 갈 때 훨씬 아름답다는 것을 이제는 안다. 타인도 소중하지만 나 자신 역시 소중하다는 것도.

이제 내 인생의 악보에는 음표만 있지 않다. 쉼표도 있다. 젊은 시절의 선율보다는 아름답고 감동적일 것이라고 믿는다. 나는 오늘도 해야 할 일을 한다. 그러면서 조금 더 재미있고 행복하게 살기 위해 나 자신을 먼저 챙긴다.

04

산티아고
순례길 걷기

내겐 용감한 친구가 있다. 고통을 피하지 않는, 때로는 고통을 즐기는 피학적인 성향을 지닌 친구이기도 하다. 어려운 일은 혼자 도맡아 한다. 불평불만도 없다. 그냥 묵묵히 견디듯 사는 친구다.

그런 친구가 어느 날 선전포고를 했다. "한 달 동안 산티아고 순례길 다녀올 거야. 준비는 다 됐어." 결연한 그녀의 얼굴을 보면서 난 걱정되었다. 많고 많은 여행지를 놔두고 왜 순례길인지 물어보고 싶었다. 하지만 물어보지 못했다. 말리면 안 될 것 같았다.

그 친구는 그렇게 용감하게 혼자 여행을 다녀왔다. 한 달 뒤 까매진 얼굴로 그 친구는 "어땠어?"라는 나의 물음에 한동안 대답이 없었다. 그러고는 그 길에서 자신을 만났다고 했다. 걷고 또 걷고 있을 때 마음속 깊숙한 곳에서 "수고했다. 고생했다. 이제 괜찮다"라는 소리가 크게 들렸다고 했다. 그리고 그 자리에 앉아서 펑펑 울고 왔다며 씩 웃었다.

내겐 너무나 여성스러운 언니이자 동료가 있다. 여릿여릿하고 혼자서는 아무것도 할 수 없을 것 같은 천생 여자다. 내가 옆에서 보살펴 줘야 할 것 같은 사람이다. 그 언니는 한동안 혼자 여행을 가 보고 싶다고 노래를 불렀다. 하지만 언니는 혼자 여행할 수 있는 사람이 아니었다. 너무 여려서 혼자 세상 밖으로 내보내면 하루도 못 견디고 집으로 돌아올 것 같은 사람이다.

그런 언니가 나이가 들더니 혼자 여행을 가고 싶다고 계속 노래를 부른 것이다. 그러던 어느 날이었다. "나 산티아고 순례길을 가 보려고 해."라고 넌지시 말했다. 난 이번엔 절대 안 된다고 말렸다. 그러나 의외로 언니는 강경했다. 그러면서 자신은 긴 순례길에서 짐을 지고 이동하지 않을 거라고, 가볍게 다닐 거니까 걱정 말라고 안심시켰다. 숙소에서 다음 숙소로 배낭을 보내 주는 시스템도 있다면서.

이 여린 여자가 계속 걷기만 하다 보면 발도 까지고 물집도 잡히고 무릎도 아플 텐데. 나는 어떡하려고 이러나 싶은 마음이었다. 하지만 그녀는 프랑스로 가는 비행기를 탔다. 20일이 지나고 만난 언니는 얼굴에 잔잔한 미소를 띠고 있었다. "어땠어?"라는 나의 물음에 언니는 "너도 꼭 가."라고 대답했다.

오늘도 산티아고 순례길을 걷고 있는 한 여자가 있다. 산티아고 순례길의 어디쯤에 있을지 나는 알 수가 없다. 나에게서 상담을 받은 사람이다. 1년 정도 상담을 했다. 그녀는 우울증이었다. 우울증을 극복하기 위해 약도 처방받았다. 하지만 약을 먹지 않고 이겨 내겠다고 노력하는 예쁜 구석이 있는 사람이다.

편안한 여행지로 가서 쉬면 안 되겠느냐는 권유도 해 보았다. 하지만 그녀는 '진정한 자신을 만나고 싶다'며 떠났다. 순례길에서 우리는 기대한다. 커다란 변화가 일어날 것을. 그녀도 그런 심정인가 보다. 그런 마음을 알아채고 잘 다녀오라고 인사했다. 하지만 염려가 되지 않는 것은 아니다. 다리가 얼마나 아플까? 속으로 너무 외롭진 않을까? 여러 가지 생각이 든다. 하지만 '강단 있는 그녀의 선택이 그녀를 좋은 곳으로 데려가지 않을까?' 하는 기대도 있다. 대체 그녀는 혼자 걷는 순례길에서 무엇을 느끼고 싶은 것일까?

산티아고 순례길은 내게 그렇게 다가왔다. 가까운 지인들이 낭만이 있는 여행지를 마다하고 한 번씩 다 가 보는 곳으로. 왜 하필 순례길일까? 살면서 고생도 할 만큼 했다. 그런데 왜 발리의 해변과 같은 편안하고 안락한 여행지를 선택하지 않는 것일까? 오히려 그 어렵고 힘든 길을 선택하는 걸까? 혼자 여행을 가는 이들의 심정을 알 것 같기도 하고 모를 것 같기도 했다. 박수를 치면서 호응할 수는 없다. 하지만 특별한 도전이라는 것은 알고 있기 때문에 숙연한 마음이다.

사실 나도 버킷리스트를 만들 때마다 산티아고 순례길을 적었다. 물론 가 보고 싶은 다른 세계 각지의 여행지도 있다. 그리고 그중에는 다녀온 곳도 있다. 하지만 산티아고 순례길은 해마다 적으면서도 묵혀 두고 묵혀 둔 장소였다. 혼자만의 여행, 그것도 도보로. 실행할 용기가 나지 않아서 내내 망설이고 미루고 있었다.

그런데 가까운 지인들은 나보다 용감하게 자신들이 원하는 길에 올랐다. 내심 내가 나약해 보이던 순간들이었다. 지금도 나의 버킷리스트에는 산티아고 순례길이 삭제되지 않고 보류된 채 몇 해를 버티고 있다.

나는 최근에 내담자가 산티아고를 선택하는 것을 보고 처음으로 내가 왜 산티아고 순례길을 걸으려고 하는지 진지하게 생각해 보게 되었다. 그리고 왜 망설이고 있는지에 대해서도….

산티아고 순례길이라는 단어를 들었을 때 막연히 심장이 뛰었다. 안나푸르나라는 산 이름을 들었을 때도 심장이 뛰었다. 마음을 이야기하는 직업을 가진 나는 《연금술사》라는 책을 재미있게 읽었다. 그리고 지인들에게 많이 소개했다.

그 책의 주인공 이름도 산티아고다. 양치기 산티아고가 자신의 마음의 목소리에 귀를 기울인다. 그러면서 진정한 자기 자신을 찾고 자기 자신의 꿈을 만난다. 그런 과정을 그린 작품이다. 인생길에서 커다란 난관에 부딪치더라도 포기하는 것보다는 꿈을 좇는 것이 훨씬 좋다는 것을 알려 주는 책이다. 어떤 대가를 지불하고서라도. 머리로가 아니라 가슴으로 읽어야 그 의미가 진정으로 다가온다.

작가 파울로 코엘료는 그 책에서 아름다운 영혼의 언어들을 많이 표현했다. 나는 그 언어들이 내 마음에 똑똑 노크하는 것 같은 경험을 했다. "초심자의 행운", "자아의 신화", "그대의 보물이 있는 곳에 그대의 마음 또한 있네."라는 글귀들이 아직까지도 생각난다. 뭔가 삶에서 깨닫고 변하고 싶었던 것 같다. 내 삶에 연금술이 이루어지는 특별한 경험을 하고 싶었던 것 같다. 얼룩덜룩 거칠기만 한 내 마음도 다듬고 다듬어서 빛나는 금으로 만들고 싶었다. 힘들고 고통스럽기만 한 내 삶도 다듬고 다듬어서 빛나는 인생으로 만들고 싶었다. 연금술사처럼.

삶을 여행에 비유한다면 우리는 모두 각자의 험난한 여정을 겪고 있는 것 같다. 어느 누구 하나 힘들지 않은 삶은 없다. 돈이 있으면 편안한 삶을 살 수 있을 것 같아서 많은 이들이 돈을 좇는다. 하지만 인생의 굽이굽이마다 힘듦과 아픔이 있다. 공부를 많이 하면 좋은 직장을 잡고 잘살 것 같아서 많은 부모들이 아이들에게 공부하라고 닦달한다. 하지만 꼭 그렇지만은 않다는 것을 뉴스에서 종종 확인한다. 공부를 잘해서 장관이 되어도 감옥에 가는 일이 더 많은 세상이다. 꽃길은 없다. 부처님이 그래서 "인생은 고(苦)"라고 한 것 같다.

그 험난한 여정의 끝에서 우리가 만나야 하는 진정한 나는 누구일까? 진정한 나의 소명은 무엇일까? 내가 이루고자 하는 나의 꿈은 무엇일까? 나만의 인생은 어떤 모습일까? 하늘이 나에게 주신 나만의 달란트는 무엇일까? 자신을 찾는 이런 마음속 물음에 귀 기울일 수 있는 사람이 얼마나 될까? 나는 왜 이런 물음을 그냥 지나칠 수가 없는 걸까?

《연금술사》에 "저마다 자기 방식대로 배우는 것"이라는 글귀가 나온다. 나에게는 나만의 방식이 있다. 그것이 순례길에 오르는 것일까? 순례길에 오르는 사람은 다리가 아파도 계속 길을 걷는다. 그 방식으로 포기하지 않는 법을 배우고 진정한 자신을 만나고 오는 것 같다는 생각이 든다.

'때가 되면 누구나 길을 떠난다'고 한다. 나는 휴양지를 향한 여행도 좋지만 순례 여행을 해 보고 싶다. 혼자 있으면 내면의 목소리를 들을 수 있다고 확신한다. 혼자 있을 수 있는 힘, 겁나기도 하고 두렵기도 하다. 물론 큰 사고는 없다는 것을 지인들의 경험을 통해 확인했다. 하지만 어른이 되고 나서 혼자 있었던 시간들이 없기 때문에 밀려드는 두려움이랄까? 혹자는 고독함이 내적 힘이라고 표현하는 사람도 있다. 나도 익히 알고는 있다. 자신만의 시간에 밀려드는 외로움이 절망의 시간을 가져다주는 것은 아니라는 것을. 희망과 위대한 가능성을 익혀 가는 시간들로 자리매김한다는 사실을.

"인생은 자아를 발견하기 위한 영원한 여행이다."라는 글귀를 읽은 적이 있다. 나도 내 자아를 발견하는 여행을 꿈꾼다. 2021년 나도 몇 해를 미루어 두었던 산티아고 순례길에 오를 것이다. 그해에 둘째 아이가 대학에 입학할 예정이다. 물론 재수를 할 수도 있겠지만 그건 그때 가서 생각해 볼 일이다. 그러면 나도 떠날 수 있다.

현재 나는 그 꿈에 다다르기 위해 노력 중이다. 가까운 거리는 차로 이동하지 않고 무조건 걷는다. 순례 여행을 준비하는 마음으로 체력단련을 위해 실내 바이크를 탄다. 그렇게 허벅지를 강화하고 있다. 그리고 내 책상 앞에는 《길의 기쁨, 산티아고》라는 책을 꽂아 두었다. 그 길 위에서 나는 내 안의 안내자를 만나길 소원한다.

05

숲과 자연 속에
명상센터 세우기

사랑하는 사람과 나란히 손잡고 숲속의 오솔길을 걸으면 따뜻하고 기분이 좋아진다. 물론 혼자서 숲속 길을 걷는 것 또한 편안하고 기분 좋은 일이다. 자연에는 자연이 가진 치유의 에너지가 있다. 숲, 바다, 시골, 해변, 호숫가, 계곡, 갈대밭 등 자연은 그 나름대로의 모습으로 사람들을 편안하게 안아 준다.

나는 주말이면 숲을 찾는다. 등산을 가는 것이 아니라 산책을 하고 흙을 밟기 위해 떠난다. 숲은 일주일 동안 수고한 나를 엄마의 품 같은 따뜻함으로 안아 주고 힐링해 준다. 이런 편안함은 내 삶에 큰 위안이 되어 준다. 나를 재충전시켜 준다. 숲에서 주말을 보낸 후에 맞이하는 일주일은 확실히 가볍다. 그래서인지 사람들과의 부딪침이 적고 덜 지친다. 더 행복한 순간이 많아진다. 나는 그것을 내 몸으로 경험하고 있다.

명상을 시작한 지 이제 10년이 되었다. 그때 나는 만성피로증후군이었다. 병원에서는 딱히 병명을 내놓지 못했다. 하지만 나는 너무나 피곤했다. 소화력은 약해지고 호흡은 짧아지고 의욕이 없는 상태가 일정 정도 계속되었다. 신경성대장무력증 혹은 만성피로증후군이라는 병명은 애매한 병, 그러니까 스트레스 질환에 갖다 붙이는 대표적인 병명이다. 보약을 먹어도 소용없었다. 운동을 하는 것조차도 힘들고 부담스러웠다. 쉬어도 계속 피로하기만 할 때 누군가 내게 명상을 권해 주었다.

처음 명상할 때, 생각보다 쉽지 않았다. 명상을 지도하는 분이 "몸의 힘을 빼십시오."라고 하는데 몸의 힘을 어떻게 빼는지도 몰랐다. "호흡에 집중하십시오."라고 하는데 오만 가지 생각이 들었다. 그래서 도저히 집중되지 않았다. 몸의 힘을 빼는 것도 호흡에 집중하는 것도 제대로 되지 않았다. 하지만 명상을 하고 나면 왠지 편안했다. 어떤 원리로 어떤 방법으로 편안해지는지는 몰랐지만. 그 편안함이 나를 명상의 세계로 계속 빠져들게 했다.

살면서 나는 '뭐든 잘해야 한다'라는 생각이 많았다. 그랬기 때문에 내 몸과 마음이 너무나 긴장상태였던 것 같다. 이완이 되지 않았다. "이완하세요."라는 명상 지도자의 말에도 나는 또렷이 정신을 차리고 있었다. 그러곤 제법 곤욕을 치른 후에야 이완하게 되었다. 온몸의 힘을 풀게 되었다. 이완이 되자 호흡도 되었다. 호흡이 되자 내면세계로 들어가는 것이 무엇인지 알게 되었다. 인간은 누구나 자신만의 내면세계를 가지고 있다는 것을 처음 알고는 많이 놀랐었다. 언어로는 표현할 수 없지만 텅 빈 공간 같은, 뭔가가 내 내면에 있었다.

내가 사는 현실, 바깥세상은 너무나 정신없이 돌아간다. 그 현실에서 많은 이들이 나처럼 지치고 힘들어서 헉헉댄다. 그런데 명상의 세계에 들어가면서 나의 내면세계는 조금씩 평온해졌다. 그러면서 숙면도 하게 되었다. 피로가 회복되어 활기가 느껴졌다. 그리고 뭘 먹어도 소화가 잘되었다. 건강이 조금씩 회복되었다. 조급해하던 마음도 조금씩 여유를 찾았다. 끊이지 않았던 생각들의 종알거림도 때때로 멈추었다.

이렇게 되기까지 〈자애명상〉, 〈친밀명상〉이 내게 많은 도움이 되었다. 명상을 하면서 알게 된 사실이 하나 있다. 타인을 연민하는 마음을 갖기보다 자신에게 친절한 마음을 베푸는 것이 훨씬 어렵다는 사실이다. 뜻밖이었다. 그래서 자신을 친절하게 대하는 〈자애명상〉을 많이 했다. 따뜻한 자기 돌봄의 시간이 주어지면 내 마음의 온도가 쑥 올라가는 기분이었다.

더불어 타인에 대한 친절뿐만 아니라 자신에 대한 친절까지 삶으로 되가져오는 〈친밀명상〉도 많이 좋아했다. 〈친밀명상〉에 나오는 이 구절이 나는 특히 좋았다.

내가 고통에서 벗어나 행복하기를
내가 행복하고 건강하기를
내가 평온해지기를

그가 고통에서 벗어나 행복하기를
그가 행복하고 건강하기를
그가 평온해지기를

모든 존재가 고통에서 벗어나 행복하기를
모든 존재가 행복하고 건강하기를
모든 존재가 평온해지기를

조용히 앉아서 첫 단락을 마음속으로 읊는다. 그러면 '내가 너무 나 바쁜 삶을 살았구나. 바쁜 삶이 나의 영혼을 갉아먹었구나. 내가 나에게 고통을 주고 있었구나! 나는 스스로 잘되지 못할까 봐 두려 움이 참 많구나, 불안이 참 많구나'라는 사실을 깨닫게 된다.

그리고 두 번째 단락을 외우게 되면 또 다른 일이 마음속에서 일 어난다. 그건 가까운 지인들에 대한 생각이었다. 여태껏 한 번도 깊이 생각하지 않았던 그들의 고통이 느껴졌다. 그리고 진심으로 그들의 평온을 기원하게 되었다.

마지막으로 세 번째 단락을 떠올리면 외면하고 싶었던 모든 것들에 대해 열린 마음이 된다. 나뿐만 아니라 모두가 행복하길 바라는 사랑의 마음, 우주의 마음이 내게 들어온다.

명상으로 몸과 마음이 건강해지고 평온해졌다. 그러면서 명상을 지도해서 많은 사람들에게 내가 느꼈던 이 평온을 느끼게 해 주고 싶었다. '그렇다면 지금 내가 하고 있는 상담과 연결해서 할 수 있는 치유방법으로 뭐가 있을까?' 순간 번쩍 아이디어가 떠올랐다. 집과 같이 편안하면서 커다란 거실이 있는 공간이라면 명상도 하고 상담도 할 수 있을 것 같았다. 도시는 너무 번잡스럽다. 그렇다고 도시와 너무 멀면 접근성이 떨어져서 안 좋다. 하지만 치유의 에너지가 나오는 숲이 있는 곳이어야 한다.

나는 우리나라에서 상담을 하면서 늘 한 가지 아쉬움이 있었다. 일주일에 한 번씩의 상담으로는 내담자의 변화가 아주 더디게 일어난다는 점이다. 변화에 오랜 시간이 필요하다는 점이다. 오랜 시간 상담하려면 상담료도 부담된다. 그래서 중도에 포기하는 사람들이 꽤 많다.

미국에는 알코올중독자 자조 모임이 있다. 알코올중독자 모임도 있고 알코올중독자 가족모임도 있다. 이 모임에는 알코올중독을 극복한 사람들이 주축이 되어 일주일에 3~4회 정도 자발적으로 모인다. 그들은 주축이 된 사람의 거실에 모여서 중독을 끊고자 하는 결의를 다진다. 또한 결의가 흐트러지지 않게 서로의 체험담을 이야기하고 해결책도 공유한다. 중독의 문제를 가진 내담자는 개인 상담을 받으면서 이 모임에 참여한다고 한다.

중독은 치료 기간도 길고 치료도 어렵다. 그런데 이런 자발적 모임이 치료를 도와주는 역할을 톡톡히 해 준다고 들었다. 그때 나는 '우리나라에도 이런 자발적 모임이 있으면 참 좋을 텐데…'라는 생각과 함께 새로운 소망이 생겼다.

아마도 이때부터 '숲과 자연 속에 명상센터'를 만들어야겠다는 생각을 하게 된 것 같다. 정신없이 바쁜 삶에 지친 사람들이 이곳에 와서 몸과 마음을 힐링하도록 해야겠다. 큰 거실이 있어서 많은 사람들이 모일 수 있으면 좋겠다. 이곳에 와서 모임도 갖지만 아무것도 하지 않고 자연 속을 걷기만 해도 좋을 것 같다. 따뜻한 햇살이 내리쬐면 그 아래에서 멍 때리기를 하고, 비가 오는 날이면 비옷을 입고 산책해도 좋을 것이다. 큰 유리 너머로 자연의 풍광을 바라보기만 해도 마음이 안정될 것이다. 이것들이 나에게 필요하고 우리에게 필요한 쉼터를 만들고 싶은 이유다.

미국의 유명한 방송인 오프라 윈프리는 사람들에게 명상을 하라고 자주 권유한다고 한다. 그녀는 이틀에 한 번꼴로 20분 정도의 명상을 생활화하며, 주말에는 아무것도 하지 않는 연습, 즉 명상의 시간을 갖는다고 한다.

오늘 아침에도 나는 출근시간보다 일찍 나와서 집 근처의 공원을 걸었다. 가을이 알록달록 새로운 빛깔들을 만들어 내고 있었다. 봄 햇살과는 다른 가을 햇살을 느끼면서 각 계절이 주는 아름다움에 잠시 빠져들었다. 숨이 깊어졌다. 마음이 여유로웠다. 또한 감사함이 차올랐다. 그리고 나와 많은 사람들이 숲과 자연이 어우러진 큰 거실에 모여서 함께 명상하는 장면이 떠올랐다. 평온함과 감사함이 그 공간을 가득 메우고 웃음이 연기처럼 모락모락 피어오르는 모습이 그려졌다.

가슴 뛰는
진짜 꿈 이뤄
제대로 보상받기

| 박 혜 영 |

박혜영   온라인 마케팅 전문가, SNS 마케팅 코치, 브랜딩 전문가, 경력단절 여성 성공 코치

온라인에서 영이라는 닉네임으로 활동 중이다. 20대 젊은 육아맘으로, 온라인 마케팅을 통해 2개월 만에 1억 원을 벌었다. 또한 온라인 마케팅 전문가로서 성공하고 싶은 평범한 사람들이 SNS 및 다양한 마케팅 채널을 활용하여 성공할 수 있도록 돕고 있다.

01

쓰고 싶은 책
다 쓰기

학창 시절 나는 만인이 가는 길이 진리이니 평범하게 살라고 말하는 아빠에게 조용한 행동으로 아주 확실하게 반기를 드는 딸이었다. 대부분의 사람처럼 평범하게 사는 것이 가장 좋다는 아빠의 말을 새겨들어 본 적이 없는 것 같다.

전교생 398명 중 396등쯤 했던 나는 학교에 다니면서 한 번도 개근상을 타 본 이력이 없다. 매해마다 개근상을 받아 오던 친오빠가 내 눈에는 착하고 신기한 우등생 같아 보이기도 했다. 중학교 3년 동안 시험시간에는 어김없이 잠만 자던 내가 좋은 고등학교에 갔을 리 없다. 친구들이 가고 싶은 고등학교에 원서를 낼 때 나는 원서를 찢어야만 했다.

공부에 흥미가 없었던 나는 성적을 보지 않는 미용고등학교조차도 진학이 안 되었다. 그러곤 이른바 입학하는 것만으로도 따가운 시선을 받아야만 하는 학교에 원서를 내야 했다. 하지만 공부를 하지 않은 것에 대해 후회를 한 적은 한 번도 없었다. 나에겐 "중학교 3학년을 1년 더 다녀 볼래?" 하며 후회할 겨를도 없이 다시 기회를 주는 아빠가 있었기 때문이다. 나는 단숨에 "콜!"이라고 외쳤다.

또래 아이들보다 생일이 빨랐던 나는 학교에 일찍 입학했다. 그래서 한 학년 후배들과 나이가 같았다. 아빠와 나는 똑같은 이야기를 했다. "어차피 후배들이랑 나이도 같은데, 뭐." 나는 평범하지 않아도 문제 될 것은 없다는 것을 진즉에 알아 버렸다.

하지만 내가 고등학교에 진학하려던 그해에 '학력유예'가 때마침 불가능해졌다. 나는 선택의 여지없이 가고 싶지 않은 고등학교에 진학해야 했다. 그러곤 1년 동안 겨우 98번의 출석을 하다가 결국 고등학교 2학년 무렵인 열여덟 살에 자퇴했다.

나는 부모님께 미안해서 검정고시 학원에 보내 달라는 말을 하지 못했다. 차마 그 말이 입 밖으로 나오질 않았다. 대신 무료로 가르쳐주시는 대학교 선생님들을 찾아가 검정고시를 배워 고등학교 졸업장을 취득했다. 그리고 결혼 적령기가 아닌 스물두 살에 결혼을 했다. 스물네 살에는 두 아이의 엄마가 되었다.

왜 그렇게 대책 없이 살았는지 묻는다면 나는 'feel', 내 느낌대로 살다 보니 그렇게 되었다고 말하겠다. 조금은 꼴통처럼 살아왔을지도 모르겠다. 요즘 우리 아빠가 딸을 둘씩이나 낳고 의젓한 엄마가 된 나를 부르는 애칭마저도 '꼴통'이다.

그렇게 내 느낌대로 살던, 꼴통 같았던 나도 부모가 되니 내 느낌대로만 살 수는 없는 노릇이었다. 부모가 되고 내가 가장 먼저 포기한 것 또한 'feel'이었다. 내 아이의 미래를 지켜 내야 한다는 생각에 결혼 직후 5년간 돈 버는 일에만 집중해 왔다. 오직 현시대에서 돈이 되는 일인 마케팅을 맨땅에 헤딩하듯이 배웠다. 둘째 아이 출산 당일 자궁문이 40%가 열릴 때까지 진통도 분간하지 못한 채 컴퓨터를 두들겼다. 아이를 낳고 조리원에서 딱 하루를 쉬고 다음 날부터 노트북을 두들겼다.

그렇게 하루 평균 4시간씩 자면서 학력, 스펙이 한참 모자라는 주부인 내가 사업장 하나 없이 오직 컴퓨터 한 대만으로 두 달에 1억 원을 벌어 내기도 했다. 하지만 돈을 많이 벌면 행복지수가 최고조에 달할 거라고 생각했던 것도 잠시였다. 나는 돈은 벌었지만 내 아이가 어떻게 자랐는지 속 시원히 이야기하지 못하는 엄마가 되었다. 어떤 날에는 행복했지만 또 어떤 날에는 사소한 즐거움조차 느낄 수 없을 만큼 불행했다. 그런 나를 알면서도 억지로 모른 체하며 지내는 날도 갈수록 늘어만 갔다.

'혹시 병에 걸린 건 아닐까?' 하지만 몸이 아픈 건 아니었고, 병원에서도 너무 건강하다고 진단을 내렸다. 나는 '이런 증상을 보고 마음의 병이라고 하는 게 아닐까?' 하고 생각했다. 그래서 돈을 벌어야 하는 건 맞지만 하고 싶은 일 한 가지 정도는 해야만 할 것 같았다. 그게 내가 나 자신에게 줄 수 있는 가장 신속하고 속 시원한 처방전이었다. 나는 내 'feel'대로 내가 쓰고 싶은 책을 다 쓰기로 결심했다.

학창 시절의 성적 등수, 개근상장 개수가 다 무의미하다는 것을 느꼈던 것은 대학교 시절이었다. 나보다 뛰어나게 공부를 잘했던 친구들을, 학창 시절 책과 연필만 붙잡고 살았던 친구들을 검정고시 출신인 나와 똑같은 대학교에서 마주했을 때였다. 집에 와서 혼자 생각했다. 세상은 참 요지경이라고.

난 교과서에서 느낄 수 없는 것들을 느끼고 경험했다. 남들은 학교를 그만뒀다고 나를 꼴통이라고 불렀다. 하지만 똑같은 시간에 나는 학교에서는 배울 수 없고, 교과서에서 느낄 수 없는 수많은 경험을 했다. 나는 'feel'에 따라 살아야 더 많은 것들을 남길 수 있다고 생각한다.

누구나 비슷한 단계를 밟으며 멋진 목표를 갖고 산다. 나는 인생에서의 길은 참 다양한 형태로 나타난다는 것을 확실하게 알게 되었다. 일반적이지 않은 길을 간다고 해서 무조건적으로 인생이 꼬여 버리거나 타락하지 않는다는 사실도 제대로 알게 되었다. 나는 대학교역시 1학기만 마치고 취업전선에 뛰어들었다.

대학교를 만기 졸업한 친구들 중 아직도 많은 친구들이 취업전선에서 헤맨다. 그들이 잘못된 것이 아니다. 그들은 세상 사람들이 정해놓은 암묵적인 규칙에 따라서 살았다. 최소한 정해진 룰만 따라서 살면 크게 잘못되지 않을 거라고 생각했다. 그러면 반드시 잘될 거라는 믿음을 갖고 있었다. 그랬을 텐데 아직도 취업전선에서 헤매는 동창들과 책을 쓰고 있는, '꼴통'인 나의 위치가 아이러니하지 않은가? 이러니 세상이 참 요지경이 아닌가?

어린 나이에 엄마가 되어 제2의 인생을 살려고 하던 5년 전. 웬만한 시련에는 굴복하지 않았던 꼴통 엄마인 나도 다시 힘을 내기란 힘들었다. 하지만 힘을 내서 출발하지 않았더라면 나는 지금쯤 더 힘든 얼굴을 하고 있었을지 모르겠다.

내가 책을 쓰기로 마음먹었다고 말하니 친구 같은 친오빠는 우스갯소리로 "네 주제에? 하하하!"라고 반응했다. 오빠가 쏙 빼닮은 아빠는 "요즘에는 책을 아무나 쓰나? 세상 좋다! 하하하!"라고 반응할지도 모르겠다. 하지만 아빠는 내 예상과는 다르게 반응할 것이다. 내가 자퇴서를 던질 때에 아빠가 가장 크게 박수를 쳤었고, 내가 일찍 엄마가 되었을 때도 가족들 중 아빠가 가장 크게 박수를 쳤었다. "평범하게 살아라, 만인이 가는 길이 진리다."라고 하시던 아빠는 한순간도 평범하지 않았던 내 인생 최고의 응원단장이었다.

나는 내 책을 통해서 꼭 전달하고 싶은 이야기가 있다. 평범해서 혹은 평범치 이하라서 도전하기를 두려워하는 사람들에게 전하는 희망의 메시지다. 만약 현재 사소한 즐거움조차 느끼지 못하고 있다면? 나마저도 나의 불행을 모른 체하고 있다면? 지금 당장 'feel'을 찾아야 한다!

세상에 정해진 정답이란 없었다. 정답은 오직 수학 속에만 있다. 내가 살아온 세상은 그저 요지경이었다. 조금 빼어나게 모자라도, 조금 바보같이 부족해도 그 모든 게 내 선택이라면 그것만이 정답이다.

누가 정해 놓았는지도 모르는 세상의 평범한 정답쯤 깨 버려도 아무런 큰일도 일어나지 않는다. 나는 '꼴통스럽게' 내고 싶은 책을 원 없이 다 써 보기로 했다. 결혼 5년 만에 제대로 가슴이 뛴다!

02

남이 아닌
내가 인정하는 직업 갖기

당신의 직업은 무엇인가? 사람들은 누구나 멋진 직업을 갖고 싶어한다. 한때 나는 돈을 많이 벌면 멋진 직업이라고 생각했다. 최근 몇 년간 원 없이 돈을 벌어 보기 전에는 말이다. 최근에 느낀 것이 있다. 멋진 직업을 판단하는 기준은 돈이 아니라는 것을 말이다. 아무리 많은 돈을 벌어도 공허한 돈이 있다. 내가 번 돈에서 '나 참 괜찮은 사람이네'라는 느낌을 받지 못한다면, 그건 공허한 돈에 불과하다. 주위를 둘러보면 직업에 대한 자부심 없이 돈만 벌면 좋다는 사람들도 있다. 반면 그렇지 않은 사람들도 있다.

2년 전 쌍둥이를 혼자 키우는 싱글맘이 마케팅을 배우고 싶다며 찾아온 적이 있었다. 나는 가르쳐 줄 수 없다며 그녀를 돌려보냈다.

당시엔 그 사람을 성공시켜 줄 자신이 없었기 때문이다. 이후 1년가량 나는 나를 혹독하게 담금질했다. 밤을 지새우는 날도 많았다. 컴퓨터 의자에 앉아서 쪽잠을 자는 날도 많았다. 보다 못한 남편이 뒤로 눕혀지는 의자를 구입해 주기도 했다. 나는 그렇게 성장했고 상상해 본 적 없는 돈을 벌었다. 1년 뒤 나는 내 손으로 싱글맘 언니에게 다시 연락했다.

"언니 돈 벌고 있어요?"

"돈은 무슨 돈. 그만둘까 봐."

"언니, 나한테 와. 내가 도와줄게."

내가 싱글맘 언니에게 다시 연락한 이유는 별로 복잡하지 않았다. 그때 도와주지 못했던 게 마음에 걸려서였다. 그 사람의 사정을 고려하지 않고 매몰차게 모른 체해 버린 일이 미안해서였다. 일을 그만두려던 싱글맘 언니는 현재 집에서 월 1,000만 원 이상의 돈을 벌고 있다. 간절했던 싱글맘 언니의 지갑을 텅텅 비게 하지 않은 게 천만다행이라고 생각했다.

그녀가 처음 나를 찾아왔을 때 내가 스스로의 실력 부족을 인정하지 않았다면, 강의료만 받고 부족한 강의를 했더라면 어떤 결과가 나타났을까? 나는 돈은 벌었을 것이다. 하지만 싱글맘의 지갑에는 손해를 끼쳤을지도 모를 일이다. 요즘 그 언니와 띠동갑의 나이 차도 거스르며 언니, 동생 하면서 지낼 수 있는 이유도 거기에 있다. 내가 그 사람을 돈으로 대하지 않았기 때문이다.

이제는 언니에게 내가 배울 차례다. 띠동갑의 나이 차에서 배울 수 있는 세상살이와 사람 관계에 대해서 말이다. 나는 기술을 내어주고 인생의 선배를 얻었다. 직업으로 돈만 남긴다면 너무 아깝지 않은가? 그게 정말 멋진 직업인가? 직업은 우리에게 충분히 돈 그 이상의 가치를 줄 수 있다.

돈을 잘 벌고 못 벌고의 문제가 아니다. 결혼 전 콜센터에서 하루 400콜이 넘는 전화를 처리하며 박봉을 받을 때도 똑같았다. 그때도 나는 안내 사항을 제대로 공부했다. 그러곤 고객에게 오류 없이 정확하게 전달했다는 성취감에 주목했었다. 단순히 돈의 문제로 판단 한다면 세상에 멋진 직업은 무수히도 많다. 하지만 내일 당장 나에게 판·검사를 시켜 준다고 해도 나는 하지 않을 것이다. 그 직업에서 어떻게 성취감을 느껴야 하는지 모르기 때문이다.

나 스스로는 인정하지 못하는데 단순히 타인이 보기에 좋은 직업은 질소만 가득 찬 과자봉지와 같다. 남들이 보기엔 양도 질도 훌륭한데, 속을 열어 보면 알맹이가 빠진 듯한 느낌 말이다.

대구에서 강의가 있던 날이었다. 열아홉 살 고등학생 신분으로 마케팅을 배우고 싶다며 찾아온 친구가 있었다. 내 눈에는 마냥 순진한 학생이었다. 왜 돈을 벌고 싶은지 물어봤다. 그 아이는 음악을 하기 위한 레슨비용을 벌고 싶다고 말했다. 나는 그 친구의 꿈값을 버는 일에 동참하기로 했다. 1년이 지나 스무 살이 된 해, 지금 그는 월 2,000만 원을 버는 억대 연봉자가 되었다. 내가 그 친구와 함께 벌어들인 것은 돈이 아닌 꿈값이었다.

누군가의 꿈값을 버는 일에 동참했다는 뿌듯함은 돈을 주고 살 수 없다. 무조건 공부를 많이 했다고 해서 느껴 볼 수 있는 감정도 아니다. 어릴 때 어른들은 변호사, 의사, 검사 등 '사'자가 들어가면 무조건 좋은 직업이라고 이야기했었다. 하지만 지금 나에겐 내 직업이 가장 멋있다. 돈 그 이상의 가치를 남기기 때문이다.

나는 아직도 명품을 잘 모른다. 남편이 명품을 사 주면 어디 가서 환불해야 하는지도 모를 정도로 말이다. 사람들은 남의 눈에 좋아 보인다고 명품을 선물해 주곤 한다. 하지만 좋은 것도 내가 느끼지 못하면 그뿐인 것이다. 직업도 마찬가지다. 남의 눈에 아무리 좋아 보여도 스스로 인정하지 못한다면 절대 좋은 직업이 될 수 없다. 의사가 사람의 생명을 살리고 나서 뿌듯함을 느끼지 못한다면 그게 멋지다고 말할 수 있는가?

누구나 잘살기 위해 일하고 직업을 갖는다. 하지만 모두가 직업에 만족하지 못하는 이유도 거기에 있다. 직업으로 인해 얻을 수 있는 것이 돈밖에 없다면 나는 그 일을 오래 해내지 못할 것이다.

AB형 성격의 소유자인 나는 변덕이 죽 끓듯 하다. 어릴 적부터 내내 그래 왔다. 요리, 피아노, 미용 등등. 한 달에 한 번씩 분야를 바꿔

가며 학원을 다녔던 것 같다. 오늘은 국어가 싫다고 말했다가 내일은 국어가 제일 좋다고 말하는 아이였다. 그런 내가 남편에게 죽을 때까지 마케팅을 하고 싶다고 말한다. 그럴 수 있는 것은 이 직업에서 살아 있는 성취감을 느끼기 때문이다.

마케팅은 평범한 사람들이 성공하기에 너무나도 좋은 도구다. 내가 선한 마음을 갖고 누군가를 돕고자 한다면 누군가를 성공시키는 일도 얼마든지 가능하다. 나는 이보다 더 나은 직업을 가지게 해 준다 해도 받아들이지 않을 것이다. 이만한 직업부심을 느끼기까지 나는 셀 수 없을 만큼 많은 성취감의 조각들을 모아 왔다. 단순히 돈과 명예와 바꿀 수 있는 것들이 아니다.

오늘 밤에도 나는 아프리카 TV에서 교육을 진행한다. 아이가 잠든 시간에 공부하려는 주부들과 밤잠을 줄여 가며 강의를 듣는 직장인 꿈나무들과 함께한다. 남의 집의 불이 꺼진 시간에 꿈꾸는 사람들과 함께하는 것. 살아 숨 쉬는 무언가를 집어삼키는 기분이다. 오늘도 목청이 터져라 열의를 다해 교육할 예정이다.

현재 나는 굳이 방송교육을 하지 않아도 돈을 벌 수 있다. 그런데도 미친 사람처럼 열의를 다해 교육한다. 때론 남편이 왜 그렇게까지 하느냐고 묻는다. 나는 두 다리 쭉 뻗고 자고 싶어서 그런다고 했다. 열심히 교육하고 침대에 누워서 "잘했어. 오늘 밤도 괜찮은 사람이었네. 잘 자." 스스로에게 이렇게 말해 줄 것이다. 어쩌면 나는 이런 일에 중독된 것일지도 모른다. 하지만 중독이라고 다 나쁜 건 아니다. 이 경우는 참 좋은 중독인 것 같다.

허울만 좋은 직업은 갖고 싶지 않다. 그러려면 차라리 집에서 전업주부로 사는 것이 더 낫다고 생각하기 때문이다. 일평생 전업주부로 살아온 내 어머니도 나에겐 아무도 못 따라갈 만큼 대단한 사람이다. 모성애가 평균 이상인 어머니이기 때문이다. 삼시 세끼를 꼬박 지어 먹이는 건 물론, 사소한 간식도 사서 먹인 적이 없으셨다. 가까운 시장에 나가면 살 수 있는 도넛도 일일이 반죽해 매번 직접 튀겨 주셨다. 늘 일이 바쁘셨던 아버지와 달리 가정의 따뜻함을 느낄 수 있도록 엄마의 역할을 제대로 해 주셨다.

어머니가 아니었으면 나는 엄마 노릇을 어떻게 하는 건지도 모르는 여자가 되었을지 모른다. 전업주부도 내 아이를 제대로 보살피고 있다는 자발적 인정이 가능하다. 내가 직업군을 바꾸게 된다면 그때도 내 선택의 기준은 돈이 아닌 성취감이 될 것이다.

03

줄 서서 들어야 하는
명강사 되기

사람들은 저마다 꿈을 갖고 있다. 나의 마지막 꿈은 명강사가 되는 것이다. 그러기 위해서 나는 평범함을 깨야 했다. 세상 사람들은 영향력 없는 사람들의 말에 크게 귀 기울이지 않기 때문이다.

나는 스물두 살 꽤 젊은 나이에 엄마가 되었다. "핏덩이가 엄마가 되었네."라는 소리를 듣기도 했다. 애가 애를 낳았다는 말은 오다가다 심심찮게 들었던 것 같다. 심지어 오늘 처음 만난 사람에게서도 들어 봤으니 말이다. 엄마가 되는 일은 단연 설레야 마땅한 일이다. 그런데 나는 제대로 설레어 본 기억이 없다.

남편과 신혼을 시작할 때 전 재산이 고작 700만 원 남짓했었기 때문이다. 700만 원 남짓한 여윳돈을 갖고 아이 둘을 연달아 출산했다. 준비되지 않은 부모였던 나는 항상 긴장을 늦출 수 없었다. 그때 내 하루는 1분1초가 다급한 중환자실과 다를 바 없었다. 그 당시 내 이야기에 귀 기울여 주는 사람은 피가 섞인 가족들이 전부였던 것 같다. 당신이라면 내 말에 귀 기울였겠는가? 나는 그저 준비되지 않은 무능력한 엄마일 뿐이었다.

가끔씩 받게 되는 사람들의 따가운 눈초리. 그럼에도 불구하고 나는 주눅 들 새가 없었다. 당찬 성격대로 재빠르게 결심을 굳혔다. 이미 엎질러진 물. 주워 담을 수 없다면 성공한 엄마가 되어야겠다고 말이다. 가방끈이 길지도, 스펙이 유별나지도 않은 내가 성공한 엄마가 되어 보고자 했다. 하지만 그 일은 시멘트 바닥을 숟가락으로 긁어 내는 일과도 같았다. 손가락에 물집이 잡히고 손이 터져 피가 흘러도 포기할 수 없었다.

그렇게 나는 20대의 젊은 엄마로서 어떤 한 분야에 전문성을 갖추고 억대 연봉을 벌게 되었다. 평범함을 깨 버린 것이다. 나는 내가 지나온 이런 과정들을 전달하며 명강사로 올라설 생각이다. 이렇게 책을 쓰고 있으니 이미 시작된 것이다. 강사가 되기 위해 책을 쓰기 시작했다고 해도 과언이 아니다.

나와 닮은 누군가에게 전달하고 싶은 이야기가 있다. 엄마라서 할 수 없는 것이 아니라 엄마라서 다 할 수 있다는 이야기 말이다. 새로운 일을 시작하고 정확히 3년이 지난 시점, 내 가족들이 내 일에 브레이크를 걸었다. 육아를 소홀히 하고 너무 일만 하지 않느냐는 것이었다. 하지만 내 생각은 조금 다르다.

어느 날 밤, 나는 마케팅 교육을 하면서 어김없이 컴퓨터 앞에 앉아 있었다. 그때 첫째가 다가와 이렇게 말했다.

"엄마, 자야 하는 밤에도 일 해?"

"그럼, 엄마는 자야 하는 밤에도 열심히 일 해야지."

"밥 많이 먹으면, 나도 엄마처럼 멋지게 될 수 있어?"

네 살짜리 꼬마 아이는 나한테 누구보다 큰 용기를 주는 존재다. 큰딸은 친구라고 하는 말이 괜히 있는 건 아닌 것 같다. 네 살밖에 안 된 아이가 왜 이렇게 든든한지 모르겠다. 내가 즐거워하는 모습을 보면 "엄마 행복해?"라고 물어보기도 한다. 말하는 것을 보면 애어른이 따로 없다는 생각이 든다. 나는 매일 울상을 하고 있는 엄마가 아닌 행복한 엄마이고 싶다. 나는 강의할 때가 가장 행복하다. 내가 가진 능력을 발휘하고 그로 인해 누군가에게 도움이 된 밤이면 잠이 참 잘 오는 것 같다.

결혼 전 콜센터에서 근무할 때도 그랬다. 당시 일반 상담원들이 교육팀장보다 더 많은 월급을 받기도 했다. 그럼에도 불구하고 나는 꼭 교육팀장이 되고 싶다고 말했었다. 어떻게 하면 직무전환을 할 수 있는지, 입사 3개월 후 곧바로 알아보기 시작했다. 막무가내 정신으로 20대의 반 이상을 보내 온 것 같다.

지금도 마찬가지다. 한 이불을 덮고 사는 남편에게 반년 전쯤, 강사가 되고 싶다고 이야기했었다. 그저 그런 강사가 아닌 명강사 말이다.

어떤 일이든 하고 싶다는 마음만으로 할 수 있는 일은 없다. 나는 늦은 새벽에 본업을 마친다. 그러고 나면 TV에 유튜브를 연결해 두고 유명한 강사들의 채널을 다 외울 정도로 둘러본다. 강사로서 최고의 자리에 올라서 있는 그들의 현재 모습이 궁금했던 것이 아니다. 현재 유명한 강사들도 밑바닥부터 차근차근 올라갔을 거라는 생각이 들었다. 나는 그 밑바닥이 궁금했다.

어떤 분야든 처음부터 '돈'을 많이 벌 수 있는 일은 없다. 과정 없이는 결과도 없다는 것을 몸소 겪어 봤기 때문에 누구보다 잘 알고 있다. 나는 특정 분야에서 베테랑이 된 사람들을 만나면 무조건 높게 평가한다. 분명 피나는 노력을 기울였을 거라고 생각하기 때문이다.

그러한 과정들 속에 녹아든 노하우들은 섣불리 예측할 수도 없는 것이다. 강사가 되려면 어떤 과정을 거쳐야 하는지 알아볼 수 있는 한도 내에서 알아봤다. 하지만 고작 초봉이 얼마인지 정도가 전부였다. 그렇다고 강사 되기를 포기했는가? 그렇지 않다. 나는 내가 내고 싶은 책들을 모두 다 내 보기로 했다.

꿈 타령 하지 않고 현재에 만족하며 살 수도 있다. 그러면 나는 굶어 죽지 않을 만큼의 돈을 벌 수 있을 것이다. 하지만 행복지수에 대해서는 장담할 수 없다. 내가 행복해지는 길은 강사가 되는 과정을 정면 돌파하는 것이다. 그 안에서 느끼게 될 실망감과 좌절감, 즐거움. 그 모든 것이 내 것이 될 거라고 생각하면 벌써부터 짜릿하기도 하다. 어느 것 하나도 남에게 주고 싶지 않다.

책 쓰기를 시작하고 집에 돌아오는 날, 남편이 나에게 말했다. 또 한 번 골치가 아플 것 같다고 말이다. 즐거운 일을 시작할 때 나는 표정부터 남다르다. 나 스스로도 알고 있는 부분이다. 하지만 남편은 그런 나에게 늘 표정으로 말하지 말라고 한다. 굳이 강사가 되겠다며 또다시 새로운 분야의 밑바닥으로 기어 들어가려는 나에게 나는 말했다. "잘했다"고. "내 인생은 밑바닥이 아니었던 적이 없다"고. 이렇게 설렘이 가득할 수가 없다.

사람들은 흔히 무에서 유를 창조한다고 한다. 상상만 해도 짜릿하지 않은가? 단돈 700만 원으로 시작해서 평범함을 깨고 평범한 사람들에게 전달하는 꿈! 강단 아래에서 그런 나를 지켜봐 주는 가족들의 모습을 상상한다. 그러면 명강사가 되기까지 어떤 장애물을 만난다고 해도 넘어서지 못할 리 없다.

내가 정말 강사가 되어야 하는 이유는 하고 싶은 일을 하지 않으면 억울할 것 같아서이기도 하다. 나는 아무리 좋은 이름표를 갖다 붙여도 내 아이들에겐 육아를 포기한 엄마일 뿐이다. 어떤 좋은 말로 포장하려 해도 포장이 되지 않는 엄마다.

엄마로서의 점수가 빵점이라고 해도 서운할 것은 없다. 내가 육아를 포기하고 일을 선택함으로써 내 아이들은 경제적 여유로움을 얻었다. 하지만 엄마와 떨어져 지내는 시간이 많아졌다. 입맛대로 골라 살 수 없는 세상이라지만, 한글도 못 뗀 내 아이가 세상에 지불한 기회비용은 너무나 크다. 지나온 시간들을 덮어 두고 나는 자면서도 하고 싶은 일, 가슴 뛰는 진짜 꿈을 이루어야겠다. 그럼으로써 제대로 된 보상을 받아야겠다.

현재 본업에서 나는 남들이 보기에 최고의 위치에 있을지도 모른다. 하지만 정작 내가 이루고자 하는 꿈 앞에서만큼은 나는 다시 밑바닥이다. 내 이야기가 제대로 전달되지 않는 지하에 내려와 있다는 뜻이다. 나는 자리가 없어서 줄 서서 듣는 강사의 위치로 차츰차츰 다시 올라가야겠다. 내 이야기가 잘 전달될 지상으로 말이다.

04

내 아이의
장래희망 되기

　당신은 어떤 엄마가 되고 싶나요? 내가 한 번도 제대로 대답해 본 적 없는 질문이다. 엄마가 되고 나서 가장 많이 들어본 질문이기도 하다. 막연히 좋은 엄마가 되고 싶다는 대답은 누구나 할 수 있다. 하지만 조금 더 구체적인 대답 말이다.

　성장기 시절 일하는 엄마를 두었던 여성들은 대개 전업주부로 살고 싶어 한다는 통계가 있다. 반대로 전업주부 엄마를 두었던 나는 절대 주부로 살지 않겠다고 했었다. 내 기억 속 엄마는 남편의 울타리 안에서 늘 자유롭지 못했다. 마치 자가 행복이 불가능한 상태처럼 보였다. 새벽 6시면 출근하는 아빠를 위해 꼭두새벽부터 밥상을 차렸다. 퇴근시간이 일정하지 않은 아빠를 기다리느라 내내 집을 지키던 엄마였다. 요즘 엄마를 보면 일평생 제대로 된 여행 한번 다녀 보지 못 하신 게 너무 안타깝다. 제주도 여행을 꼭 같이 가 봐야겠다고 생각했을 정도이니 말이다.

나는 남편과 사랑만 하고 싶었다. 10원 한 장도 남편에게 아쉬운 소리를 하고 싶지 않았다. 경제적으로 독립적인 여자로 살고 싶었다. 여자 자존심이 하늘을 찌른다 할지도 모르겠다. 첫째 출산 직후 남편이 아주 심각한 표정으로 내게 이렇게 물었다.

"왜 속옷을 안 사 입어?"

"뭐가?"

"임부 속옷만 1년째 입고 있잖아."

나라는 여자의 가장 큰 문제는 '의존성 결여'였다. 남편이 벌어 오는 돈을 쓰면 큰일이라도 날 것처럼 굴었다. 지금도 나는 남편의 월급을 내 돈이라고 생각하지 않는다. 남편이 벌어 오는 돈은 남편 앞으로 저축해 주곤 한다. "소금 먹은 놈이 물켠다."라는 말이 있다. 그것처럼 그 돈을 쓰면 남편에게 얽매여 버릴 것 같아서 겁나는 것이다.

부모의 영향이란 이렇게 중요한 것이다. 나는 내가 이러는 이유가 어릴 적 엄마가 자유롭지 못한 주부였기 때문이라고 생각했다. 지금도 그 생각에는 변함없다. 그래서 남편에게 결혼 전 미리 약속을 받았었다. 워킹맘으로 살아가는 것을 반대하지 말라고 말이다.

나는 딸만 둘 가진 엄마다. 내 딸들에게 가장 알려 주고 싶은 감정이 '자가 행복'이다. 스스로 행복해지는 법을 아는 사람. 그 사람은 인생이 몇 번이고 나락으로 떨어진다고 해도 괜찮다. 현재 나는 자가 행복이 가능하다. 때문에 내 인생이 나락으로 떨어지는 게 두렵지 않다. 여기까지는 전적으로 자식으로 살아온 내 모습이다. 강한 주관이 깨지기 시작한 건 첫째가 네 살이 되고부터였다.

첫째가 네 살이 되던 해, 아빠의 손을 잡고 내 사무실에 놀러 온 적이 있다. 그런데 아이가 컴퓨터 앞에 앉아 허공에 대고 무엇이라 말하는 것이 아닌가. 하지만 당최 무슨 말인지 알아들을 수가 없었다. 나중에야 아이의 행동을 이해할 수 있었다. 아이는 늘 집에서 마케팅 교육을 하는 내 모습을 흉내 내는 것이었다. 내가 아이와 눈 맞춘 시간보다 모니터와 눈 맞춘 시간이 더 많았음을 행동으로 보여 준 것이었다. 네 살짜리 꼬마에게 뒤통수를 한 대 얻어맞은 기분이었다.

나는 첫째, 둘째 모두 순전히 모유수유로 키워 낸 엄마다. 두 아이 모두 수유 끊음을 동시에 외할머니 손에 맡겨졌다. 내 딸들은 정확히 생후 7개월까지만 내 품에서 자랐다. "낳는다고 다 부모냐"라는 말은 나에게 딱 들어맞았다. 대한민국의 대다수 워킹맘들이 나와 비슷할 것이다. 그때 나는 한창 아이를 한 손으로 받치고 남은 한 손으로 키보드를 두들겼던 것 같다. 일이 많은 날에는 예정이 없는 내 아이의 배꼽시계를 원망했다. "엄마, 일 좀 하자. 잠 좀 자라."라는 말을 밥 먹듯 했던 것 같다.

이제야 처음으로 지난 내 행적들을 되돌아보게 되었다. 아이가 일하는 내 모습을 흉내 내던 그 순간, 난 구멍 난 스타킹을 신고 나온 것 같았다. 얼굴이 순식간에 붉어졌다. 나는 그저 남편에게 얽매이지 않기 위해 알량한 자존심을 지켜 온 엄마일 뿐이었다.

이런 기억들을 지울 수 있는 지우개가 있을까. 그렇다면 비싼 값을 치러서라도 사고 싶다. 워킹맘이 된 지 4년 만에 나는 내 아이를 자주 안고 싶어졌다. 모성애라는 제동장치에 걸려 버린 것이다. 한 회사에서 오랜 경력을 쌓아 온 여성들이 육아휴직 후 복직하지 않는 이유도 거기에 있을 것이다.

하지만 도저히 일을 그만둘 용기가 나지 않는다. 나는 남편이 벌어다 주는 돈으론 속옷 한 장 못 사 입는 여자이기 때문이다. 밤에 누워 자주 생각했던 것 같다. '이제 나는 어떤 엄마가 되어야 하는가?'라고 말이다. 나는 내 자존심을 지키기 위해 '돈' 버는 일에만 집중해 왔다. 요즘 자주 아빠와 나누는 대화가 있다.

"돈은 벌만큼 벌었나?"

"뭐, 그렇지."

"핏덩이 같은 자식 놔두고 갈 때 눈에 안 밟히더냐."

아무리 생각해도 돈은 벌었을지언정 좋은 엄마가 되지는 못한 것 같다. "일을 포기하면 되지 않냐"고 말할 수도 있겠다. 하지만 그렇게 쉬운 문제가 아니다. 원래부터도 생겨 먹기를 이렇게 생겨 먹은 것이다. 나는 나 자신을 인정해 주기로 했다. 대신 이제부터는 돈이 아닌 꿈을 좇는 엄마가 되어 보기로 했다.

가장 성공한 엄마는 '돈'을 잘 버는 엄마가 아니다. 돈을 잘 쓰는 엄마 역시 아니다. 엄마 그 자체로 꿈이 되는 엄마인 것이다. "엄마의 직업군, 가치관이 멋져서 엄마처럼 되고 싶다"는 말을 꼭 들어 봐야겠다. 지금 내가 하고 있는 일은 단순히 돈을 잘 버는 엄마로 살아갈 수 있는 일이다. 오전 10시부터 새벽까지 컴퓨터 앞에 매달려 있는 엄마의 삶. 닮고 싶지 않은 모습이지 않은가?

나는 어떻게 하면 닮고 싶은 엄마가 될까 숱하게 고민했다. 결론적으로 나는 명강사가 되기로 했다. 목표를 이루기 위해선 철저한 계획이 뒷받침되어야 한다. 계획 수립 없이 이뤄지는 목표는 로또다. 아주 희박한 확률일 뿐이다. 당신 그리고 나와 같은 평범한 사람들이 계획 없이 이뤄 낼 수 있는 목표는 없다. 나는 능력이 아닌 영향력을 키우기로 했다. 강사가 되기 위해서 말이다.

그 첫 번째 방법으로 내 이름 석 자가 적힌 책을 펴낼 생각이다. 그렇게 내가 가진 마케팅 기술을 알리고 싶다. 젊은 엄마의 성공에 대한 강연을 하고 싶다. 평범한 사람들에게 동기부여를 해 주고 싶다. 막연하게 돈만 잘 벌고 있는 부모인가? 그러면 한 번쯤 제동장치를 걸어 볼 만하다. '나는 어떤 부모인가?'에 대해서 말이다. 부모가 주는 영감은 학력보다 더 중요하다. 나처럼 남편이 벌어다 주는 돈으로 속옷 한 장도 못 사 입는 사람이 될 수도 있기 때문이다.

나는 엄마가 된 지 5년 만에 "어떤 엄마가 되고 싶으냐?"는 질문에 답한다. 처음으로 해 보는 대답인 것 같다. 나는 엄마 그 자체가 꿈이 되는 삶을 살고 싶다. 내 아이의 장래희망이 내가 될 수 있었으면 좋겠다. 먼 훗날, 엄마처럼 살고 싶다는 말을 꼭 들어 봐야겠다. 매일 12시간 이상 일하며 돈 잘 버는 엄마가 아닌, 가치 있는 엄마 말이다. 가치와 영향력을 키워야겠다. 그리하여 나는 꼭 내 아이의 장래희망이 되어야겠다.

아빠 퇴직시키기

회사마다 다르지만 정년퇴직 시기가 점점 늦어지고 있는 추세다. 반대로 어떤 회사는 희망퇴직을 받기도 한다. 정해진 퇴직 기간이 없는 회사도 있다.

겨울이면 해가 지는 주기가 길어진다. 살이 떨릴 정도로 추운 겨울, 새벽 5시는 아직 컴컴하다. 30년째 그 어두컴컴한 시각에 일어나 옷을 주섬주섬 입고 출근하는 남자가 있다. 장갑 한 장을 끼고 건물 외벽을 타는 사람, 바로 우리 아버지다. 나는 어릴 적 아버지의 얼굴을 자주 볼 수 없었다. 내가 눈뜨면 출근하고 없으셨다. 학원에 갔다 돌아오면 주무시고 계셨다. 환갑을 바라보는 지금도 변함없다.

"아빠, 이제 일 좀 그만해."

"아직 창창한데. 왜, 인마."

환갑이 다 되어 가는 아빠에게 나는 한 번도 용돈을 드려 본 적이 없다. 안 드린 것이 아니라 못 드린 것이다. 용돈 봉투라도 가져다 드리면 내가 너희들한테 왜 돈을 받느냐는 식이니까. 아직까지도 막강한 고집의 소유자시다. 주위의 환갑쯤 되시는 어르신들을 보면 동창회나 동문회 모임에 많이 가신다. 그러나 나는 살면서 우리 아빠가 동창회에 나가는 것을 본 적이 없다. 한평생 일만 하느라 친구들을 다 떠나보낸 것이다.

나는 그런 아빠를 닮았을지도 모른다. 내 나이 스물여섯 살. 나도 벌써 친구가 없다. 가정에 충실하며 살아야 한다는 아빠를 복사기에 찍어 낸 것 같다. 우리 남편은 나더러 친구들을 만나러 나가라고 성화를 부릴 때도 있다.

"친구들 좀 만나. 데려다줄까?"

"일해야 되는데, 무슨 친구."

"그래도 좀 만나고 해야지."

"만나도 이야깃거리가 다르고, 남는 것도 없어."

늦어서 친구가 없으면 서럽다는 것은 아빠만 봐도 느껴진다. 그런데 좀처럼 고쳐지지가 않는다. 나는 친구를 만나야겠다는 생각보다 '아빠도 이렇게 살았겠지?'라는 생각이 먼저 든다. 그러면 '재밌다'는 생각도 든다. 아빠 덕분에 나는 참 일을 잘 해 나갔다. 방해가 되는 친구도 주위 환경도 모두 싹을 잘라 버렸기 때문이다.

우리 남편의 직장은 집에서 15분 거리다. 결혼하고 매해 겨울마다 남편의 겉옷을 새로 바꿔 준 것 같다. 찬 바람에 노출되는 15분 거리가 걱정되어서 말이다.

결혼 전에는 아빠의 삶을 몰랐다. 남편의 겉옷을 사 주면서 우리 아빠는 얼마나 추웠을까 자주 생각하게 된 것 같다. 나는 그동안 아빠가 돈을 어떻게 벌어 오는지 궁금해한 적이 없다. 내 남편을 보면서 그제야 아빠를 느낀다. 가끔은 '정년퇴직이 정해진 직장에 다니셨더라면 좋았을 텐데…' 하는 생각도 든다. 아직까지 주관이 강하셔서 퇴직할 생각이 없으시기 때문이다.

우리 가족은 아빠 때문에 심장이 철렁하는 날이 많았다. 학교를 마치고 돌아왔는데 아빠의 허벅지가 예사롭지 않았다. 고층에서 떨어져 허벅지가 찢어진 것이다. 아빠는 한평생 병원에도 잘 다니지 않았다. 그런 아빠의 몸에 난 바늘자국. 익숙지 않았다. 사건은 그뿐만이 아니었다. 머리가 찢어져 오시는 날도 있었다. 병원에 가서 꿰매고 실밥은 집에서 대충 푸는 일이 다반사였다.

그런 아빠를 퇴직시키고 싶다는 생각이 들었다. 그건 내가 일을 하고나서부터였다. 나는 참 억척스럽게 일해 온 것 같다. 매일 12시간 이상씩 일했다. 때론 28시간을 뜬눈으로 일만 한 날도 많았다.

얼마 전 나는 링거를 꽂고 일했다. 병원에 잘 가지 않던 아빠가 떠오를 수밖에 없었다. 괜찮은 척 참고 일만 하다 울분을 터뜨리는 날도 있었다. 그런 날엔 쌓인 것들이 다 쏟아져 나온다. 남편은 화산이 폭발하는 것 같다고도 한다.

그런 내 모습을 볼 때마다 떠오르는 사람 역시나 아빠다. 혹 이런 심정으로 살지는 않았을까? 다른 가족들은 태평한데, 아빠만 안달복달 살아온 건 아닐지 말이다. 아빠를 가장 많이 닮은 나는 늘 마음이 무겁다.

남편은 나에게 왜 미친 사람처럼 일만 하느냐고 묻는다. 그 질문에 나는 두 가지 답을 하겠다. 내 아이들의 미래와 아빠의 노후를 위해서라고 말이다. 사실 우리 아빠는 나에게서 노후를 보장받을 사람이 아니다. 나는 한 달에 1,000만 원을 식은 죽 먹기로 버는 딸이다. 그런데도 아버지는 그런 딸에게서 생일 선물도 받지 않으신다. 행여나 불호령을 내릴까도 싶다. 그래서 아직도 겨우 신발 한 켤레를 사드리는 게 전부다.

어릴 땐 밖으로 드러내는 아빠의 표현이 진짜 아빠의 마음이라고 믿었다. 하지만 지금은 그렇지 않다. 나도 남편이 값비싼 명품을 사다 주면 환불해 오라고 한다. 하지만 기분은 좋다. 아빠도 그렇지 않을까? 나는 아빠를 모른 척하지 않기로 했다. 결혼 이후, 모든 가족들이 아빠를 모른 척해 왔다는 생각이 들었다.

누구나 더 좋은 옷, 더 좋은 차, 더 좋은 집을 갖고 싶어 한다. 사람의 욕구는 누구나 같다. 우리 아빠는 외계인이 아니다. 나 역시나 마찬가지다. 철저하게 아빠를 닮았지만 좋은 건 알아본다. 가정을 이뤄 보고 나서야 느꼈다. 억제하고 살아가는 것이라는 것을. 모르는 것이 아니라는 것을 말이다. 친구 역시나 마찬가지다. 친구를 만나면 즐겁다는 것을 모르는 것이 아니다. 만나지 않을 뿐이었다.

아빠는 그렇게 굳건하게 지켜 온 일용직 대표 자리를 얼마 전 물러나셨다. 나는 마음속으로 "할렐루야!"라고 외쳤다. 오빠와 다르게 나는 고집이 센 아이였다. 갖고 싶은 걸 모두 다 가져야 하는 아이이기도 했다. 친구들은 값비싼 휴대전화를 들고 다니곤 했다. 그러면 나는 아빠가 술에 취한 날 넌지시 말을 꺼내곤 했다.

"아빠, 휴대전화 필요해. 사 줘."

"그래, 뭐. 사 줘야지."

이렇게 약속을 받아 내면 아빠는 그 약속을 늘 철저하게 지켰다. 나는 그런 아빠를 이용할 줄 아는 계산적인 딸이었다. 오늘날 내가 마음이 무거운 이유도 거기에 있다. 그런 아빠에게서 인생을 배웠다. 아무리 부모 자식 간의 약속이라도 지켜야 한다는 것을 말이다. 아무리 부모 자식 간이라도 계산은 철저해야 한다는 것을 말이다.

요즘도 느끼지만 아빠가 내 아빠라서 참 다행일 때가 많다. 아빠는 오빠보다 내가 더 키우는 재미가 있었다고 한다. 우리는 아주 어릴 적부터 한 달 용돈을 받았었다. 아빠는 그런 우리에게 용돈기입장을 쓰는 것도 '경영'이라고 가르치셨다. 오빠는 한 달이 다 지나고도 용돈이 남아 있는 착실한 아들이었다. 반면에 나는 일주일 만에 용돈을 다 써 버리는 철부지 딸이었다. 아빠가 약주를 하고 오신 날, 어김없이 나는 아빠와 거래를 했다. 용돈을 올려 달라고 말이다.

"아빠, 오빠는 한 달에 1,000원씩 올려 주고 왜 나는 500원씩 올려 줘?"

"오빠는 너보다 학년이 높고 나이가 많으니까."

"그럼 1년 뒤에는 지금보다 훨씬 더 많이 차이가 나잖아. 나도 더 올려 줘."

일평생 계획적이고 계산적으로 살아온 아빠셨다. 그런 아빠는 일하는 사람들의 월급을 하루라도 빠르게 내어주곤 했다. 하루라도 늦으면 큰일이 나는 것처럼 말씀하셨다. 사업하는 사람은 돈 문제만큼은 철저해야 한다고 말하는 아빠셨다. 그러니 용돈 올려달라고 하는 딸이 흥미롭지 않을 수가 없었을 것이다. 나 역시 지금 내 딸이 저런 이야길 하면 재미있을 것 같다. 나는 나이를 먹을수록 더 자주 아빠와 닮은 나를 마주하게 된다. 그럴 때마다 힘들고 외로웠을 아빠를 생각하게 된다. 여자의 사회생활보다 남자의 사회생활은 더 어렵다. 남자들이 군대를 괜히 다녀오는 게 아니다. 남자들의 세계에는 여자들이 상상할 수 없는 기준이 있는 것 같다. 나도 간혹 철인처럼 일하지만 외롭고 힘들 때가 있다. 모니터 앞에서 눈물을 왈칵 쏟을 때도 많다. 하지만 눈물이 떨어지기도 무섭게 눈물을 닦는다. 그러곤 제 할 일을 한다. 그것조차 아빠를 닮았다. 때론 내가 참 고독하다는 생각도 한다. 그래서 내 마지막 희망은 아빠를 완전히 퇴직시키는 것이다.

버킷리스트 18

초판 1쇄 인쇄 2018년 12월 27일
초판 1쇄 발행 2018년 12월 31일

지 은 이   장재민 김나영 송애란 신영화 이선욱 문소현 김나미
          염지혜 최정일 강대현 임성빈 오정민 박혜영
펴 낸 이   권동희
펴 낸 곳   위닝북스
기   획   김도사
책임편집   박고운
디 자 인   김하늘 이선영
마 케 팅   강동혁

출판등록   제312-2012-000040호
주   소   경기도 성남시 분당구 수내동 16-5 오너스타워 407호
전   화   070-4024-7286
이 메 일   no1_winningbooks@naver.com
홈페이지   www.wbooks.co.kr

ⓒ위닝북스(저자와 맺은 특약에 따라 검인을 생략합니다)
ISBN 979-11-88610-97-6 (03190)

이 도서의 국립중앙도서관 출판도서목록(CIP)은 서지정보유통지원시스템
홈페이지(http://seoji.nl.go.kr)와 국가자료공동목록시스템(http://www.nl.go.
kr/kolisnet)에서 이용하실 수 있습니다.(CIP제어번호: CIP2018041404)

위닝북스는 독자 여러분의 책에 관한 아이디어와 원고 투고를 설레는
마음으로 기다리고 있습니다. 책으로 엮기를 원하는 아이디어가 있으신 분은
이메일 no1_winningbooks@naver.com으로 간단한 개요와 취지, 연락처
등을 보내주세요. 망설이지 말고 문을 두드리세요. 꿈이 이루어집니다.